LES GRANDES FAMILLES

MAURICE DRUON
de l'Académie française

Les Grandes Familles

ROMAN

LE LIVRE DE POCHE

© Maurice Druon, 1969.
ISBN : 978-2-253-00614-5 – 1re publication LGF

À la Marquise de Brissac,
Princesse d'Arenberg

Prologue

Les murs de la chambre de clinique, le bois des meubles, le métal du lit étaient peints d'un blanc brillant, lavable et cru. De la tulipe de verre dépoli fixée au-dessus du chevet, la lumière électrique, également blanche et dure, tombait sur les draps, sur l'accouchée pâle qui clignait des paupières, sur le berceau, sur les six visiteurs.

« Toutes *vos* belles raisons ne changeront rien à mon idée, ni même le fait que ce soit la guerre, dit le marquis de La Monnerie. Je désapprouve absolument cette nouvelle mode d'aller mettre bas hors de chez soi. »

Il avait soixante-quatorze ans et était l'oncle de l'accouchée. Chauve aux deux tiers, il conservait sur l'arrière de la tête une couronne de cheveux blancs dressés en brosse raide, comme une crête d'ara.

« Nos mères faisaient-elles tant d'embarras ? continua-t-il. Elles n'avaient pas besoin de cinquante diables de chirurgiens, et d'autant d'infirmières, et de tous ces ingrédients qui empestent, pour produire des enfants vigoureux. Elles laissaient faire la nature, et au bout de deux jours elles avaient les joues roses. Tandis que regardez-moi cette mine de paille mâchée ! »

La manchette tendue vers l'oreiller, il prenait la famille à témoin. Il eut à ce moment une quinte de toux ; le sang lui afflua au visage, à travers les ravines et les bouffissures, et lui colora la peau d'écarlate jusqu'au crâne ; puis il cracha fortement dans son mouchoir, se nettoya la moustache.

Assise à la droite du lit, Mme Jean de La Monnerie, l'épouse du grand poète et la mère de l'accouchée, haussa ses imposantes épaules. Elle avait depuis longtemps passé la cinquantaine ; elle était vêtue de velours grenat et portait un vaste chapeau. Sans se détourner, elle répondit à son beau-frère, d'une voix autoritaire :

« N'empêche, mon cher Urbain, que si votre femme avait été transportée à temps, vous l'auriez peut-être encore avec vous. Tout le monde en a assez parlé !

— Mais non, mais non, répliqua Urbain de La Monnerie. Vous étiez beaucoup trop jeune, Juliette ; qu'est-ce que vous pouvez en savoir ? À l'hôpital, à la clinique, où vous voudrez, cette malheureuse Mathilde serait morte de même façon, et sans seulement la satisfaction de s'en aller dans son propre lit, plutôt que dans le lit de tout le monde ! La vérité, c'est qu'on ne fonde pas un foyer chrétien avec une femme qui a les hanches étroites à passer par un rond de serviette.

— Croyez-vous que ce soit bien une conversation à tenir devant cette enfant ? » dit la baronne Schoudler, petite femme aux cheveux gris et au teint encore frais, qui se tenait de l'autre côté du lit.

L'accouchée, déplaçant légèrement la tête, lui sourit.

« Ça ne fait rien, ma mère, ça ne fait rien », murmura-t-elle.

Entre la baronne Schoudler et sa belle-fille existait la complicité des êtres de petite taille.

« Moi, je vous trouve très bien, ma chère Jacqueline, reprit la baronne Schoudler. Deux enfants à dix-huit mois d'intervalle, on a beau dire, c'est tout de même quelque chose. Et vous avez supporté cela parfaitement, et votre poupon est superbe ! »

Le marquis de La Monnerie, bougonnant, se tourna vers le berceau autour duquel trois hommes déjà se trouvaient assemblés, tous vêtus de sombre, une perle piquée dans leur cravate. Le plus jeune était le baron Noël Schoudler, régent de la Banque de France, l'un des grands-pères du nouveau-né et le mari de la petite femme aux cheveux gris et au teint frais. Noël Schoudler était de stature gigantesque. Son ventre, son torse, ses joues, ses paupières, tout était lourd, empreint de sûreté de soi et du goût des combats d'argent. Il portait une barbe courte, très noire, et taillée en pointe comme celle d'un ruffian.

Ce sexagénaire massif entourait d'égards son père, Siegfried Schoudler, l'ancêtre, le fondateur de la banque Schoudler, celui que Paris avait surnommé « le baron de tous les empires », un vieillard maigre, à crâne tacheté et favoris crémeux, au nez énorme et veiné, aux yeux bordés de pourpre mouillée, qui, installé dans le meilleur fauteuil, les genoux écartés, le dos courbé, appelait sans cesse l'oreille filiale pour y faire, avec un reste d'accent autrichien, des confidences que tout le monde entendait.

Le dernier personnage présent auprès du berceau était l'autre grand-père, Jean de La Monnerie, le poète illustre et académicien. De deux ans le cadet de son frère Urbain, auquel il ressemblait en plus fin et aussi en plus hépatique, sa calvitie à peine cachée par une longue mèche jaunâtre qui lui faisait le tour du front, il s'appuyait sur une canne en bois des îles.

Il n'avait pas pris part à la discussion familiale. Il contemplait le nourrisson, petite larve chaude, aveugle et fripée, dont la figure, à peine grosse comme un demi-poing d'adulte, sortait des linges.

« Mystère, dit-il. Mystère parfaitement banal, et le plus impénétrable, et le seul qui nous importe. »

Il secoua la tête d'un air triste, laissa glisser son monocle teinté, retenu par un cordonnet ; l'œil gauche, découvert, divergeait un peu.

« Autrefois, continua-t-il, je n'aurais pu soutenir la vue d'un nouveau-né. Cela me causait un malaise. Cette cécité de l'embryon, ce néant mental… Ces membres minuscules dont on sait que les os sont encore gélatineux… Et par quel avertissement mystérieux les cellules arrêtent-elles un jour leur croissance ? Pourquoi se dessèche-t-on… »

Les paroles semblaient lui tomber des dents.

« … devient-on ce que nous sommes ? ajouta-t-il avec un soupir. On finit de vivre, et l'on n'a toujours pas compris, pas plus que cet enfant.

— Il n'y a pas de mystère, il y a Dieu, voilà tout, dit Urbain de La Monnerie. Et quand on devient vieux comme nous, eh bien, on est comme les vieux cerfs qui ravalent… qui portent moins de bois chaque année. »

Noël Schoudler avança son énorme index et le présenta à la main du nourrisson.

Alors, au bout des hauts cols raides et glacés, les têtes se penchèrent, inclinèrent leurs bouffissures, leurs rides, leurs paupières chauves ou pourpres, leurs fronts mouchetés, leurs grandes narines grumeleuses, leurs immenses oreilles, leurs mèches jaunâtres ou leurs cheveux dressés, soufflèrent dans le berceau l'haleine de leurs bronches usées, imprégnées de cigare, de leurs moustaches tombantes et de leurs dents réparées, pour observer les petits doigts qui serraient, qui crispaient autour du doigt du grand-père une peau mince pareille à la membrane des quartiers de mandarine.

« Extraordinaire, dit Noël Schoudler, ce que ça a déjà de force ! »

Et les quatre hommes restaient au-dessus de l'énigme, au-dessus de cette combinaison à peine éclose de leurs sangs, de leurs ambitions, de leurs amours maintenant lointaines.

Le bébé commença, sous ce dôme, à prendre une couleur cramoisie et à gémir faiblement.

« En tout cas, en voilà un qui aura tout pour être heureux, s'il sait s'en servir », dit en se redressant Noël Schoudler.

En homme qui connaissait le prix des choses, le géant calculait tout ce que l'enfant réunissait sur lui, ou réunirait un jour, tout ce qui se trouvait déjà dans le berceau : la banque, les sucreries, un grand journal quotidien, un titre du Saint Empire, la notoriété mon-

diale du poète et ses droits d'auteur, le château et les
terres du vieil Urbain, d'autres fortunes moindres, et
une place faite d'avance dans les milieux de l'aristocratie, de la finance, du gouvernement, de la littérature…

Siegfried Schoudler interrompit son fils dans sa
méditation en le tirant par la manche, et lui chuchota
à grosse voix :

« Comment se nomme-t-il ?

— Jean-Noël, comme ses grands-pères. »

Du haut de sa taille, et posant encore une fois, sur
le nourrisson le plus riche de Paris, le filet noir de
son regard, Noël répéta, pour lui-même orgueilleuse-
ment :

« Jean-Noël Schoudler… »

Le bruit d'une sirène parvint des lointains de la ville.
Les visiteurs dressèrent la tête tous ensemble, sauf
l'aïeul qui n'entendit que la seconde sirène voisine.

On était aux premières semaines de 1916. De temps
à autre, le soir, le « Zeppelin » venait sur la capitale
qui hurlait à son approche et puis s'obscurcissait. Des
millions de vitres se calfeutraient. Le gros dirigeable
allemand survolait lentement l'agglomération éteinte,
larguait quelques bombes qui tombaient au hasard
parmi la multitude des rues et des demeures et repar-
tait.

« Un immeuble a été touché la nuit dernière, à
Vaugirard. Quatre personnes, paraît-il, ont été tuées,
dont trois femmes », dit Jean de La Monnerie au
milieu du silence.

Dans la chambre, la résonance semblait n'être plus
la même. Il se passa plusieurs secondes. Nulle rumeur

à l'extérieur, sinon le roulement d'un fiacre dans une artère proche.

Siegfried fit de nouveau un signe à son fils, qui l'aida à remettre son manteau doublé de fourrure ; puis le vieillard se rassit.

La baronne Schoudler, pour alimenter la conversation, dit :

« Un de leurs affreux obus est tombé sur une voie de tramway. Le rail s'est tordu en l'air et est venu tuer un malheureux homme sur le trottoir. »

Noël Schoudler, immobile, fronçait les sourcils.

La sirène du quartier se mit à mugir ; Mme de La Monnerie tint dignement ses index sur ses oreilles le temps que la sonnerie dura.

Il y eut des pas dans le couloir, des portes battirent, une infirmière entra.

C'était une grande femme déjà âgée, à la peau sèche et aux gestes masculins.

Elle alluma la veilleuse de stéarine sur la table de nuit, s'assura que les rideaux étaient bien tirés, éteignit la tulipe.

Dans la demi-obscurité, les silhouettes des visiteurs peuplèrent le mur d'étranges ombres, en face de l'accouchée.

« Si ces personnes veulent descendre, dit l'infirmière, l'abri se trouve dans l'immeuble. La jeune dame ne peut encore être descendue, le médecin l'a interdit. Demain, peut-être… »

Elle sortit le nourrisson du berceau, l'enveloppa dans la couverture.

« Suis-je seule à rester à cet étage ? » demanda l'accouchée d'une voix faible.

L'infirmière ne répondit pas à la question.

« Allons ! vous allez être bien calme, bien sage, dit-elle.

— Je voudrais garder mon enfant, à côté de moi, là », dit encore l'accouchée en creusant le flanc du côté opposé à la fenêtre.

L'infirmière fit simplement : « Ts… ts… » et s'en alla, portant le bébé.

Par la porte battante, l'accouchée entrevit, dans la lumière bleutée du couloir, les autres malades de l'étage qui passaient roulés sur des chariots. Quelques secondes s'écoulèrent.

« Noël, je crois qu'il vaudrait mieux que vous descendiez, à cause de votre cœur, dit la baronne Schoudler d'une voix baissée pour paraître calme.

— Oh ! moi, ça n'a pas d'importance, répondit Noël Schoudler. C'est plutôt pour mon père. »

Le vieux Siegfried, lui, ne cherchait pas d'excuses ; il était debout et attendait, déjà impatienté, qu'on l'accompagnât.

« Noël déteste demeurer dans les étages pendant les alertes, murmura la baronne à Mme de La Monnerie. Cela lui donne des troubles cardiaques. »

Les La Monnerie considéraient avec quelque mépris l'inquiétude des Schoudler. Ils leur pardonnaient d'avoir peur, mais non de le montrer.

Mme de La Monnerie sortit de son sac une petite montre ronde.

« Jean, il va falloir partir si nous ne voulons pas être en retard à l'Opéra, dit-elle en insistant sur "Opéra" pour bien prouver que la présence du Zeppelin ne changeait rien au programme de leur soirée.

— Oui, vous avez raison, Juliette », répondit le poète. Il boutonna son pardessus, respira comme s'il rassemblait son courage et ajouta d'un ton neutre :

« Il faut encore que je passe au cercle. Je vous déposerai, et puis viendrai vous rejoindre au deuxième acte.

— Mais ça ne fait rien, mon ami, ça ne fait rien, dit Mme de La Monnerie assez aigrement. Votre frère me tiendra compagnie. »

Elle se pencha vers sa fille.

« Merci d'être venue, maman », dit machinalement l'accouchée en recevant sur le front un bref baiser.

La baronne Schoudler s'avança ensuite pour prendre congé. Elle sentit la main de l'accouchée se serrer autour de la sienne, presque l'agripper ; elle eut un instant d'hésitation, puis pensa : « Après tout ce n'est que ma belle-fille. Puisque sa mère part… »

La main de Jacqueline se relâcha.

« Ce Guillaume II est véritablement un barbare », dit la baronne pour masquer sa gêne.

D'un pas pressé, les uns à cause de leur angoisse, les autres à cause de leur spectacle ou de leur rendez-vous à peine secret, les visiteurs sortirent, les femmes d'abord, en assurant leurs épingles à chapeau, les hommes après, par ordre d'âge. Puis la porte retomba, puis le silence.

L'accouchée tourna les yeux vers la vague blancheur du berceau vide et vers la photographie d'un jeune officier de dragons, de face, la tête haute, qu'éclairait la veilleuse sur la table de nuit. Dans un coin du cadre était encastrée une autre photographie, plus petite, du même officier, mais vêtu d'un épais manteau de peau de chèvre, et les bottes dans la boue.

« François… dit tout bas la jeune femme. François… Mon Dieu, faites qu'il n'arrive rien à François, là-bas… »

Les yeux grands ouverts sur la demi-ténèbre, l'oreille tendue, elle percevait le bruissement de sa propre respiration.

Soudain elle entendit un ronronnement de moteur qui venait du ciel, puis une déflagration sourde dont les vitres tremblèrent, et de nouveau le ronronnement, plus près.

Jacqueline saisit le bord du drap et, les poings rapprochés, le remonta sur sa bouche.

La porte se rouvrit à ce moment; une tête couronnée de blanc apparut et l'ombre d'oiseau en colère d'Urbain de La Monnerie glissa sur le mur.

Le vieil homme retenait ses pas; il vint s'asseoir près du lit, sur la chaise qu'avait abandonnée quelques minutes plus tôt sa belle-sœur, et se borna à dire :

« Ça ne m'a jamais amusé, l'Opéra. J'attendrai aussi bien auprès de toi… Mais quelle idée de venir accoucher dans un endroit pareil ! »

Le Zeppelin avançait, allait passer au-dessus de la clinique.

CHAPITRE PREMIER

La mort du poète

I

L'air était sec, froid, cassant, comme du cristal. Vers le ciel de décembre, obscur à la fois et encombré d'astres, Paris lançait son immense lueur rose. Les millions d'ampoules, les milliers de réverbères à gaz, les rampes des vitrines, les enseignes lumineuses courant autour des toits, les boulevards sillonnés par tant de lanternes de voitures, les portiques des théâtres, les lucarnes de la misère, les fenêtres du Parlement en séance tardive, les ateliers d'artistes, les verrières d'usines, les rats-de-cave des veilleurs, les reflets dans l'eau des bassins, et sur la pierre des colonnades et dans les glaces, et sur les bagues et les plastrons blancs, tous ces feux, ces foyers, ces rayons se fondaient au-dessus de la capitale en un dôme de clarté.

La Grande Guerre était terminée depuis deux ans. Paris avait resurgi, éblouissant, au milieu de la Terre. Jamais peut-être plus qu'en cette fin de l'année 1920

n'avait été facile le mouvement des affaires et des
idées ; jamais l'argent, le luxe, l'œuvre d'art, le livre, le
mets rare, le vin, la parole, l'ornement, la chimère ne
s'étaient répandus à telle profusion. Les doctrinaires
du monde entier hurlaient la vérité et le paradoxe
dans les cafés de la Rive Gauche, et entourés d'oisifs
inspirés, d'esthètes, de révolutionnaires permanents,
de révoltés temporaires, tenaient chaque nuit la plus
grande, la plus étonnante foire à l'intelligence qui se
soit vue dans l'histoire du monde. De tous États, de
tous royaumes, ministres et diplomates se côtoyaient
aux réceptions fleuries du quartier du Bois. La Société
des Nations, à peine créée, avait choisi pour lieu de
sa première assemblée, le salon de l'Horloge, au quai
d'Orsay, et c'est de là qu'elle avait assuré l'humanité
d'une ère de bonheur.

Les femmes avaient raccourci leurs robes et commençaient à couper leurs cheveux. Les fortifications datant
de Louis-Philippe – cette ceinture herbue de fossés et
de bastions dans laquelle Paris avait vécu à l'aise pendant quatre-vingts ans et où les enfants des rues grises
venaient jouer le dimanche – étaient brusquement
devenues trop étroites ; on rasait les forts, on comblait
les douves, et la ville allait déborder sur les jardins
miséreux, noyer de ses hautes vagues de briques et de
ciment les églises des anciens villages. La République
avait élu pour premier président d'après la victoire
l'un des hommes les plus élégants de France mais qui,
en peu de semaines, sombrait dans la folie.

Paris était plus que jamais une société soumise au
succès ; dix mille personnes au maximum y détenaient
en partage sans cesse révisé le pouvoir, la fortune,

la grâce et le talent. Elles étaient assez comparables
aux perles dont la vogue était alors très grande et qui
semblaient leur symbole ; il en était de véritables, de
cultivées, de fausses et de baroques ; on voyait des
orients humains noircir en quelques mois et d'autres
sur le marché augmenter chaque jour de valeur. Mais
surtout aucune de ces dix mille personnes n'avait
la transparence dure, l'éclat sincère, coupant, de la
pierre précieuse ; toutes avaient la luminosité trouble,
laiteuse, impénétrable du produit des profondeurs
marines.

Deux millions d'autres êtres les entouraient. Ceux-
là n'étaient pas nés sur le chemin de la chance, ou
n'avaient pas pu l'atteindre, ou ne l'avaient même
pas tenté. Comme de tout temps, c'étaient ceux qui
raclaient les violons, habillaient les actrices, enca-
draient les tableaux que d'autres avaient peints,
clouaient les tapis sous les souliers blancs des grands
mariages. Les moins heureux demeuraient bloqués
entre la besogne et la notoriété.

Mais nul n'eût pu dire si c'étaient les dix mille qui
dirigeaient les autres, organisaient leurs deux millions
de tâches et en profitaient, ou bien les deux millions
qui, par besoin d'agir, de vendre, d'admirer, de se sentir solidaires de la gloire, sécrétaient les nacres du dia-
dème.

Une foule debout depuis cinq heures pour voir passer une calèche royale est plus joyeuse que le prince
assis qui la salue.

Les hommes de la génération finissante, dont la
vieillesse avait enjambé la guerre, trouvaient pourtant
que Paris déclinait avec eux. Ils déploraient la fin de la

politesse et d'une forme française de l'esprit, héritage, affirmaient-ils, du XVIII⁰ siècle et qu'ils avaient gardé intact. Ils oubliaient que leurs pères et leurs grands-pères en avaient dit autant : ils oubliaient aussi qu'ils avaient eux-mêmes ajouté quelques règles à la politesse et qu'ils n'avaient retrouvé « l'esprit », au sens où ils l'entendaient, que sur leurs vieilles années. Ils jugeaient les modes outrées, les mœurs licencieuses ; ce qui dans leur éducation leur avait été présenté comme vice, ce qu'ils avaient toujours ou refoulé ou dissimulé – l'homosexualité, les drogues, les formes compliquées ou perverses de l'érotisme – la jeunesse en faisait étalage devant eux comme d'amusements presque normaux ; aussi la réprobation des anciens se mêlait d'un peu d'envie. Les récentes œuvres d'art leur semblaient indignes de ce nom, et les théories nouvelles l'expression de la barbarie. Ils englobaient le sport dans le même mépris.

En revanche, ils enregistraient avec intérêt les progrès de la science et voyaient, tantôt avec une fierté amusée, tantôt un peu d'agacement, les inventions mécaniques et les progrès techniques envahir leur univers matériel. Mais la cohue, pour eux, tuait le plaisir, et, regrettant une manière plus calme d'être civilisés, leur manière, ils annonçaient, en enveloppant l'époque d'un regard circulaire, que ce feu d'artifice désordonné ne durerait pas longtemps et ne finirait pas bien.

On pouvait hausser les épaules ; il y avait pourtant d'autres motifs à leurs jugements que le ressentiment éternel des vieillards. Entre les sociétés de 1910 et de 1920 s'était ouverte une crevasse plus profonde, plus certaine qu'entre la société de 1820 et celle de 1910. Il en était de Paris comme de ces gens dont on dit : « Il a vieilli de dix ans en huit jours. » En quatre ans de guerre, la France avait vieilli d'un siècle, son dernier siècle peut-être de grande civilisation ; et cette fringale de vivre que connaissait Paris était une avidité de poitrinaire.

Une société peut être heureuse tout en portant ses lésions internes ; le malheur vient après.

Pareillement, une société peut paraître heureuse alors que beaucoup de ses membres souffrent.

Les jeunes gens reportaient sur leurs aînés la responsabilité de tous leurs maux visibles et prévisibles, de leurs difficultés du jour même, des vagues calamités du lendemain. Les vieillards qui avaient fait ou faisaient encore partie des dix mille s'entendaient accuser de crimes qu'ils n'avaient pas conscience d'avoir commis, d'égoïsme, de lâcheté, d'incompréhension, de légèreté, de bellicisme. Or, leurs accusateurs, pour leur part, ne semblaient pas témoigner de beaucoup plus de générosité, de conviction, ni de pondération. Quand les vieillards leur en faisaient la remarque, les autres s'écriaient : « Mais c'est vous qui nous avez faits comme cela ! »

Et chaque homme, au foyer même des rayons que Paris émettait, suivait le tunnel de sa propre vie ; le passant, inconscient du grand dôme de clarté sous lequel il marchait et qui était visible à plusieurs lieues à l'entour, ne distinguait devant lui que le trottoir sombre.

II

Poussive, hissant avec peine son bassin énorme, la mère Lachaume gravit l'escalier du métro, émergea dans la cour de la gare.

« Va pas si vite, Simon, dit-elle. Je ne peux pas te suivre. Je comprends que tu aies hâte de me voir partir… mais je te demande de te mettre au pas de mes varices. »

Le froid lui marbrait les joues. La paupière affaissée, la lèvre velue, elle lançait devant elle de grands jets de souffle qui se diluaient, laiteux, dans l'air glacé.

Simon Lachaume posa la valise, essuya ses lunettes.

Autour d'eux, les porteurs en blouse bleue roulaient des chariots, les voyageurs emmitouflés s'affairaient, s'interpellaient, hélaient les taxis. Sur trois files les automobiles se pressaient contre le trottoir, et l'éclairage de la longue verrière faisait scintiller leurs nickels.

« Il m'a fallu attendre mon âge, reprit la vieille femme, pour venir à Paris. Et je crois bien que je n'y reviendrai pas de mon reste de vie. C'est trop fatigant. Tous ces escaliers, chez toi, à l'hôtel, dans le métro, partout… C'est trop pour mes pauvres jambes. »

Elle demeurait immobile, massive, au milieu de la foule. Elle était entièrement vêtue de noir. Noire la robe qui tombait aux chevilles, noir le manteau à peine plus court qui couvrait l'immense corps déformé, noir le fichu entourant les épaules. Les boucles d'oreilles étaient de bois noir. Un chapeau plat en forme de couronne mortuaire coiffait ce monument.

Un enfant qu'on traînait par la main contempla, ahuri, la paysanne, trébucha sur des bagages, reçut une claque, se mit à pleurer.

« Allons, maman, il faut avancer, dit Simon Lachaume contenant son exaspération. Prépare ton billet. »

Il était plus petit que sa mère, avait des épaules maigres, un trop gros front sur un visage camus.

La mère Lachaume se remit en marche, la poitrine ballottante, la croupe houleuse.

« Si ta femme avait voulu, dit-elle, elle aurait bien pu me coucher chez vous. Ça m'aurait évité de la dépense et de la fatigue.

— Mais tu as bien vu, le logement est trop petit. Où aurais-tu voulu…

— Oui, oui, je sais bien, j'ai mon idée quand même… Enfin, je dirai au père que tu es heureux, que tu réussis dans ta situation… Je parlerai pas de ta femme… parce qu'après tout, je l'aime pas, ta femme. »

Simon faillit crier : « Mais moi non plus, je ne l'aime pas, et je ne sais pas pourquoi je l'ai épousée !… » Il était coincé dans l'affluence, collé contre sa mère qui bloquait l'accès au portillon de contrôle. Elle avait retroussé sa robe, fouillait lentement la poche de son jupon pour retrouver son billet. Même dans ses vêtements « de dimanche » elle transportait une odeur de purin et de lait suri.

Ils passèrent enfin sur le quai. La locomotive du train omnibus haletait, noyait de sa vapeur quelques mètres de bitume. La mère Lachaume s'arrêta en plein milieu de cette blancheur chaude, et dit :

« Ce serait d'ailleurs pitié que tu sois pas heureux après tous les sacrifices qu'on a faits pour toi.

— Mais pour la centième fois vous n'avez fait aucun sacrifice ! s'écria Simon. J'ai passé tous mes examens comme boursier, j'ai crevé de faim. Vous ne m'avez jamais donné un sou… si, quand je suis parti pour le service, le père royalement m'a remis une pièce de cinq francs… c'est tout. Tu ne m'as même pas envoyé un colis pendant toute la guerre…

— Est-ce qu'on savait s'ils arrivaient ! Tu aurais pu être mort et que le colis se perde ! »

Simon secoua son gros front. Sa colère butait contre un obstacle mou, opaque, éternel. Pourquoi répondait-il ? L'odeur de cambouis, de vapeur et de suie que dégageait la machine, le poids de la valise, le piétinement de la foule, la vue de la vieille femme, le sentiment de son propre abaissement à avoir laissé rebondir une discussion sans raison ni fin, tout s'organisait pour donner à Simon la nausée. Et le froid, qui tout à l'heure l'avait saisi, lui avait mis un cercle autour des tempes…

« Ce que j'en disais, continua la mère Lachaume, ça n'empêche pas qu'on soit fier de toi. C'est justement. Quand tu as voulu étudier, tu as eu notre gré. On t'a nourri jusqu'à quatorze ans, on s'est saigné aux veines… tu sais combien c'était une journée d'homme, en ce temps-là : cinquante, cinquante-cinq sous… et puis tu es parti au moment que les enfants commencent à rapporter. Alors maintenant que te voilà posé, que tu es vêtu mieux que ton père ou moi l'avons jamais été… »

Elle promena un regard à la fois de respect et de reproche sur le pardessus de confection que portait son fils, sur le pantalon bleu marine qui commençait à pocher aux genoux.

« ... tâche de nous envoyer un peu d'argent, si tu peux. Ça nous aidera, surtout avec ton pauvre frère à notre charge, dans l'état que tu sais.

— Mais pourquoi me demandes-tu ça ? dit Simon. Tu sais parfaitement que je n'arrive pas à joindre les deux bouts ; c'est à peine si je parviendrai à payer l'édition de ma thèse. Et vous avez très suffisamment de quoi vivre. Vous avez plus d'hectares que vous n'en pouvez cultiver, et vous seriez riches si le père n'était pas un pareil ivrogne. Alors pourquoi ?... pourquoi cette mendicité ? »

La mère Lachaume releva ses paupières flasques, découvrit ses yeux ronds et pâlis, et Simon crut qu'elle allait laisser éclater une de ces colères de géante qui avaient terrorisé toute son enfance. Mais non, la vieille femme était diminuée par l'âge ; elle avait fait sa soumission aux années. Elle ne voulait pas se brouiller avec son fils.

« On ne se dit plus les mêmes choses avec les mêmes mots, dit-elle en soupirant. On ne se comprend plus... Tu vois, quand tu voulais un métier à rien faire, j'aurais bien préféré que tu sois curé. Tu te serais moins éloigné de nous. »

Pour s'empêcher de la haïr complètement, Simon Lachaume s'efforça de penser qu'il ne la reverrait peut-être jamais. Il tenta un geste de bon fils, de fils qui révère sa mère en dépit de tout, et qui l'honore. Il lui présenta le bras pour l'aider à avancer.

« C'est les dames de la ville à qui on donne le bras, dit-elle. Moi j'ai toujours marché sans aide, et je continuerai bien ainsi jusqu'au cimetière. »

Se halant elle-même, les hanches pesantes, elle ne prononça plus un mot jusqu'à ce qu'elle fût arrivée à son wagon. Elle gémit pour grimper. Simon l'installa sur la banquette de bois dur, mit la valise dans le filet.

« Il n'y a pas de danger ? demanda la vieille, levant un œil soupçonneux.

— Non, non. »

Elle regarda la pendule sur le quai.

« Encore vingt minutes à attendre, dit-elle.

— Il faut que je parte, dit Simon, je suis déjà en retard. »

Il se pencha, fit un simulacre de baiser sur la joue semée de crins gris.

La mère Lachaume, de ses gros doigts crevassés, saisit le poignet de son fils.

« Reste pas cinq ans sans venir nous voir, comme la dernière fois, dit-elle, la voix sourde.

— Non, dit Simon ; j'irai aux Mureaux dès que je pourrai, c'est promis. »

Son poignet était toujours emprisonné.

« Et puis, entre-temps, dit encore la vieille, je t'assure, si tu peux nous envoyer quelque chose, si peu que ça soit… ça serait notre preuve que tu penses quand même à nous… quelquefois. »

Elle ne tourna pas le visage vers la vitre pour regarder Simon s'éloigner. Attentive à son seul chagrin, elle tira son mouchoir jaune de dessous sa jupe et se tamponna les yeux.

III

Une épaisse couche de paille avait été étendue sur la chaussée, en face du petit hôtel particulier de la rue de Lübeck, afin de feutrer le bruit des roues. Cet usage de répandre de la paille devant la porte des grands malades s'en allait avec les chevaux, et ne subsistait plus que dans quelques vieilles familles, comme un rite préfunéraire.

Simon Lachaume attendit un long moment, la main sur le gros bouton de fonte.

Une haute automobile noire stationnait, ses phares en veilleuse, et le chauffeur faisait les cent pas pour se dégourdir.

La porte de la demeure s'ouvrit. Un vieux domestique inclina la tête devant le jeune homme.

Au même moment, Isabelle, la nièce de la maison, apparut dans l'escalier.

« Ah ! venez vite, monsieur Lachaume, dit-elle en remontant une mèche qui lui tombait sur le front. Il vous attend. »

Isabelle d'Huisnes avait une trentaine d'années. Son visage triangulaire, brun et sans grâce, était tiré de fatigue ; le dessous de ses yeux se marquait de deux places d'ombre.

Simon posa sur un grand coffre Renaissance son manteau gris, aux revers chiffonnés, parmi les beaux manteaux de serge noire et les pelisses à cols de loutre, ornés de rubans de la Légion d'honneur ou de rosettes à socle. Il essuya prestement ses lunettes avec ses pouces.

Par la porte entrouverte du petit salon, il aperçut deux vieux messieurs maigres, à longues jambes et à bottines étroites.

« Il a toute sa conscience, toute sa lucidité », dit Isabelle en précédant Simon dans l'escalier.

Ils traversèrent, au premier étage, le bureau de travail où Simon était venu si souvent : objets de Chine, meubles de laque rouge à étranges fleurs noires, livres reliés, précieux, brochés, poussiéreux, écornés, tout neufs et non coupés, papiers épars, estampes. Deux gros chrysanthèmes fanés, la tige baignant dans un jus sombre, auraient dû être jetés depuis plusieurs jours.

Dans la chambre attenante, le poète Jean de La Monnerie mourait.

Simon Lachaume pénétra dans une pièce au mobilier Empire. Le velours des sièges et des doubles rideaux était d'un jaune passé. Un abat-jour de soie jaune bordé d'une passementerie ternie tamisait la lumière de la lampe de chevet. Sur le marbre de la commode était posée une réplique du buste du poète, exécuté vers 1890 par Borelli. Le mouleur avait donné à cette réplique la teinte du bronze mais une écornure au nez trahissait d'un éclat plâtreux la vraie matière. Devant la glace de la cheminée une grande pendule de marbre faisait, seconde après seconde, un bruit claquant. Le poète avait travaillé dans sa chambre durant les moments qui avaient précédé sa maladie ; près d'une fenêtre, une table à jeu en marqueterie était chargée de feuillets, de lettres et de livres.

Il régnait là une odeur de fièvre et de vieillesse accumulée, de tabac d'Orient, de benjoin pour inhalation, d'alcool pur volatilisé et de potions sucrées, une odeur aigre et douceâtre à la fois, une fadeur qu'entretenaient à haute température la bouche de chaleur et le feu de boulets dans la cheminée.

Sur un grand lit aux montants ornés de bagues de bronze, Jean de La Monnerie était étendu, les yeux clos, le torse légèrement relevé par des coussins. Le teint était violacé ; une barbe de quelques jours semblait un dépôt de sel sur les joues avalées. La grande mèche qui recouvrait ordinairement la calvitie traînait sur la taie d'oreiller ; le cou décharné montrait ses cannelures et humectait de sueur le col rond de la chemise de nuit. Les draps étaient froissés.

Un homme d'une soixantaine d'années, en veston de soirée, au visage volontaire et suffisant, avec des cheveux argentés, une peau claire et bien rasée, tenait entre ses doigts le poignet du poète et suivait le chemin d'une aiguille sur une montre d'or.

Quand Simon s'approcha, Jean de La Monnerie ouvrit les paupières. Le grand regard gris, légèrement divergent quant à l'œil gauche, erra, flotta, finit par se fixer.

« Mon ami, comme c'est gentil à vous, prononça le poète d'une voix sourde où le souffle frappait mal les cordes vocales... de vous être dérangé. »

Poli jusqu'au bout, il commença les présentations :

« Monsieur Simon Lachaume, un jeune agrégé du plus grand talent... »

Le personnage en smoking fit un signe de tête au-dessus de sa chemise empesée et dit simplement :

« Lartois.

— Ce matin, mon confesseur, reprit le poète ; ce soir, vous, mon médecin et fidèle ami... maintenant, dirais-je, mon disciple ou mon indulgent thuriféraire?... Et puis cet ange qui veille constamment sur moi, ajouta-t-il à l'adresse de sa nièce. Je devrais mourir content. »

Il soupira. Les cordelettes de la gorge se contractèrent.

« Mais voyons, mais voyons, vous pouvez très normalement vous en sortir. Dès l'instant que la fièvre est tombée... dit Lartois avec, dans l'intonation, une douceur professionnelle que son visage ne reflétait pas. Vous nous étonnerez encore, grand homme !

— Il n'y a plus d'huile », murmura le poète.

Un moment s'écoula sans paroles, pendant lequel on n'entendit que les secondes marquées par la pendule de marbre.

Dans le cabinet de toilette, la religieuse de garde, les pointes de sa cornette tenues relevées par une épingle, faisait bouillir des seringues.

L'œil gauche du vieillard chercha, interrogea Simon.

Celui-ci, en réponse, sortit de sa poche de veston un paquet d'épreuves d'imprimerie.

« Quand sort-elle ? demanda Jean de La Monnerie.

— Le mois prochain », dit Simon.

Une expression de tristesse et de fierté mêlées passa sur le visage du poète, rajeunit un instant sa face violacée.

« Ce jeune homme, expliqua-t-il au médecin, me consacre sa thèse de doctorat... tout entière... Allez, Lartois, je me sens bien, allez à votre dîner. C'est bon, les dîners. Et puis quand je serai... »

Le silence prit densité.

« … présentez-vous à mon fauteuil », acheva-t-il.

Le professeur Lartois, membre de l'Académie de médecine, et qui allait perdre en la personne de Jean de La Monnerie un des soutiens les plus sûrs de sa proche candidature à l'Académie française, regarda autour de lui et regretta que ces dernières paroles, cette sorte d'investiture, n'eussent pas eu de meilleurs témoins. Pour la première fois, il prêta attention au garçon mal vêtu, à la tête trop grosse et aux lunettes cerclées de métal, qui se trouvait auprès de lui, et lui fit un signe de complicité admirative qui signifiait : « Quel esprit merveilleux, n'est-ce pas ? Quelle élégance du cœur jusqu'à la fin ! »

Il fit entendre un petit ricanement entre ses dents, comme s'il ne s'agissait que d'une boutade.

« Je vous laisse en compagnie de votre gloire, dit-il en posant amicalement la main sur la manche de Simon. Je repasserai vers onze heures. »

Il sortit, suivi d'Isabelle.

De ses longs doigts marqués de taches brunes, Jean de La Monnerie jouait avec le paquet d'épreuves.

« C'est émouvant… c'est émouvant », dit-il.

De nouveau, son œil gris parcourut le visage du jeune homme, lentement, et parut s'embuer.

« C'est un beau mot, la gloire », murmura-t-il.

IV

Lartois descendit les marches, la tête droite, le pas légèrement sautillant.

« Alors, monsieur le professeur, combien de temps ? demanda Isabelle à mi-voix, les yeux brillants de larmes.

— Tout dépend de ça, répondit-il en se touchant la place du cœur. À mon sens, c'est une question d'heures… Après les deux syncopes d'aujourd'hui… »

Ils pénétrèrent dans le petit salon. Urbain et Robert de La Monnerie se levèrent.

« Je ne puis que vous répéter, leur dit Lartois, ce que je disais à l'instant à Isabelle. L'issue fatale peut se produire d'un moment à l'autre. La congestion pulmonaire est évidemment enrayée, mais le myocarde… le myocarde… il y a un moment où notre science approximative ne peut plus rien, et lorsqu'il s'agit d'un aussi admirable ami, c'est vraiment déchirant… Ma chère petite, auriez-vous une feuille de papier ?

— Pour une ordonnance ? demanda Isabelle.

— Non, pour le bulletin de santé. »

Les deux frères se taisaient. Le marquis hocha deux ou trois fois sa grande couronne de cheveux raides.

Robert de La Monnerie, le général, le cadet des quatre frères La Monnerie, souffla sur la rosette rouge qui décorait le revers de son veston, comme s'il avait voulu en chasser une poussière.

Lartois écrivit : « *Bulletin du soir.* »

Soudain sa main s'immobilisa. Dans ses yeux s'allumèrent deux lueurs fixes, brillantes, bizarres. Isabelle était penchée vers la table ; sa poitrine un peu basse se dessinait nettement à travers la veste de lainage ; son corps brun exhalait un parfum de fatigue. Le regard de Lartois remonta jusqu'aux yeux d'Isabelle, mais celle-ci, l'attention enfouie dans le chagrin, ne le remarqua pas. Tout le monde croyait que Lartois réfléchissait.

Les deux petites lueurs s'éteignirent, et le médecin traça d'une écriture étroite et rapide :

« *Amélioration notable de l'état respiratoire. Insuffisance cardiaque partielle. Pronostic réservé.* »

Comme cela, pensa-t-il, il y en a pour tout le monde, pour les profanes et pour les confrères. On n'aura pas de surprise… « *Signé : Professeur Émile Lartois.* »

À force de voir sa signature imprimée par les journaux, au-dessous du nom d'agonisants illustres, il se sentait devenir illustre lui-même.

Il se dirigea vers l'antichambre, enfila la pelisse que le domestique lui présentait, glissa ses belles mains soignées dans des gants de chamois, et regagna la limousine noire qui stationnait devant l'hôtel.

Quelques minutes plus tard, la religieuse de garde suivit le couloir qui divisait l'étage, alla frapper à la porte de Mme de La Monnerie. Elle n'eut pas de réponse et recommença.

« Entrez ! » dit une voix impatiente.

Mme de La Monnerie, devant une table à tréteaux couverte de crayons de couleur et de petits pots de peinture, était en train de fabriquer des poupées de mie de pain qu'elle habillait de papier d'argent. Sa grande robe de chambre en velours ouatiné festonnait sur le sol autour de sa chaise. Son bouffant de cheveux blancs avait été passé dans une eau de rinçage bleutée.

« Je vous écoute, ma sœur, dit-elle… Parlez plus fort.

— Madame, votre nièce me charge…

— Ah ! ma nièce ! » dit la vieille dame en se tournant d'un grand mouvement d'épaules.

Puis, quand la religieuse eut achevé son message, elle répondit, les traits figés :

« Il s'est souvent passé de moi pour vivre, il s'en passera très bien pour mourir. Il m'a donné suffisamment de spectacles déplaisants. »

Elle dit encore :

« Ma fille a été prévenue ?

— Oui, madame ; ce matin, par télégramme.

— Alors tout est fort bien », dit Mme de La Monnerie.

Et elle revint à ses danseuses et à ses bergers hauts comme le pouce.

Au rez-de-chaussée, dans la cuisine, le vieux domestique, qui portait justement ce jour-là « un ancien pantalon de Monsieur », se tenait assis, les mains aux genoux. Il se levait de temps à autre pour aller répondre au téléphone dont le timbre avait été étouffé par un tampon d'étoffe, ou bien ouvrir la porte quand quelqu'un venait tardivement déposer une carte, prendre des nouvelles.

Un demi-siècle de célébrité littéraire s'achevait ainsi, avec ces derniers hommages reçus dans la nuit.

La cuisinière, larmoyante, préparait « quelque chose, parce que les frères de M. le comte ne pouvaient pas rester sans rien prendre ».

Dans le petit salon, le vieil Urbain dit :

« Pour l'enterrement, je ne peux pas recevoir tout ce monde-là à Mauglaives. Et puis d'abord, c'est trop loin.

— Les d'Huisnes ont un caveau au cimetière Montmartre ; ce serait le plus simple ; je ne pense pas que Juliette fasse de difficultés », répondit le général.

Il avait un genou soudé par une blessure de guerre et tenait sa jambe étendue, raide comme une planche, du fauteuil au tapis.

Il y eut un silence pendant lequel on entendit les pas de la religieuse qui retraversait le couloir du premier étage.

Puis l'aîné dit :

« Je n'aime pas ce cimetière.

— Oh ! pour une inhumation provisoire ! » fit le cadet.

V

Jean de La Monnerie éprouvait à la base du nez le poids léger des lunettes. Ses perceptions étaient enveloppées de brume.

Sa seule sensation vraiment précise, parce que la seule vraiment importante, était cette étreinte permanente sous la clavicule gauche, cette main invisible logée dans sa poitrine et qui lui emprisonnait les artères. Il savait qu'à l'intérieur de cette étreinte la vie se battait, pour elle-même, sans aucun secours.

Devant lui, sur un pupitre de lit, étaient posées les pages d'épreuves de l'ouvrage à lui consacré : « *Jean de La Monnerie, ou la quatrième génération du romantisme.* »

Le parfum, si souvent aspiré, de papier un peu mouillé et d'encre fraîche lui parvenait une dernière fois aux narines, mais plutôt comme une réminiscence que comme une réalité présente; sa main tournait lentement les épreuves, selon les pliures, par minces cahiers de seize pages.

Son regard glissait ainsi que sur un rail le long de la ligne imprimée; il était attentif au jugement de l'avenir. Ce mot « avenir », lorsqu'il traversait sa pensée, passait avec un sillage de comète au-dessus de continents immenses, sombres, encore spongieux.

Le poète se sentait arrivé au bord de l'exclusion éternelle. Il ne resterait de son personnage, en deçà des gouffres, sur la planète aux hommes, que ce que pouvaient contenir des livres semblables à cette thèse où il voyait se composer sa seule effigie transmissible, plate comme une eau-forte, morte comme un buste, fausse comme l'Histoire.

À suivre le fil logique de la pensée d'autrui, il mesurait tout ce qui, de lui, allait définitivement glisser, fuir, sombrer.

Tant de visions soudaines, éblouissantes, tant de réponses presque obtenues au bout de labyrinthes effacés, tant de fois la certitude s'évaporant alors qu'on croyait enfin la saisir... C'était tout cet incommunicable qui devait se dissoudre sans retour, au milieu de l'univers. Et puis cet étonnement permanent, quasi natal, que le monde fût si grand et les actes humains si infimes. Qui pouvait reconstituer tout cela?

Lui seul savait qu'il avait vécu, et comment il avait vécu, et à quelles sources il avait bu. Lui seul savait qu'il était allé, rare entre les humains, jusqu'aux murailles extrêmes, qu'il s'était heurté presque chaque jour au grand rempart de marbre noir qui ferme la connaissance, et qu'il l'avait longé en cherchant les portes, et qu'il s'était haussé pour tenter d'apercevoir l'infini.

« C'est à cause de ces moments-là, pensa-t-il, que je suis un grand homme, et pour rien d'autre… parce que certaines nuits je me suis évanoui en écrivant. »

Et malgré tout, il s'attardait à contempler, non sans une satisfaction complaisante, et comme s'adressant un sourire à soi-même, son portrait écrit de l'autre côté des lunettes.

Il entendit sa propre voix se propager dans une espèce d'ouate.

« C'est bien… c'est très remarquable. »

L'étreinte s'était un peu déplacée, comme si les doigts logés dans la poitrine s'étaient remués pour se dégourdir, et puis se refermaient plus durement.

« Il ne faut pas que je pense trop fort, se dit-il, il ne faut pas que j'aille jusqu'au mur noir… »

Il continuait à tourner les paquets d'épreuves, et, de seize en seize pages, un nom rencontré, une date, un titre illuminaient sa mémoire. Des souvenirs enfouis dans les sédiments profonds de la vie réapparaissaient brusquement.

Jean de La Monnerie voyait resurgir un jeune homme en pantalons clairs et gilets brodés qui montait à cheval, faisait des armes et méprisait tout autour de lui. Comme l'existence avait bien justifié ce mépris ! Le jeune homme portait le soir des chemises à plastron tuyauté, fumait de longs cigares italiens d'où l'on extrayait une paille, fréquentait chez Leconte de Lisle et se sentait le génie de construire une œuvre immense qui allait régner sur les siècles. Il y avait encore dans le tiroir de la commode, sous le buste, deux ou trois de ces chemises tuyautées, trop étroites, jaunies depuis des lustres.

« Un oiseau sur le lac tombait avec les feuilles… »

Il eut une sensation d'irritation et d'écœurement à la fois ; ce vers dont il venait de rencontrer la citation, en tournant un nouveau feuillet, était le premier du poème qui avait rendu le jeune homme célèbre à vingt-quatre ans, *« au temps*, écrivait Lachaume, *où l'on pouvait encore devenir célèbre pour un poème »*. Le morceau qui figurait dans toutes les anthologies, qui était récité à toutes les matinées poétiques, rappelé dans toutes les lettres d'admiratrices, commenté par tous les flatteurs de salon. N'avait-il donc jamais, lui, Jean de La Monnerie, rien écrit de plus important, de plus valable ; les neuf volumes de son œuvre poétique n'étaient-ils que buée, pour qu'on lui jetât sans cesse sur son chemin, et jusqu'à la tombe, ces trente vers négligemment tracés et dont lui-même ne reconnaissait plus l'ancienne audace devenue désuète ? Oh ! peuple paresseux qui s'obstine à ne connaître que l'œuvre de jeunesse ; peuple avare qui ne distribue jamais deux fois son enthousiasme !

Encore La Monnerie avait-il pris le sujet de son poème à Sully Prudhomme dans une conversation d'après-dîner. Sully discourait d'un projet qu'il avait en tête ; La Monnerie avait cueilli l'idée au vol. Qui s'en était jamais aperçu ? Si, Lachaume notait un rapprochement ; mais selon lui, c'était l'auteur des *« Vaines tendresses »* qui s'était inspiré de Jean de la Monnerie en utilisant le thème de *« L'oiseau sur le lac »*.

Sully Prudhomme, d'abord l'ami, puis le rival agaçant, presque l'ennemi… Inutile de redresser en sa
faveur la chronologie et la vérité. Il ne lui devait rien.

« Ce Lucrèce bourgeois au prénom de mamelle… »
murmura le malade.

Il sentit qu'il avait tort de parler, car chaque fois
l'étreinte sous la clavicule se faisait plus violente.

Pourtant, quand il lut, en tête d'un chapitre : « *Le
précurseur des symbolistes* », il ne put se défendre d'un
geste agacé, comme s'il balayait, d'un revers de main,
tous ses successeurs, et il prononça :

« Ces épigones ! »

Avec une avidité de biographe, Simon Lachaume,
tendu, recueillait les boutades que laissaient choir les
lèvres mauves, et se les répétait à lui-même, plusieurs
fois, pour ne pas les oublier.

Seize pages plus loin, le regard du poète s'arrêta
sur une pièce citée en entier et qui ne portait d'autre
titre que cette dédicace : « *À l'amie du 16 janvier
1876.* » L'œil gris y stagna longtemps, si longtemps
que Simon crut le vieillard endormi. Mais non ; derrière ses lunettes il cherchait, cherchait sans y parvenir
à arracher au temps un visage, un nom. Et pourtant,
s'il avait mis cette date, c'était bien pour souligner un
grand souvenir… et la précision restait là, toute seule,
sans un chignon dénoué, sans un parfum, sans une
adresse, sans rien… C'était affreux… 76… Il avait,
cette année-là, voyons… quatre maîtresses. Était-ce
avant la Cassini, ou bien tout au début… La Cassini
avec ses cris, ses ravages, ses drames, et qui lui semblait aujourd'hui plus étrangère, plus lointaine, plus
morte, que s'il n'avait jamais dormi avec elle… C'était

en tout cas longtemps avant son mariage avec Juliette, ce mariage de raison arrangé par Urbain... « Si tu continues, avait dit l'aîné, tu n'auras plus un sou. Tu ferais mieux d'épouser la petite d'Huisnes... » 1876, la belle année ! Il avait trente ans.

Le vieillard parut reprendre contact avec le monde extérieur.

« Quel âge avez-vous, Simon ? demanda-t-il sourdement.

— Trente-trois ans, maître. »

Le vieillard soupira. Les présences dans la chambre, Isabelle, la religieuse, lui semblaient se déplacer derrière des transparences aquatiques.

Dans le même instant, Simon, le regardant, songeait avec envie : « À mon âge, il était déjà illustre, il avait une œuvre considérable et toutes les femmes à ses pieds. » Pour se consoler, il se dit encore : « Je serai de ceux qui réussissent tard. »

« Je n'aurai pas le temps... » murmura le poète en secouant la tête tristement.

Simon et Isabelle crurent qu'il s'agissait de la lecture.

« Vous êtes fatigué, mon oncle ? demanda la nièce. Je vais vous retirer...

— Non, non, pas ça, dit le mourant en s'accrochant au pupitre. Non... Simon, je vous demande... mes papiers, mes brouillons... je vous charge... pas de lettres avant cinquante ans. »

Simon, contracté par l'émotion, abaissa la tête en signe d'assentiment.

Isabelle se détourna, le visage ruisselant.

Elle prit un prétexte pour sortir de la pièce ; cette agonie consciente excédait ses forces.

Profitant de l'absence de sa nièce et de ce que la religieuse était occupée dans le cabinet de toilette, le vieillard chuchota à Simon :

« … de quoi écrire. »

Simon lui apporta une feuille blanche et lui présenta son stylo en pensant : « Mon stylo, avec lequel Jean de La Monnerie écrit ses dernières lignes. »

La plume convenait mal au poète. D'une écriture brouillée, qui arrachait par places le papier, il traça : « *Je vous ai bien aimée.* » Il signa d'un grand « *J* », plia la feuille en tremblant, inscrivit sur le dessus : « *Madame Eterlin* », et la tendit à Simon avec un sourire d'excuse complice, sans songer à donner l'adresse.

« Merci », murmura-t-il.

Puis comme sa nièce rentrait, il reporta le regard vers le pupitre.

« *Car nous irons mâcher la cendre de nos pistes…* »

Les lettres tremblaient devant le mourant, épuisé par son dernier effort ; mais rien qu'à la disposition des taches noires et blanches sur les lignes, il reconnaissait ses vers faits près d'un demi-siècle plus tôt.

« *Car nous irons mâcher la cendre de nos pistes,*
Nous traînerons la vie et nous deviendrons vieux,
Tout cela simplement pour que ces heures tristes
Nous composent un jour des souvenirs heureux… »

Donc, déjà en ce temps-là, il savait…

Et soudain, ce fut une sorte d'embrasement. Dans un état de demi-conscience à la fois et de surconscience, avec l'impression d'une logique suprême qui n'était qu'éblouissante confusion, surgirent, se lièrent, se complétèrent le collégien en uniforme des Jésuites, le jeune homme au gilet brodé allant se présenter, avenue d'Eylau, à un Victor Hugo biblique… et l'évanouissement des nuits de travail, un cri de la Cassini, la certitude que le créateur est toujours plus grand que sa création et, par là, la réconciliation avec Dieu… une foule de Bruxelles debout, applaudissant avec un bruit de pluie, et, dans ce bruit, le dessin de l'œuvre éternellement entrevue, auprès de laquelle tous ses autres poèmes n'étaient que chapiteaux et bas-reliefs préparés pour un temple, l'œuvre absolue, la réponse universelle, la tour pour regarder par-dessus l'infini, la clef des portes secrètes dans la muraille noire, après quoi plus rien n'aurait à être dit… et puis encore la main de feu dans la poitrine, et les continents de l'avenir, mais maintenant invisibles sous l'éclat rouge de trop d'astres, et puis des torsades verdoyantes et dorées qui ressemblaient aux broderies du costume académique et qui pourtant n'étaient pas elles, et puis un arbre immense, sur des ruines d'Italie, tout cela qui allait s'effondrer ensemble et qui étincelait encore de soleil. C'était comme si, dans l'incendie du théâtre, l'acteur brûlait dans tous ses rôles à la fois.

Pendant les instants que ces visions durèrent, le vieillard s'agita, et, parmi plusieurs phrases informes qu'il prononça, Simon put recueillir celle-ci :

« Il y a une masse d'idées perdues pour une seule idée sauvée ! »

Et puis ces mots où l'on pouvait deviner un titre :

« Le sommeil d'Orphée... »

Et puis un vers :

« ... Dieu n'être au bout de tout que son repos parfait. »

La vieille machine à fabriquer de l'alexandrin avait rembrayé d'elle-même avant de s'arrêter définitivement.

La religieuse s'était approchée et faisait une piqûre au moribond.

Il se détendit, se calma.

Il ne s'était pas aperçu qu'on avait ôté le pupitre. Le brouillard maintenant commençait tout près de son regard.

La main sous la clavicule s'était desserrée, avait presque disparu. Il ne fallait pas qu'elle disparût complètement, et le mourant épiait avec angoisse le retour de l'étreinte. Il avait besoin de tousser mais n'osait le faire, de peur de briser net sa conscience, et préférait respirer avec des raclements de gorge qui, si gênants qu'ils fussent, étaient encore une preuve d'existence.

Il avait l'impression que ses perceptions, sa parole, l'enchaînement de ses idées, sa mémoire ne tenaient plus assemblés que par un fil mince, mince comme une fin de cocon. Un geste, une pensée trop violente pouvaient casser cette soie. Alors les divers éléments de la vie se sépareraient comme les épis d'une gerbe déliée, ou plutôt tous ces rouages immatériels se mettraient à flotter diversement dans le silence, sans plus aucune action des uns sur les autres. Ce n'était plus l'incendie, c'en étaient les cendres, qu'un souffle pouvait disperser.

Il s'entendit prononcer à nouveau :

« Je n'aurai pas le temps de finir. »

Il savait qu'il ne verrait pas la porte s'ouvrir dans la muraille noire.

Il avait envie de dormir.

Une main l'effleura, qui lui ôtait le poids léger de ses lunettes.

VI

Les deux frères étaient montés dans la chambre et attendaient, assis. Le général bâilla, regarda sa montre, souffla sur sa rosette.

Simon s'était levé à leur entrée pour leur laisser sa place auprès du lit, mais Urbain l'avait arrêté de la main, en disant :

« Restez donc, restez donc. »

Chaque fois que le mourant, dans son sommeil, faisait entendre un raclement de gorge, les têtes se levaient et la religieuse, d'un signe de sa cornette, rassurait les inquiétudes. Ce n'était pas encore l'instant.

Soudain, vers dix heures et quart, le poète se dressa à demi sur son séant. Sa main griffa le drap, saisit la main de Simon, l'agrippa. La face avait pâli. Des yeux aux directions divergentes, un seul était fixé sur Simon, sans paraître le voir. On eût dit que le mourant marchait vers un précipice sans pouvoir s'arrêter. Puis la gorge fit un bruit de clapet de pompe qui se désamorce, et la tête retomba en arrière.

La religieuse, qui s'était saisie d'une seringue, enfonça l'aiguille dans une chair morte.

Simon apprécia mal le temps qu'il resta immobile à contempler les globes gris et fixes sous les paupières retombées à mi-course. Par un singulier mimétisme intérieur, son propre cœur faiblissait, et il se demanda un instant s'il n'allait pas avoir une syncope. Il dut aspirer fortement à plusieurs reprises.

Il pensa qu'il lui appartenait de fermer ces yeux qui lui avaient adressé à lui, Simon, leur dernier et indéchiffrable message. Il rassembla tout ce qu'il avait de piété intellectuelle pour accomplir ce geste. Mais de la manche blanche de la religieuse sortaient deux doigts calleux et courts qui, d'un mouvement rapide, expert, abaissèrent les paupières du poète. Puis la religieuse se signa et s'agenouilla pesamment, sa jupe froissant le silence.

Enfin, Urbain de La Monnerie dit :

« Ce pauvre Jean, ça y est. Le premier de nous quatre. »

Il s'était tassé brusquement. Il regardait le tapis, et ses yeux étaient rouges.

Robert, le général, chercha machinalement une cigarette, la porta jusqu'à ses lèvres, et puis, honteux, la renfonça dans sa poche.

« Il avait douze ans quand tu es né, reprit Urbain en regardant le général. Nous sommes allés ensemble te voir dans ton berceau. Je me rappelle très bien. »

Le général hocha la tête comme s'il se souvenait, lui aussi.

Simon sentit un choc contre sa poitrine, une chaleur, un sanglot. Isabelle venait de se coller contre lui et balbutiait :

« Pauvre petit oncle... pauvre petit oncle... Vous lui avez donné son dernier moment de bonheur. »

Des larmes chaudes coulaient dans le cou de Simon.

« Il faut que je fasse la toilette, dit la religieuse en se levant.

— Je vais vous aider, dit Isabelle. Si, si, je veux... j'y tiens. »

Les hommes sortirent, moitié par respect et moitié par lâcheté, pendant que les deux femmes dénudaient le vieux corps maigre et long, et l'essuyaient d'un tampon de coton, du même geste que pour un nourrisson.

Une demi-heure plus tard, des bougies brûlaient aux deux extrémités du lit ; un rameau de buis trempait ses feuilles sèches dans une soucoupe. On avait laissé dans un coin une applique allumée, parce que la lumière des bougies eût été insuffisante.

Sous les draps tirés, dans une chemise de nuit propre, le cadavre de Jean de La Monnerie reposait, les mains croisées autour d'un crucifix, le menton soutenu par un bandeau.

Le long profil se découpait en ombre sur la tenture jaune du mur. La grande mèche avait été replacée sur le crâne. La peau s'était détendue, déplissée, et avait pris une teinte de pierre à peine rosée. Le cadavre avait rajeuni ; et, comme si la dépouille avait été sensible à la vanité des soins dont on venait de l'entourer, la face offrait une expression de calme mépris.

Mme de La Monnerie entra dans la pièce, haute, le pas assuré. Elle approcha du lit, agita quatre fois le rameau de buis au-dessus de son mari, dit d'un ton de constatation :

« Il a bonne mine. »

Et ressortit.

Le professeur Lartois arriva un peu après onze heures. La cuisinière alla lui ouvrir, car le vieux Paul, accablé, était incapable de se mouvoir.

« M. le comte est passé », dit-elle au professeur.

Celui-ci monta l'escalier sans ôter sa pelisse, entra dans la chambre, releva d'un doigt, pour un dernier examen, la paupière du mort, la rabaissa, et dit :

« Ça a été encore plus rapide que je ne croyais. »

Puis il attira Simon Lachaume dans le couloir et se fit raconter les derniers instants.

« Une belle mort, une très belle mort, fit Lartois. Puissions-nous tous avoir autant de dignité devant la fin. »

Quand Simon lui rapporta les dernières paroles : « Je n'aurai pas le temps de finir », Lartois dit :

« Il était sûrement en train de composer un poème. L'esprit des vieillards, voyez-vous, se concentre sur ce qui a été l'occupation majeure de leur vie. Dans tous les autres domaines, leur mémoire, leur compréhension, leur pouvoir d'émotion s'effritent ou se sclérosent. C'est ainsi que vous verrez un mathématicien complètement gâteux capable de calculer encore des intégrales. Nous ne durons que dans notre spécialité. Vous auriez demandé tout à l'heure à notre ami le nom de sa fille, il eût été incapable de vous le dire.

Mais il vous a parlé de Sully Prudhomme, il m'a parlé de l'Académie… »

Il prit un léger temps.

« C'est comme cela, ajouta-t-il. Question d'irrigation des lobes… ou bien quelque chose qui nous dépasse.

— Monsieur le professeur, dit Simon hésitant, savez-vous… connaissez-vous Mme Eterlin ? Et comment pourrais-je avoir son adresse ?

— Ah ! oui, c'est une très délicate pensée que vous avez là, répondit Lartois. Oui, j'irai moi-même lui rendre visite. La pauvre… Il a parlé d'elle ?… Son adresse, attendez… »

Il sortit son carnet.

« 12, rue de Tissandre, à Boulogne… Au revoir, mon cher, nous nous reverrons sûrement.

— J'en serais très heureux, monsieur le professeur », dit sincèrement Simon.

Mme Polant se présenta très peu de temps après, avertie par son instinct sûr des catastrophes. C'était une petite femme à la peau encore tendue. Elle portait un vieux chapeau, un collet de lapin noir par-dessus son manteau. Une légère touffe de poils, plantée dans une verrue, poussait au bas de sa joue droite. Elle avait des déboires conjugaux. La fréquentation des sacristies et des chapelles ardentes lui avait conservé une fausse fraîcheur de teint, et ses vêtements retenaient un parfum de cierge.

Elle servait de secrétaire intermittente à la famille La Monnerie et lorsque quelqu'un demandait : « Mais quel âge a Polant maintenant ? », on répondait par un calcul : « Voyons, elle est arrivée en 92… » Polant apparaissait surtout dans les temps de deuil.

Elle n'avait pas gravi la moitié de l'escalier qu'elle avait déjà le mouchoir sur les yeux. Elle fit des mines désolées aux assistants, entra en prière auprès du lit, avec génuflexions et battements de lèvres, se releva pour serrer dans ses bras Isabelle qui l'appela « ma pauvre Polant » ; puis, séchant fébrilement ses larmes, elle commença aussitôt son travail de nécrophore.

Elle ne se pardonnait pas d'être arrivée trop tard. Les toilettes funéraires faisaient partie de ses bons offices. Elle se rattraperait sur la toilette d'apparat. Elle affirma à voix basse et non sans fierté :

« Je sais raser les morts. »

Sous prétexte de se charger de tout et de laisser les parents du défunt à leur chagrin, elle commença par attirer les frères dans un coin et entama avec eux une longue conversation chuchotante. Le vieil Urbain et le général tendaient l'oreille, crispaient le visage et acquiesçaient de temps en temps. Il fallait faire l'exposition dans le grand salon, le corps revêtu du costume d'académicien. Mme Polant irait le lendemain matin à la mairie pour la déclaration de décès. Ce n'était pas la comtesse qui allait s'occuper de tout cela, ni cette pauvre Mlle Isabelle. Mme Polant se chargerait aussi des pompes funèbres. Elle avait ses habitudes chez Borniol. Elle convoquerait quelqu'un de la direction afin de discuter des détails du devis qui allait être important, et qu'elle présenterait ensuite à ces messieurs pour approbation. Avait-on prévenu Jacqueline, en voyage à Naples avec son mari ? Oui. Bien. En ce qui concernait les faire-part, Polant avait gardé ceux des décès précédents, ce qui permettrait de contrôler, de n'oublier personne ; elle avait également les carnets d'adresses de la famille. Elle ne dormirait pas de la nuit, elle s'entendrait avec la religieuse pour la veillée du mort ; on pouvait compter sur elle et sur son activité feutrée.

VII

Simon Lachaume revint à pied, par l'Alma et les quais de la Seine. La température avait baissé de plusieurs degrés. Simon entendait ses pas sonner dans un air durci. Mais c'est à peine s'il éprouvait la piqûre du froid. Sa grosse tête roulait de hautes pensées.

Il s'était trouvé présent, sa thèse terminée, à la mort de Jean de La Monnerie. L'illustre poète lui avait adressé son dernier regard, lui avait étreint la main au moment exact où la vie s'enfuyait. Les grands hommes se donnent la main à travers l'éternité. C'était un signe, un signe inéluctable. La somme des forces géniales était sans doute en proportion constante dans l'humanité, comme les gaz rares au sein de l'atmosphère ; Simon était certain qu'il faisait partie de la constante, qu'il était de ceux qui guident leurs semblables par les chemins du rêve, de la méditation ou de l'action.

Cette journée était pour lui une journée essentielle, une charnière ; la porte retombait sur toute une tranche pénible de sa vie, s'ouvrait sur un avenir prestigieux, aux événements pressés, vagues et nombreux. Le destin venait de frapper un coup de gong.

« Je n'aurai pas le temps de finir. » Personne n'avait le temps de finir. Mais d'autres reprenaient, arrivaient en relève, s'attelaient à la grande tâche unanime.

Simon songea avec tristesse que la maison de la rue de Lübeck allait cesser d'être un lieu d'accueil et d'amicale protection pour devenir un lieu de souvenir et de pèlerinage. Non ! d'abord un lieu de travail. Le grand poète lui avait confié le soin de ses papiers. C'était là une tâche immédiate. Trier d'une main pieuse, préparer l'édition posthume ; il fallait que se perdît le moins possible du message du poète. Il se rappela la phrase sur les idées perdues. Il la ferait figurer dans l'introduction. Car il rédigerait l'introduction. Il commençait déjà à la rédiger…

Quand il passa devant l'Institut, façade noire, au fond de la placette semi-circulaire, il se dit : « Un jour, moi aussi, je serai là. »

Il avait hâte d'arriver chez lui, de noter tous les événements, tous les détails, toutes les pensées de cette soirée dans leur qualité immédiate… Mais quand il eut remonté le Quartier latin et regagné les deux pièces exiguës qu'il occupait à un troisième étage de la rue Lhomond, Simon éprouva d'un coup la fatigue. Sa femme s'éveilla, les yeux gonflés de sommeil, le visage fade, les mèches du cou collées de moiteur. Elle se plaignait de l'avoir attendu, puis d'avoir succombé à la lassitude. Il la mit au courant en quelques mots :

« Oh ! raconte, demanda-t-elle.

— Je te raconterai demain. Dors », dit-il.

S'il racontait, il émousserait le fil clair, tranchant de son récit. D'abord, écrire. Il s'assit à sa table ; mais la présence de sa femme, derrière lui, qui se tournait dans le lit et recherchait le sommeil en geignant, et puis l'odeur d'air peu renouvelé qui flottait dans l'appartement, et puis son propre épuisement l'empêchèrent de rien tracer. Il avait faim. Il alla croquer un biscuit sec qui sentait le savon, revint. Un long moment, il resta devant son papier, cherchant une première phrase ; les termes ne parvenaient pas à se composer. Les mots se refusaient. Et pourtant, tout à l'heure, il était tellement sûr... « Des notes, de simples notes » se répétait-il, et même cela lui était impossible.

Sa femme lui demanda de venir se coucher.

« Ta mère est bien partie ? dit-elle somnolente.

— Oui, oui, très bien. »

Et en même temps, il pensait : « Demain matin, c'est dimanche, j'aurai le temps. »

Mais afin qu'il restât pour l'histoire littéraire et pour sa propre histoire — qu'il envisageait déjà comme confondues — un document indiscutable, il écrivit sur son carnet, à la date du jour et en prenant soin que ce fût à l'encre : « *Ce soir j'ai fermé les yeux de Jean de La Monnerie.* »

Il fabriquait d'avance, faute de mieux, le portrait plat, le demi-mensonge.

Quand il se glissa dans le lit, il se tint sur le bord, dans la partie froide des draps, au plus éloigné de sa femme qui s'était rendormie. Il éteignit la lampe de chevet.

Ses lunettes ôtées, allongé à plat sur le dos, les yeux clos sur la nuit, Simon Lachaume, le corps raidi et la tête renversée, s'efforçait de prendre l'attitude qu'il aurait en habit de parade sur son lit de mort. Du fond de lui-même, il se contemplait. Il imaginait à sa grosse face l'expression méprisante d'un long profil de vieillard, et, n'eût été une respiration chaude à quelques centimètres de lui, il serait presque parvenu à y croire.

CHAPITRE II

Les obsèques

I

Les branches recouvraient le mur et débordaient sur la rue. Au fond de l'étroit jardin décharné par l'hiver, la maison s'élevait, à un seul étage, simple et blanche.

Marie-Hélène Eterlin accueillit Simon Lachaume en lui disant :

« Oui, je suis au courant... Émile Lartois qui m'a téléphoné très gentiment, très humainement, m'avait annoncé votre visite. Et puis, mon cher Jean m'avait parlé de vous plusieurs fois, avec tant d'intérêt... Merci d'être venu jusqu'à moi. »

Elle était sur le second versant de sa vie ; mais Simon ne pouvait lui donner un âge précis. Une natte de cheveux blond cendré s'enroulait sur le dessus de la tête. Une jupe grise, d'une longueur démodée, un corsage fait d'un étrange ruché de tulle et de dentelle, mettaient en valeur le buste et la minceur du cou. Le front était sans rides, les yeux avaient pleuré ; les chairs du visage, bien que lisses encore et finement duvetées, commençaient à s'affaisser.

Marie-Hélène Eterlin prit le papier que lui apportait Simon, le lut, le porta à ses lèvres, resta près d'une minute entière les paupières enfouies dans les doigts.

Le décor de la pièce contrastait fort avec l'aspect extérieur, si modeste, de la maison. Ce n'était que miroirs, dorures, verres filés, meubles étranges et chantournés, vitrines encastrées dans les murs et d'où s'échappaient des reflets irisés ; une espèce d'hallucination hispano-vénitienne. Le salon tout entier semblait tenir au bout d'une canne de verrier ; on craignait d'y bouger ; un seul éternuement eût suffi à le mettre en miettes.

« Si sa femme n'avait pas été aussi méchante, dit Mme Eterlin, comme nous aurions pu être heureux. »

Simon se taisait, dans une attitude triste et attentive.

« On ne m'a même pas laissée venir le voir pendant la maladie, reprit-elle. C'est à peine si je pouvais obtenir des nouvelles par téléphone. La nièce d'ailleurs avait partie liée avec sa tante. Ces deux horribles créatures l'ont torturé jusqu'au bout. »

Elle disait cela d'une voix faible, douce, céleste, comme si son cœur avait été de trop pure qualité pour qu'elle pût prendre aucun accent de dureté en parlant de la méchanceté d'autrui.

Simon n'osa pas la détromper, n'osa pas lui raconter que Jean de La Monnerie avait appelé sa nièce « un ange » et qu'il n'était mort malheureux, somme toute, que du seul chagrin de mourir.

« Et lui était un être si bon, si merveilleux, continua-
t-elle. Tous les jours, il venait, tous les jours… Même
pendant la guerre, les soirs de bombardement, j'enten-
dais une voiture s'arrêter dans la rue… C'était lui.
Tout ce long trajet pour ne rester parfois que quelques
instants, savoir si j'allais bien, si je n'avais pas peur…
Il entrait, il commençait toujours par s'asseoir là, dans
le fauteuil où vous êtes… »

Simon, instinctivement, passa une paume prudente
sur le bras fragile de son siège.

« Je n'arrive pas à imaginer qu'il ne viendra plus,
poursuivit-elle, qu'il ne va pas ouvrir la porte, là, dans
un instant, en rajustant son monocle, et que vous allez
lui céder votre place… Cela allait faire huit ans dans
quelques mois… »

De nouveau, elle cacha ses paupières, tira un fin
mouchoir du fond de la bergère, derrière elle.

« Je vous demande pardon », fit-elle.

Pendant ce temps, Simon calculait : « Soixante-
seize moins huit… cela a donc commencé quand il
avait soixante-huit ans… »

Soudain, elle releva le front, le regarda bien en face ;
Simon nota que les yeux de Mme Eterlin, d'un mauve
spécial, étaient exceptionnellement petits. L'intensité
de chagrin, de désarroi, de dénuement, qu'exprimait
un regard si concentré, bouleversa Simon.

« Vous comprenez, monsieur Lachaume, dit-elle,
j'ai tout quitté pour lui, mon mari, mes enfants, tout.
Tous mes amis se sont écartés de moi. Je me suis
trouvée presque ruinée. Mais vous ne pouvez que
m'approuver, vous qui avez vécu près de lui, près de
sa pensée… Quand on a rencontré un être comme

celui-là, qui domine de si haut son époque, quand on a eu la chance qu'il vous ait distinguée, qu'il vienne vous demander un peu de bonheur, mais on n'a pas le droit... c'est un devoir... plus rien ne compte... J'ai arrangé cette maison pour lui, pour l'accueillir... Nous avons choisi chaque meuble ensemble, rien que des choses qu'il aimait. Cette table, nous l'avons achetée à Florence, pendant un voyage. Vous voyez ces éventails, dans la vitrine derrière vous ? Il adorait les éventails ; il disait : "Les éventails sont l'image de la vie... quand ils se referment." »

Elle se leva.

« Venez voir la chambre », dit-elle.

D'un pas glissant, elle le précéda. De dos, elle semblait jeune encore. Sa taille était étroite.

Elle fit pénétrer Simon dans une pièce tendue de soie bleu pâle à semis de fleurs d'or. Sur la commode, une autre réplique du buste de Jean de La Monnerie, mais blanche celle-là, d'un plâtre franc et sans écornure au nez. Les motifs de la soie se répétaient sur le capiton des fauteuils. La lumière venait de deux petites lampes d'albâtre.

« Il assurait que ce décor l'incitait au travail, déclara Mme Eterlin. Souvent l'après-midi, il écartait les brosses et les flacons de ma coiffeuse, et se mettait à écrire. »

Elle tournait autour de la chambre, caressait le bord d'un meuble, le dos d'un oiseau de vermeil sur la cheminée. Elle resta un long moment immobile devant le lit.

« C'était là... dit-elle avec une impudeur calme. Jusqu'au bout il fut un merveilleux amant. Cela aussi, c'est une des grâces du génie. »

Simon Lachaume, gêné, détourna les yeux vers la tête de plâtre.

« Oui, dit Mme Eterlin, il aimait avoir son buste à l'endroit où il vivait. »

Simon ne put s'empêcher d'imaginer le couple étendu sur le lit, le cadavre de l'avant-veille faisant l'amour devant son buste.

Il se dirigea vers la porte.

« Et maintenant voilà, dit Mme Eterlin en redescendant et en s'arrêtant à mi-marches. Je n'ai plus rien. Plus personne ne viendra me voir. Je n'ai plus qu'à vivre dans son souvenir et pour son souvenir. J'ai eu mes huit ans de bonheur. C'est immense… et c'est fini. Je vais me cloîtrer maintenant dans une existence de vieille dame… Quel âge croyez-vous que j'aie ? »

La confusion de Simon était grande. Il pensa : « Cinquante-cinq, au moins », rabattit dix ans, d'un grand coup, en craignant que la flagornerie ne fût trop évidente.

« Je ne sais pas, dit-il : quarante-cinq, quarante-six…

— Vous êtes plus généreux que les autres, répondit-elle. En général, on me donne cinquante ans. J'en ai quarante-trois. »

Elle ne parut pas lui en vouloir, le raccompagna elle-même jusqu'à la porte de l'antichambre, lui tendit des doigts aux ongles pâles, le dos de la main tourné vers le haut. Simon n'avait pas l'habitude du baisemain. Il éleva le poignet à contretemps.

Un très léger sourire, le premier qu'elle ait eu depuis le début de l'entretien, parut sur les lèvres de Mme Eterlin.

« Vous êtes bien tel que Jean vous avait décrit, dit-elle ; sensible, intelligent… »

Il avait pourtant à peine parlé trois fois pendant sa visite, et, pour commettre, en dernier lieu, une gaffe monumentale.

« Les êtres devant lesquels on sent que l'on peut s'exprimer comme cela, immédiatement, sont rares, ajouta-t-elle en jouant machinalement avec des cannes de verre diaprées, plantées dans un haut vase. Ç'avait été ainsi avec Jean… Revenez me voir, quand vous voudrez. Nous parlerons de lui : je vous montrerai de ses vers que personne ne connaît. Quand vous voudrez ; je ne bouge pas. »

L'air qui venait du jardin la fit frissonner ; elle referma la porte.

II

En rentrant chez lui, Simon Lachaume trouva deux pneumatiques.

Le premier était du rédacteur en chef de *L'Écho du Matin* et portait :

« *Monsieur,*
« *Le Professeur Lartois nous a signalé votre nom comme étant celui de la personne la plus qualifiée pour faire, à l'intention de nos lecteurs, le récit des derniers instants de notre éminent collaborateur M. Jean de La Monnerie. Je vous serais très reconnaissant si vous pouviez nous apporter un article de 150 lignes, à minuit au*

plus tard. J'espère que vous serez d'accord sur le prix de
200 francs. »

L'autre message était du professeur Lartois lui-
même.

« *Cher Monsieur*, écrivait Lartois, *L'Écho du Matin,*
dont le propriétaire, le baron Noël Schoudler, est à la
fois un de mes amis personnels et le beau-père, ainsi
que vous le savez, de la fille de Jean de La Monnerie,
me demande un article urgent sur la fin de notre grand
ami. La discrétion professionnelle me fait empêchement
d'écrire un tel article. Je pense que vous êtes, en tant
qu'homme de lettres, et homme de lettres de talent,
infiniment plus désigné que moi : je suis sûr que votre
jeune mémoire aura enregistré avec plus de fidélité que
la mienne les dernières paroles que prononça le poète et
qui nous émurent tant. Je me suis donc permis de don-
ner votre nom, et crois d'ailleurs qu'il ne peut que vous
être profitable de... etc. »

La lecture de ces deux lettres emplit Simon de
fierté. La conversation qu'avait eue Lartois avec lui
l'avant-veille n'était donc pas de pure politesse. Le
grand médecin le jugeait digne de rédiger une relation
si importante « *en tant qu'homme de lettres, et homme*
de lettres de talent... ». Bien que Simon n'eût encore
rien publié, sinon quelques travaux universitaires,
cette phrase toute gratuite l'enchantait.

Le pressentiment qu'il avait eu l'autre soir, d'être à
l'orée d'un nouveau chapitre de son destin, recevait
déjà confirmation. L'un des trois plus grands jour-

naux du matin lui demandait sa collaboration. Cet
article allait le révéler... Il avait déjà le titre.

Il prit son dîner à toute vitesse.

« Fais-moi du café », demanda-t-il à sa femme.

Et il se mit au travail. Il s'astreignit d'abord à un laborieux calcul pour compter combien, signe par signe,
cent cinquante lignes de journal représentaient de
pages de sa main. Six pages. Il écrivit le beau titre qu'il
avait trouvé : « *La leçon d'un trépas.* » Et puis s'arrêta
court. Une demi-heure, il demeura les yeux fixés sur
sa feuille blanche, mordillant sa pipe, la rebourrant,
essuyant ses lunettes avec ses pouces. Rien ; le mot
fuyait. Il ne parvenait pas à cerner une idée. La pensée disparaissait dans des méandres sableux. Leçon...
trépas... Qu'est-ce qu'une leçon ?... Qu'est-ce qu'un
trépas... Retournons à l'étymologie du mot poète.
Faire, fabriquer. La création d'un trépas. C'était stupide. Oh ! l'opacité des mots, leur aspect de petits
cailloux bizarres, détachés, inutiles, quand on se met
à réfléchir avant de les employer ! Pourquoi vouloir
commencer par définir la poésie pour raconter la mort
d'un homme ? Et pourtant Simon avait l'impression
que personne ne comprendrait rien à son article s'il ne
rédigeait pas d'abord cette définition.

De nouveau, c'était le récit composé mentalement
l'autre nuit, dans sa marche à travers Paris, qui lui
échappait.

Et sa montre marquait déjà neuf heures et demie.

Il se mit à parcourir nerveusement les deux petites
pièces du logement.

« Enfin quand il sera enterré, ton La Monnerie, dit
la femme de Simon, on commencera peut-être à être

tranquilles. Avec tous tes vieillards et tes morts, tu vas devenir neurasthénique.

— Yvonne ! Si tu dis un mot de plus, je descends téléphoner au journal que je ne fais pas l'article. Et ce sera ta faute. C'est à cause de toi que je ne peux pas écrire, si tu veux savoir, parce que je te sens là, derrière moi. Tu as une présence qui ruine l'enthousiasme, qui tue la pensée, qui tue tout. »

Yvonne Lachaume leva vers son mari un regard oblique et méprisant, et se remit à tirer les jours d'une chemisette de soie rose.

Un peu libéré par la colère, Simon revint à sa table, commença l'article, déchira ses feuilles, recommença. Là où la pensée s'enlisait, il remplaça les considérations générales par l'anecdotique. « *Au praticien éminent qui l'assistait...* » écrivit-il. Et il rapporta le mot « *Présentez-vous à mon fauteuil.* »

« Au moins, se dit Simon, ça fera plaisir au professeur Lartois. »

C'était justement pensé. Tout garçon plus frotté que ne l'était Simon, ou simplement plus modeste, eût compris du premier coup ce que l'on attendait de lui.

À minuit dix, Simon se présentait à la rédaction du journal, tremblant qu'il ne fût trop tard.

Ses six pages lui semblaient une trahison envers Jean de La Monnerie, une trahison envers lui-même, un tissu de concessions, un aveu d'impuissance. Il jugeait n'avoir jamais rien rédigé de si mauvais, et s'apprêtait même à l'humiliation de voir son texte refusé.

« Ah ! Je m'en souviendrai de mon premier article », pensa-t-il.

Et du même coup, tout son destin lui parut douteux.

III

Entre ses doigts dont les phalanges étaient anormalement longues, courbées vers l'extérieur et jaunies de fumée, Lucien Maublanc tenait la grande double feuille encadrée de noir et imprimée de caractères anglais.

Il lisait avec lenteur et attention ; il étudiait, il savourait le faire-part.

« ... *le Marquis de La Monnerie, Chef d'escadrons honoraire, Chevalier de la Légion d'honneur, Chevalier de l'Ordre Souverain de Malte, décoré de la médaille de 1870-1871 ;*

le Comte Gérard Fauvel de La Monnerie, Ministre plénipotentiaire, Officier de la Légion d'honneur, Companion of Michael and George, Chevalier de l'Ordre de Léopold, Chevalier de l'Ordre de Sainte-Anne de Russie ;

le Général de brigade Comte Robert Fauvel de La Monnerie, Commandeur de la Légion d'honneur, Croix de Guerre, Commandeur de l'Étoile Noire du Bénin, Commandeur du Nicham-Iftikar ;

Monsieur Lucien Maublanc – ses frères... »

Il s'arrêta, ayant lu son propre nom et ricana. Lucien Maublanc... comme cela, tout court. Il n'avait pas de titre, pas de particule, pas de décoration ; il n'était chevalier de rien du tout. Et pourtant, ils étaient bien forcés de le mettre là ; il était tout de même le frère, ou plus exactement le demi-frère, la farce permanente jouée à cette famille, l'épine qui depuis cinquante-sept ans leur blessait le talon. Il ricana encore et se frotta le dos de plaisir. Comme sa mère avait bien fait de se remarier à ce M. Maublanc qu'il n'avait pas connu, qui avait juste duré le temps de commettre la farce, et de léguer à son fils ses gros yeux bleus et une immense fortune.

Lucien Maublanc se moquait d'eux tous ; il était tellement plus riche !

Allongeant les pieds vers la cheminée, il continua de suivre, au long des caractères hauts et déliés, le défilé de tous les alliés et collatéraux. L'avant-dernière ligne de l'énumération portait uniquement : « *Madame Polant* » et la dernière : « *Madame Amélie Lehère, Mademoiselle Louise Blondeau, Monsieur Paul Rénaudat, ses fidèles serviteurs* ».

« Elle a encore réussi à s'y glisser, la vieille taupe », pensa Lucien Maublanc.

C'était bien le septième faire-part où Mme Polant figurait de la sorte. Elle était parvenue à persuader aux La Monnerie qu'un usage de la famille voulait qu'on citât les domestiques, à seule fin de s'inscrire elle-même, entre les cousins éloignés et le personnel. Personne maintenant ne songeait plus à contester la coutume qu'elle avait introduite et, à chaque décès, Mme Polant trônait régulièrement, toute seule, sur sa ligne avant la fin.

« Au moins, la chipie ne sera pas sur le mien, se dit le vieux célibataire. Tiens, je vais le mettre à jour tout de suite. »

Il sortit de son secrétaire Louis-Philippe un paquet de cartons à cadre noir, qui étaient les convocations à ses propres funérailles. Rien n'y manquait, que les indications d'âge et de date. L'église même était prévue. Et en tout petits caractères, il y avait cette mention : « *On peut envoyer des fleurs ; il les aimait beaucoup.* »

La liste de la parentèle était plus longue encore que dans les faire-part La Monnerie, car Lucien Maublanc avait pris plaisir à bien mêler aux quelques altesses médiatisées, aux marquis à seize quartiers, aux hobereaux de trois provinces, aux barons d'Empire et aux commandeurs divers qui constituaient les ramifications de sa famille maternelle, une kyrielle de Maublanc inconnus, et de Leroy-Maublanc, et de Maublanc-Rougier qui agaceraient fort leurs voisins.

« Les La Monnerie mettent tous leurs cousins au dix-huitième degré parce que ça fait bien ; moi, je mets les miens, parce que ça fait mal. »

La série d'enveloppes était également préparée.

Lucien Maublanc en prit la pile et la fit glisser entre ses doigts, comme un joueur bat les cartes. Parmi les noms de ses parents et de ses amis de cercle et de dîner, apparaissaient des « *Monsieur Charles, serveur au Café Napolitain... Mademoiselle Ninette, vestiaire du Tabarin... Monsieur Armando, coiffeur* », et autres personnages qui se situaient encore dans les coulisses du théâtre, les sous-sols de restaurants et les maisons de passe.

« Ça sera drôle, songea-t-il, tous ces trottins, ces garçons de café, au milieu des autres. »

Soudain ses doigts s'arrêtèrent sur une « *Mademoiselle Anny Féret, artiste lyrique, 51, rue Vavin* ». « Elle s'est moquée de moi cette petite. » Il fit sauter l'enveloppe hors du jeu macabre et la jeta au panier.

« Et maintenant au travail ! »

Ce que Lucien Maublanc appelait « sa mise à jour » consistait, chaque fois qu'un membre de la famille mourait, à rayer d'une encre légère le nom du disparu sur les faire-part de son propre et futur décès. Chaque carton présentait déjà un certain nombre de ces fines lignes tirées à la règle et qui ne cachaient pas complètement les caractères imprimés.

Il compta les noms barrés.

Avec la nouvelle ligne qu'il allait tirer sur son demi-frère, cela ferait neuf. Excellent chiffre ; il irait au cercle ce soir, à la table de chemin de fer, pour prendre une main qui tiendrait neuf fois.

La mise à jour lui prit une bonne heure. Il traçait ses traits par série de dix faire-part, laissait sécher, buvait une gorgée de cognac, coinçait une cigarette entre ses grandes dents jaunes, se remettait à la tâche.

Quand tout fut fini, il passa devant sa table de toilette, glissa dans la poche de son gilet trois petits paquets faits de papier hygiénique plié menu et dont il tâta le contenu avec amitié, donna un coup de brosse à ses rares cheveux, se vaporisa d'une eau parfumée, croisa un cache-col blanc sur sa poitrine, se contempla dans le miroir.

Tel qu'il était, avec son crâne sorti aux forceps, cinquante-sept ans plus tôt, et qui montrait encore la marque des fers par deux énormes renflements à peine recouverts d'un duvet blanc, au-dessus des tempes, avec ses gros yeux bleus globuleux, aux paupières tombantes, avec sa grande denture jaune, il se préférait à tous les La Monnerie de la terre, à leur prétendue beauté, à leur air de hérons de faïence. D'abord il était plus riche qu'eux ; et puis il était plus jeune. Pouvait-il trouver en lui-même aucun signe de vieillissement ?

C'est seulement en sortant de chez lui qu'il renonça à aller, ce soir-là, au cercle.

« On ne va pas au cercle la veille de l'enterrement de son demi-frère. Ça ne se fait pas. On va dans un endroit où on est certain de ne rencontrer personne. »

Et il donna au taxi l'adresse d'un tripot.

IV

Il arriva vers minuit au *Carnaval*, mordant haut sa cigarette, le chapeau melon perché sur les renflements de son crâne. Il était de fort méchante humeur. Il se laissa dépouiller de son pardessus sans un signe de remerciement. Tous les saluts du personnel : « Bonjour monsieur Maublanc, bonjour monsieur Lucien, bonjour monsieur Lulu… » restèrent sans réponse. En vain, quand il pénétra dans la salle aux tonalités bleutées, le maestro prit une mine faussement joyeuse, leva son archet vers les autres musiciens et fit attaquer une valse. Muet, glacé, précédé d'un maître d'hôtel aux gestes serviles, Lucien Maublanc gagna sa table.

Il venait de perdre vingt-deux mille francs au jeu… le prix d'une voiture automobile… par la faute d'ailleurs de son demi-frère… les La Monnerie, même morts, ne lui en faisaient jamais d'autres.

« Mauvais jour ; ça ne va pas être facile », murmura Anny Féret, la chanteuse de l'établissement, en observant l'entrée de Maublanc, de loin.

C'était une fille assez en chair, les cheveux noirs coupés court et encadrant le visage comme les jugulaires d'un casque, les lèvres fardées en cœur, les sourcils allongés d'un trait de crayon gras.

Elle était attablée près de l'orchestre, à sa place professionnelle, en compagnie d'une petite rousse d'à peine vingt ans, aux bras fluets, aux yeux avides et tristes.

« Enfin, on va essayer tout de même, reprit Anny Féret. Je ne peux pas te laisser dans l'ennui. Mais de l'humeur qu'il est, je ne te garantis rien. Il faut d'abord savoir s'il n'attend personne, et puis le laisser s'ennuyer un peu. »

Devant Lucien Maublanc, on avait apporté un seau à champagne, et pour faire sauter un seul bouchon, remplir un seul verre, trois garçons s'affairaient.

« Ce qu'il peut être affreux ! » dit la rouquine après avoir regardé Maublanc.

Et ses épaules pointues tremblèrent.

« Ah ! mon petit, faut savoir ce que tu veux, répondit Anny Féret. Dans la vie, vois-tu, ce ne sont jamais les mêmes qui sont jeunes et beaux, et puis riches en même temps. Tu apprendras ça. D'ailleurs, ça ne serait pas juste. »

Elle avait prononcé les derniers mots sur un ton sentencieux, comme une grande vérité philosophique, et paraissait perdue dans la suite de ses réflexions.

« Anny, dit l'autre à mi-voix, plaintivement.

— Quoi ?

« — J'ai faim… Est-ce que je pourrais pas avoir…

— Mais bien sûr, mon petit. Fallait le dire que tu n'avais pas dîné. Qu'est-ce que tu veux ?

— Des petites saucisses avec de la moutarde », répondit la rouquine, le souffle court, l'œil élargi et prêt aux larmes.

Anny Féret appela un garçon, lui demanda des saucisses de Francfort. Comme le garçon avait l'air d'hésiter, la chanteuse dit :

« Oui, allez, ce n'est pas pour la boîte, ça. C'est moi qui paie. »

Et elle ajouta :

« Ce qu'ils peuvent être chiens, ici ! »

Le garçon revint au bout de quelques minutes portant une assiette fumante. Aussitôt, la petite rousse saisit une saucisse à pleine main, la barbouilla de moutarde, en croqua un grand morceau.

« Mange proprement, lui souffla la chanteuse. Il regarde par ici. C'est la troisième fois. Mais n'aie pas l'air de remarquer. »

Elle contempla un moment la petite qui avait pris son couteau et sa fourchette, et avalait studieusement, en silence. Un peu de chaleur remontait au visage maigre, pointu, taché de son, où deux plaques de fard rouge sur les pommettes mettaient une couleur fausse.

L'orchestre leur fracassait les oreilles d'un air américain.

« Au fond, moi, je suis une bonne fille, reprit Anny Féret. Voir une gosse comme toi qui ne mange pas à sa faim, ça me fait mal… Tu sais que tu pourrais être jolie… »

Elle se leva.

« Bon, je crois que c'est le moment d'y aller, dit-elle. Alors, tu as bien compris ce que je t'ai dit ? Tu ne vas pas faire de gaffes ? »

La petite, la bouche pleine, hocha sa tignasse ardente.

« Et puis étale ton rouge », recommanda encore Anny.

Sa longue robe de satin noir tendue sur ses hanches déjà fortes, elle traversa la piste où quelques couples dansaient.

« Alors, mon Lulu, on ne dit plus bonsoir ? s'écria-t-elle en s'arrêtant à la table où Maublanc était assis, tout seul devant son seau à champagne.

— Je ne vous connais pas, mademoiselle, je ne sais pas ce que vous voulez de moi », répondit-il en fixant un point vague dans la salle.

Il avait une voix de gorge, lente, grasse et fâchée. Il parlait par le coin de la bouche sans cesser de mordre sa cigarette.

« Oh ! Lulu, tu ne vas pas m'en vouloir pour… pour ce qui s'est passé l'autre jour !

— Vous vous êtes moquée de moi, mademoiselle ; je ne vous connais plus. Je vous croyais une personne sage, eh bien, vous êtes une comme les autres ! D'ailleurs je suis bien décidé à ne plus m'intéresser aux petites dames.

— On peut bien avoir une défaillance… On ne se brouille pas pour ça », dit la chanteuse.

Elle se tenait le buste penché au-dessus de la table, découvrant le plus profondément possible l'échancrure de son corsage. Les gros yeux bleus y coulèrent un regard, puis se détournèrent avec une indifférence affectée.

« Si vous voulez tout savoir, je vous ai même rayée aujourd'hui de la liste de mon enterrement. Voilà ! » affirma Maublanc.

Il se redressa pour juger de l'effet produit. Anny Féret se demanda s'il y avait quelque rapport entre la liste d'enterrement et le testament. À tout hasard, elle s'écria :

« Ah ! non, Lulu, tu ne m'as pas fait ça ? Tu veux vraiment me faire de la peine ? C'est pas chic, tu sais, ça alors, c'est pas chic ! Et puis d'abord, quelle importance ça a ! Toi, tu nous enterreras tous… »

Le compliment parut porter.

« Les gens qui n'ont pas été bien avec moi, grommela-t-il encore, c'est fini… fini… fini… »

Mais ses gros yeux revenaient au corsage. La chanteuse tourna insensiblement le buste afin de lui laisser voir qu'elle ne portait pas de soutien-gorge.

« Allez, viens prendre un verre, dit-il en désignant la banquette.

— Ah ! ça c'est plus gentil. Je retrouve enfin mon Lulu. »

Elle lui sauta au cou, balafra de rouge à lèvres l'énorme tempe.

« Assez, assez, grogna-t-il, tu vas me brûler. Camarades, hein, rien de plus… »

Il écrasa dans le cendrier sa cigarette à moitié fumée, et dont le bout était tout mâché et mouillé, en recoinça une autre entre ses grandes dents, et demanda :

« Qu'est-ce que c'est que cette petite avec qui tu étais, là-bas ?

— Là-bas ? Ah ! c'est Sylvaine Dual, une petite très bien, répondit la chanteuse.

— C'est son vrai nom ?

— Non, c'est son nom de théâtre. Mais elle est d'une très bonne famille, tu sais ! Seulement le père ne voulait pas, naturellement ; alors elle est partie. Qu'est-ce que tu veux, elle est comme j'étais à son âge ; elle a le feu sacré. »

Et Anny se mit à raconter l'histoire émouvante, l'histoire passe-partout, de la colère paternelle, de la misère dignement supportée, des rôles appris dans une chambre sans feu, et de la bonne amie qui sait ce que c'est, qui est passée par là, qui fait ce qu'elle peut pour aider.

« Sympathique, sympathique tout ça, disait Lucien Maublanc en hochant la tête. Et... du talent ?

— Beaucoup. Enfin, elle débute. Mais, je te dis, elle ne vit que pour son art.

— Jolie, bien élevée, du talent, du cran, récapitula Maublanc. Alors, à ton avis, hein, c'est à aider ? Est-ce que c'est sage ? »

Anny Féret soutint sans aucune gêne le regard interrogateur.

« Oh ! tout ce qu'il y a de sage, trop même, répondit-elle. Moi, je ne lui connais personne. C'est tout pur et tout sauvage.

— C'est très bien, c'est très bien, fit-il, c'est comme cela que ça doit être. »

Il fit signe au maître d'hôtel, l'envoya à la table où se trouvait la petite Dual. Après un bref colloque, le maître d'hôtel revint, déclarant « que cette demoiselle avait répondu : non ! ».

« Qu'est-ce que je t'avais dit ! s'exclama Anny, triomphante. Allons, je vais la chercher moi-même, sinon elle ne voudra jamais venir. »

V

Sans attendre le résultat de la seconde démarche, le maître d'hôtel remplaça la bouteille dans le seau à glace.

La rouquine arriva, réservée, distante, lointaine. Assise entre Anny et Maublanc, elle commença par entendre celui-ci débiter une série de platitudes sur le théâtre ; elle but son champagne du bout des lèvres. Elle sentit bientôt une manchette empesée avançant le long de sa cuisse et de grands doigts qui cherchaient à emprisonner sa rotule. Elle écarta le genou. Maublanc jeta un coup d'œil à Anny pour témoigner de sa satisfaction et réavança la main, la reposa sur la robe.

« Oh ! c'est maigre, c'est maigre, fit-il d'un air faussement paternel. Il faut manger, beaucoup manger. »

La petite lui lança un regard réellement méchant qu'il prit pour un nouveau témoignage de pudeur.

« C'est bien, c'est bien, c'est comme cela qu'il faut être ! Allez, buvez encore. »

Son œil brillait. Installé avec les deux femmes, ayant avalé déjà plus d'une bouteille de champagne à lui seul, il commençait à se sentir heureux. Les gens assis aux autres tables le regardaient de temps à autre, à travers l'atmosphère lourde de fumée, et chuchotaient : « Regardez donc le vieux beau, là-bas. » Lulu

Maublanc prenait leurs regards pour flatteurs et avait une expression satisfaite.

Le violoniste qui l'avait salué à son entrée s'approcha, l'archet haut, le violon au bout des doigts, le mouchoir étalé sur le cou.

« Oh ! couple admirable, couple admirable ; merveilleux, merveilleux ! » s'écria-t-il d'une voix extasiée, en dessinant de son archet, autour des visages de Lulu Maublanc et de la petite Dual, un cercle aérien.

C'était un vieux Hongrois glabre et gras, avec un ventre rond qui poussait en avant son gilet de smoking. Il était encore étonnamment leste pour sa corpulence.

Lulu Maublanc gloussa. La pitrerie lui était familière et pourtant produisait toujours son effet d'illusion.

« La demoiselle veut-elle entendre particulièrement quelque chose ? » demanda le violoniste en s'inclinant.

La petite Dual, intimidée, ne savait que répondre.

« Alors valse hongroise, très spéciale ! » décida le violoniste.

Et il fit signe à l'orchestre.

La lumière fut baissée et la salle du *Carnaval* se trouva plongée dans une ombre bleu de nuit. Seul en émergeait le gros Hongrois saisi dans le cône d'un projecteur, comme un monstre abyssal éclairé par un hublot. Ses cheveux plats, coiffés en arrière, descendaient bas sur sa nuque. Les serveurs s'étaient insensiblement rapprochés et attendaient dans l'ombre, avec des airs complices. Les clients des autres tables instinctivement s'étaient tus. Tout le monde était complice.

Après une attaque furieuse, l'orchestre s'arrêta, et le Hongrois resta seul à jouer, faisant danser son archet sur les cordes pour en tirer des trilles d'oiseau.

Toute son attitude mimait l'inspiration; mais son œil bridé, proxénète, allait de Lulu à la rouquine; son sourire était d'un homme las qui avait rêvé jadis d'être un grand musicien, qui depuis quarante ans, avec une servilité méprisante et lucide, raclait son violon devant toutes les sortes de couples qu'organise la richesse, et rentrerait tout à l'heure dans une mansarde se faire chauffer une soupe sur un réchaud à alcool. Il éprouvait un mélange de pitié paternelle et de plaisir vicieux en aidant un vieillard à salir une gamine…

La petite Dual souffla à Anny Féret :

« Il me plaît bien, le violoniste. »

Anny lui pinça le flanc pour la faire taire.

De l'autre côté, Lucien Maublanc caressait de sa tempe difforme la tignasse ardente de la petite Dual, y fourrageait de la lèvre et de la narine, chuchotait :

« Je vous emmènerai chez les tziganes, chez les vrais tziganes. Tout ce que vous voudrez… »

La lumière se ralluma. Quelques applaudissements saluèrent le Hongrois qui resta courbé, le ventre plié, jusqu'à ce que Maublanc lui eût glissé un billet de cent francs dans la poche.

La petite Dual sentit de nouveau la faim l'assaillir. Si elle avait osé, elle eût redemandé des saucisses.

Maublanc lui pétrissait la main, doucement, et disait :

« Voyez-vous, ma petite fille, il faut bien partir dans la vie. C'est l'essentiel. Bien partir, voilà. Moi, je suis mal parti. »

Sa légère ivresse se transformait en attendrissement pâteux.

« Oui. J'ai été marié, oui, oui, poursuivit-il. Trop jeune. Avec une femme… On peut lui raconter, Anny ?

— Mais oui, mais oui, tu peux. Elle est sage, mais tout de même pas idiote.

— Eh bien, ma femme était barrée… Parfaitement. Et elle a soutenu que j'étais impuissant. Notre mariage a été annulé. Et c'est Schoudler… »

La voix de Lulu monta brusquement.

« … ce salaud de Noël Schoudler, qui l'a épousée après. Et lui aussi dit que j'étais impuissant. Moi, je suis sûr qu'elle s'est fait faire une opération puisqu'elle était barrée.

— Ce que les gens peuvent être méchants, tout de même, dit Anny Féret d'un ton pénétré.

— Eh bien, ça m'a tout de même marqué pour la vie.

— Allons, Lulu, faut pas dire ça, répondit Anny. En tout cas, moi je suis là pour témoigner du contraire. »

Il la remercia d'un sourire et déclara :

« Elle me plaît beaucoup, tu sais, ta petite camarade. »

Puis il se leva et dit, en prenant un sourire malin :

« Il faut que j'aille me laver les mains. »

À peine s'était-il éloigné que le maître d'hôtel fit remplacer la bouteille encore à demi-pleine, changer les cendriers, retendre la nappe.

« Alors ? demanda Anny Féret.

— Oh ! il me dégoûte, ton Lulu, répondit la petite Dual avec un air navré. Je ne peux pas te dire autre chose : il me dégoûte.

— Mais, moi aussi, il me dégoûtait, dit Anny. Il nous dégoûte toutes. Mais quand on est dans la panade, qu'est-ce que ça peut faire ? Avec lui, au moins, il y a un avantage ; ça ne monte jamais plus haut que le genou… ou si rarement. »

La rouquine lui jeta un regard soupçonneux, comme si elle ne parvenait pas à croire que la manchette sur la cuisse, le souffle dans les cheveux, tout cela ne fût que simulacre.

« Quel âge a-t-il ? demanda-t-elle.

— Soixante, ou un peu moins, il faut lui dire cinquante, naturellement.

— Eh bien, vrai, s'écria la petite Dual. Ce que ça vieillit de ne rien faire ! Moi j'aurais cru…

— Tais-toi ! »

Maublanc revenait, redressé, ragaillardi, l'œil plus net.

« Allons, c'est décidé, dit-il à la petite en se rasseyant. Je m'intéresse à vous… Sylvaine Dual. Je vais la lancer, la petite Sylvaine Dual. Elle a du talent, on va en entendre parler. Il faut me donner votre adresse. Je passerai vous voir un de ces matins, en ami. »

Anny fit signe à Sylvaine que tout allait bien.

« En ami, seulement, dit cette dernière, se rappelant son rôle, en levant le doigt.

— Mais bien sûr, en vieil ami. Marquez votre adresse là », insista-t-il en lui tendant une carte.

Tandis qu'elle écrivait, la tête inclinée, il l'examinait en souriant.

« Oui, je vais vous lancer », répéta-t-il.

Il glissa deux doigts dans la poche de son gilet, en retira un des minuscules paquets faits de papier hygiénique.

« Qu'est-ce que c'est ? » demanda la petite Dual.

Elle avait envie de rire.

Maublanc déplia le papier, l'étala sur la nappe. Deux belles perles apparurent.

« Je suis un joueur, moi, expliqua-t-il. Je joue sur les chevaux, je joue sur les cotons, je joue sur les cailloux et sur les perles... Je joue sur les jolies filles. »

Il prit l'une des perles du bout de ses longues phalanges, écarta les boucles rousses, appliqua la perle sur le petit lobe collé, et dit :

« Vous ne trouvez pas que ça vous va bien ? Regardez-vous dans la glace ? Hein, qu'est-ce que vous en dites ? »

Un brusque afflux de chaleur vint aux joues de la petite Dual. Elle ne sentait plus les tiraillements de sa faim. Ses yeux étaient dilatés, son nez se plissait. Elle avait oublié son rôle. Elle bredouilla :

« Oh ! mais non, monsieur Maublanc ; il ne faut pas ; vous êtes fou. Pour quelle raison ?... Je n'oserai jamais... »

Il la regarda.

« Ah ! bon, fit-il tranquillement. Puisque vous n'en voulez pas, tant pis. Je croyais que vous aimiez les perles. Je me suis trompé... Garçon, l'addition ! »

Elle aurait voulu se reprendre, s'écrier qu'elle rêvait d'avoir des perles, que celles-ci étaient merveilleuses, qu'elle ne savait pas qu'on pouvait accepter si vite, qu'elle ne voulait pas le vexer... Trop tard. Il avait replié soigneusement le papier, et reglissait les perles dans son gilet tout en savourant d'un œil narquois, cruel, la détresse qui se peignait sur le petit visage taché de son.

« Ce que c'est jeune ! » dit-il à Anny qui, furieuse, n'avait pas desserré les dents.

Il signa l'addition avec un crayon d'or, éparpilla quelques billets dans les mains qui se tendaient.

« J'irai vous voir un de ces matins, petite fille ; soyez sage », dit-il en se levant.

Et il sortit, majestueux, la joue souriante et flasque, entre les « bonsoir monsieur Lulu, bonsoir monsieur Lucien, bonsoir monsieur Maublanc » du personnel incliné qui le traitait comme un prince.

« Tu crois qu'il est vraiment fâché ? demanda la petite Dual à son amie.

— Pas du tout, répondit Anny ; mais toi tu es une belle gourde. Il fallait dire oui, tout de suite.

— Est-ce que je savais, moi ? Je croyais que c'était poli de refuser, qu'il allait insister. Et puis des perles ! Tu as vu la taille ? J'étais affolée, moi, je ne comprenais pas ce qui lui prenait. »

Elle était au bord des larmes.

« Allons, ne pleure pas pour ça, dit Anny. Je t'avais dit : "Il est très riche." Moi non plus, je ne croyais pas qu'il te ferait le coup des perles dès la première fois. Sinon je t'aurais prévenue. En tout cas, cela prouve que tu lui plais. Le dommage c'est qu'il a dû te classer dans les femmes pas chères. Tu tâcheras de te rattraper. »

Le Hongrois vint faire un signe à Anny.

« Ah ! ça va être l'heure de mon second tour de chant, reprit-elle. Toi va te coucher. Et à partir de maintenant, fais attention ! Personne chez toi le matin. Les vieux, ça dort peu et ça se lève tôt. »

Elle raccompagna la petite Dual au vestiaire, tout en lui expliquant.

« Tu comprends, c'est un sadique de l'argent. Ce qui lui plaît, c'est qu'on lui demande, c'est qu'on soit gêné de lui demander… Si tu deviens riche et que je tombe dans la mouise, ne m'oublie pas. »

Soudain, entre deux portes, la petite se sentit coincée, serrée aux épaules, reçut sur le visage un souffle fort et sucré…

« Tu sais, les hommes, je commence à en avoir marre », dit Anny Féret d'une voix rauque et basse.

Et elle écrasa sa bouche fardée sur les lèvres de la rouquine qui chancelait.

Venant du fond de la salle, comme à travers un lointain brouillard, la petite entendit une voix annoncer à nouveau :

« Valse hongroise, très spéciale ! »

VI

Un soleil matinal, inespéré, traversait les vitres. « Djean-Noël ! Mary-Andge ! *Can't you keep quiet*[1] *?* » dit Miss Mabel.

Elle s'affaira entre les deux chambres, redressa les polochons, s'efforça de renfoncer les enfants dans leurs draps avec des : « *Aren't you ashamed of yourselves… on a day like this, too*[2]… »

---

1. Voulez-vous rester tranquilles ?
2. Vous devriez avoir honte… un jour pareil, vraiment…

Mais Marie-Ange et Jean-Noël venaient de découvrir qu'ils pouvaient faire des jeux d'ombre sur le mur avec leurs doigts de pieds.

« … des petits singes, on dirait des petits singes qui grimpent, cria Jean-Noël.

— Non, des petits chiens, regarde, avec les oreilles ; tout à fait des petits chiens, répondit sa sœur.

— … des boudins, des boudins ! » hurla Jean-Noël sans aucune raison apparente.

Et ils s'écroulèrent tous les deux sur la couverture en riant comme si on les avait chatouillés.

« Mary-Andge ! s'écria Miss Mabel. Si vous n'êtes pas sage, vous n'irez pas à l'enterrement de votre grand-père. »

Marie-Ange aussitôt se calma. Ce n'était pas le moment de se faire punir. Pour la première fois, elle allait porter un vêtement noir comme une grande personne, et elle allait passer, en marchant lentement, sous le porche décoré d'une grande tenture à broderies d'argent. Elle n'avait jamais pénétré dans l'église quand il y avait la grande tenture noire. Jean-Noël également avait pris un air sérieux.

« Miss Mabel, dit-il, pourquoi je ne vais pas à l'enterrement de grand-père, moi ? demanda-t-il.

— *Say it in English*[1], répondit Miss Mabel comme chaque fois qu'elle prévoyait une discussion difficile.

— *I want to go to Grandpa's funeral*[2], dit le petit garçon.

_____

1. Dites-le en anglais.
2. Je veux aller à l'enterrement de Grand-Papa.

— *No darling, you are not big enough yet*[1].

— Mais j'ai presque cinq…

— *Say it in English*[2].

— *I am nearly five*[3], dit Jean-Noël qui commençait à larmoyer.

— *Now don't cry. You'll go next time*[4]. »

Jean-Noël continua de hoqueter un peu, pour le principe, en faisant une grosse moue. Puis il changea de tactique. Comme Miss Mabel avait le dos tourné, il tendit la tête dans sa direction en retroussant la lèvre pour imiter la nurse qui avait les dents plantées en avant. Il remua de nouveau ses petits orteils roses, parvint à se fourrer le quart du pied dans la bouche, tout cela dans l'espoir de faire rire sa sœur et de l'empêcher d'aller à l'enterrement.

Mais Marie-Ange, assise droite dans sa chemise de nuit semée de petites fleurs, rêvait à sa robe noire.

Elle eut une grosse déception quand on apporta une robe blanche avec une ceinture mauve, un manteau blanc et un chapeau blanc. Elle s'abstint pourtant de toute remarque.

Tandis que Miss Mabel l'habillait, Jean-Noël se mit à danser autour de sa sœur en criant :

« Elle n'est pas en noir ! Elle n'est pas en noir !

— Et puis après ? répliqua Marie-Ange acide. Le deuil se porte aussi bien en blanc, n'est-ce pas Miss Mabel ? »

---

1. Non, chéri, vous n'êtes pas assez grand.
2. Dites-le en anglais.
3. J'ai presque cinq ans.
4. Allons, ne pleurez pas. Vous irez la prochaine fois.

Elle avait de jolis yeux verts, allongés vers les tempes et dont elle savait déjà jouer. Elle était d'un an et demi l'aînée de son frère, prenait par instant un ton précieux pour prononcer ses phrases. Jean-Noël avait l'œil plus rond, plus vaste, d'un bleu sombre, un œil La Monnerie.

À cela près, ils se ressemblaient beaucoup.

Pensant que, bien qu'en blanc, Marie-Ange irait tout de même à l'enterrement, Jean-Noël eut une envie violente d'égratigner la robe, de la déchirer, de marcher sur les souliers vernis à bouts ronds ; puis, brusquement indifférent, il alla commencer un jeu de cubes. Il avait de ces sautes d'humeur, inattendues, qui surprenaient toujours sa nurse et ses parents.

François Schoudler entra à ce moment. C'était un assez bel homme d'une trentaine d'années, au buste profond et aux cheveux bruns plaqués. Il était en habit.

« Marie-Ange est prête, Miss Mabel ? demanda-t-il.

— Dans une minute, monsieur. »

François contemplait avec amour ses deux enfants, tous deux roses, tous deux blonds, et si propres et si jolis. « Mes enfants sont adorables » pensait-il. Il joua un peu avec leurs boucles.

« J'espère que monsieur va avoir un beau temps », dit Miss Mabel aimable, les dents découvertes.

Les enfants étaient impressionnés par la tenue de leur père, tout à fait inhabituelle à pareille heure ; une tenue de bal. Un enterrement, c'était donc une sorte de fête triste ? La queue de l'habit les intriguait beaucoup.

« Papa, savez-vous si maman va venir ? dit Marie-Ange qui se demandait si sa mère était en robe du soir décolletée, avec un voile noir sur la tête.

— Ta maman est déjà rue de Lübeck ; nous allons partir ensemble, ma chérie », répondit François.

Il souleva Jean-Noël pour l'embrasser ; celui-ci lui chuchota à l'oreille :

« P'pa, je voudrais aller à l'enterrement. J'aimais beaucoup grand-père, vous savez. »

François, qui n'avait entendu que la fin, répondit en reposant l'enfant :

« Je pense bien. Il faut aimer très fort le souvenir de ton grand-père.

— Où sera-t-il dans l'église, grand-père ? demanda encore Jean-Noël. Vous viendrez me raconter ?

— Oui, oui, sois bien sage. »

Jean-Noël s'approcha de sa sœur à qui l'on enfilait ses gants, se haussa sur la pointe des pieds pour atteindre le visage plus haut de trois centimètres, et, posant sur la joue des lèvres mouillées, dit doucement :

« Tu es belle, tu sais, Marie-Ange. »

Sa jambe de pyjama retroussée sur le mollet, il regarda sortir sa sœur et son père, l'une devant l'autre ; il avait de grosses larmes dans les yeux.

VII

En dépliant *L'Écho du Matin*, Simon Lachaume eut un choc : il n'y vit pas son article. Un grand croquis de Forain d'un dessin sec, amer, nerveux, représentait le poète sur son lit de mort et s'étendait en travers de la page, sur trois colonnes. En grand titre : « *Le Gouvernement s'associe aux funérailles de Jean de La Monnerie qui seront célébrées ce matin.* » Et puis, sous le croquis de Forain, Simon lut : « *Récit des derniers instants.* » Son œil courut en bas de page ; il éprouva une chaleur bienfaisante dans la poitrine ; sa signature était là, en caractères noirs trois fois plus gros que la typographie du texte.

On avait changé son titre, c'était tout. Planté sur le trottoir de la rue Soufflot, parmi les ménagères qui portaient leurs filets à provisions, et les étudiants qui passaient, leur serviette sur la hanche, il relut son article d'un bout à l'autre. À le voir ainsi imprimé, avec les nombreux alinéas et les citations en italique, il lui parut bien meilleur que la nuit précédente. Un article complet, équilibré ; tout ce qu'il aurait pu y introduire de plus n'eût fait que l'alourdir.

« C'est tout de même un curieux procédé, pensa-t-il, de changer le titre sans l'avis de l'auteur ; enfin, c'est peut-être mieux pour le public. »

Il aperçut, à quelques pas, un vieux petit monsieur à barbiche et à l'allure de retraité qui était arrêté également, et, *L'Écho du Matin* en main, lisait son article. Simon eut envie de courir vers lui, de lui crier : « C'est moi ! Je suis Simon Lachaume ! »

Il s'arrangea pour passer tout près du petit retraité, pour frôler presque son premier lecteur.

Quand les élèves de la classe de troisième, rangés dans le couloir, au lycée Louis-le-Grand, virent apparaître Simon Lachaume, ils se poussèrent du coude et chuchotèrent :

« Dis donc, t'as vu le prof ? Qu'est-ce qui lui arrive ? »

Simon, qui avançait lentement en compagnie de M. Martin, le professeur d'histoire et de géographie, était en effet vêtu de façon inaccoutumée. Il portait un manteau noir trop étroit, une cravate noire, et un gros chapeau melon tout neuf. Peu à l'aise, et se sentant l'objet des regards de ses élèves, il avait un maintien guindé et évitait de balancer la tête de droite à gauche.

La cloche sonna ; les enfants entrèrent dans la classe, Simon pendit à la patère son manteau, son beau chapeau, et fit ramasser les copies de dissertation française. Les cahiers étaient ouverts sur les pupitres ; mais avant de dicter un nouveau sujet, Simon Lachaume commença :

« Vous avez sans doute appris par les journaux de vos parents, la mort de Jean de La Monnerie. »

Il s'arrêta un instant, sans s'avouer qu'il attendait vaguement qu'un des élèves s'écriât : « Oh ! oui, m'sieur. On a même vu votre article ce matin. » Et pour une fois, il eût accepté l'interruption. Mais rien ne vint.

« Ses obsèques ont lieu aujourd'hui, reprit-il. Je dois y assister. Vous serez donc libres à dix heures. »

Un murmure de satisfaction parcourut les bancs. Simon frappa la chaire du bout des ongles.

« Jean de La Monnerie, continua-t-il, restera comme l'un des plus grands écrivains français de cette époque, le plus grand peut-être. J'ai eu le bonheur de très bien le connaître ; je le voyais ces derniers temps presque chaque semaine ; je le considère un peu comme mon maître… et j'étais à son chevet samedi quand il est mort. »

Il s'aperçut soudain qu'il était très ému, frotta machinalement ses lunettes avec ses pouces.

Les garçons avaient fait un silence absolu. Ils n'avaient jamais imaginé à leur professeur des amitiés aussi illustres, dont on rencontrait le nom à la fin des manuels de littérature et dont la presse saluait la perte comme un deuil national.

« Aussi je tiens ce matin à vous parler de lui et de l'œuvre qu'il laisse, ainsi qu'on devrait le faire d'ailleurs dans chaque classe quand un grand homme disparaît… Jean de La Monnerie est né dans le Cher, près de Vierzon, en 1846… »

Il parla plus longtemps qu'il n'avait escompté, improvisant un cours très au-dessus du programme. Les élèves écoutaient avec recueillement.

Pourtant, au bout d'un moment, et bien que l'immobilité demeurât égale dans la classe, Simon sentit que l'attention fuyait, n'était plus que formelle. Les internes en blouses grises, les externes aux manches de veston trop courtes, ces sept rangs de cheveux indociles, ces séries de visages sans rides, sans graisse, et d'un volume plus petit que des visages d'adultes, tous ces garçons encore dans l'âge ingrat, mais qui avaient déjà une vie intérieure complexe et consciente, une organisation de pensée, des goûts, des répulsions, des aptitudes, des espoirs, cet auditoire était en état de vacation, d'absence.

Les yeux qui se baissaient vers les doigts rongés et tachés d'encre étaient sans regard. La voix qui venait de la chaire ne traversait pas les oreilles rougeaudes ou anémiques. Les phrases, les dates que citait Simon n'atteignaient plus les élèves. Dans leur savoir récent mais déjà figé, ainsi qu'une sauce se prend dès qu'on la verse, des chiffres tels que 1848 ou 1870 trouvaient leur place immédiate. Mais 1846, 1876, ces millésimes marginaux, lointains, n'éveillaient rien chez les adolescents, sinon peut-être l'étonnement qu'il pût encore mourir des gens de ce temps-là.

Quelques garçons lorgnaient la pendule, se gardant bien de troubler cette heure de paresse qu'allait suivre une heure de liberté imprévue.

Un jeune maniaque prenait des notes, comme une machine, mais lui non plus sans rien comprendre ni apprécier.

Seuls, à deux travées différentes, deux élèves écoutaient, concentrés, passionnés, avides, avec soudain dans leurs faces ébauchées des yeux d'hommes. Le regard de Simon, tandis qu'il continuait de parler, n'allait plus que de l'un à l'autre des deux garçons. Ceux-ci, il en était certain, se précipiteraient tout à l'heure à la librairie de la rue Racine et achèteraient le choix de poèmes de Jean de La Monnerie, dans l'édition Fasquelle. Les vers qu'ils commençaient à faire ou qu'ils feraient l'an suivant en seraient influencés. Qu'ils devinssent banquiers, avocats, médecins, leur existence entière garderait cette marque.

Et dans un demi-siècle, ces deux enfants diraient :

« J'étais dans la classe de Lachaume le jour des funérailles de La Monnerie. »

Simon se répéta intérieurement : « J'étais dans la classe de Lachaume »... regarda sa montre. Il était dix heures moins cinq.

« Prenez le sujet pour mercredi prochain, dit-il en revenant à un ton de dictée. Écrivez : "Quelles réflexions vous suggèrent les deux premières strophes du poème de Jean de La Monnerie *Un oiseau sur le lac tombait avec les feuilles* ?" Comparez ces vers à d'autres poèmes que vous connaissez et qui ont été également inspirés par le sentiment de la mort. »

Pendant que les élèves fermaient leurs serviettes et sortaient, Simon Lachaume nota rapidement sur son carnet : « *Pour préface œuvres posthumes J. de L. M. : Mis à part les capitaines, la gloire des grands hommes ne se répand pas, comme on le croit, largement sur les foules. Elle ne se transmet qu'à un ou deux êtres à la fois, à quelques individus par génération, qui connaissent les raisons de cette gloire, et à force de répéter un nom, le maintiennent en suspens dans la mémoire collective.* »

Dans le couloir, les enfants se ruaient vers la loge du concierge et criaient :

« Pourvu qu'il en meure un comme ça toutes les semaines ! »

Étranger à leur vacarme et lustrant de la manche son chapeau neuf, Simon continuait de réfléchir.

VIII

La petite Dual fut réveillée en sursaut par des coups frappés à sa porte. Elle sortit de son lit, mécontente, et alla ouvrir.

« Ah ! c'est déjà vous, s'écria-t-elle. Eh bien, vous ne perdez pas de temps. »

Lulu Maublanc se tenait devant elle, la canne à la main, essoufflé par la montée de quatre étages en colimaçon.

« Je suis venu en camarade, dit-il, comme je vous avais promis. Ça ne vous fait pas plaisir ?

— Si, si, je pense bien », répondit-elle en se reprenant aussitôt.

Elle le fit entrer. Elle avait le visage chiffonné, les yeux encore gonflés de sommeil, la pensée peu claire. Elle grelottait.

« Recouchez-vous, dit-il, vous allez prendre froid. »

Elle se jeta un châle sur les épaules, alla débourrer sa tignasse d'un coup de peigne devant la glace. Lulu examinait la chemise de nuit froissée et déchirée sous le bras, les fesses maigres qui pommaient légèrement sous l'étoffe, les chevilles nues.

Il se tint attentif à saisir le vol des cuisses quand la petite se recoucha, mais il fut déçu car elle garda les genoux serrés et sa chemise enroulée autour de ses jambes.

Il fit le tour de la chambre lentement.

Le papier mural était déchiré par places, taché à d'autres. Les rideaux d'étamine étaient safranés par la vieillesse et la poussière. L'unique fenêtre donnait sur une cour sordide du faubourg Montmartre, sur d'autres carreaux sales, sur d'autres rideaux jaunis, sur des tuyaux rouillés et des enduits pelés. En bas, un cordonnier tapait sur son pied de fer.

« C'est gentil chez vous », dit machinalement Lulu.

Le marbre de la commode était fendu en trois ; une serviette humide, rougie de fard, traînait sur la cuvette. L'inspection de cette misère comblait Lulu de joie. Il avait le sentiment de s'encanailler. La canaille, pour lui, c'était la pauvreté.

Il s'arrêta devant deux dessins à la sanguine, fixés au mur par une punaise et qui représentaient la petite Dual nue.

Lulu se retourna vers le lit et interrogea du regard.

« J'ai été modèle, expliqua-t-elle. Oh ! pas en atelier, dans une école. Il faut bien manger.

— Du talent, du talent », murmura-t-il en revenant aux sanguines.

Il acheva son examen. Il ne trouvait aucune trace de présence masculine dans la chambre, aucune trace en tout cas d'un passage récent. Il vint s'asseoir près du lit.

« On s'est bien amusé hier soir, dit-il en se raclant la gorge.

— Oh ! oui, c'était merveilleux », répondit-elle.

Elle sentait une barre douloureuse sous le front. Trop de champagne et pas assez de nourriture.

« Je crois que j'étais un peu... pompette, reprit-il. J'ai dû vous raconter un tas de bêtises. »

Elle le regardait avec gêne ; il était encore plus repoussant de jour que de nuit ; elle n'arrivait pas à s'accoutumer à ces tempes énormes sous le crâne en poire, à cette anomalie natale laissée par les fers et qui rappelait le nourrisson mal venu que ce presque sexagénaire avait été.

« Voilà, j'ai trouvé à quoi il ressemble ; il a l'air d'un gros fœtus. »

Pour distraire sa pensée, elle détailla l'épaisse cravate noire sur le col raide, rabattu et haut de quatre doigts, le veston noir bordé, le pardessus entrouvert, le pantalon à rayures grises et tout cet air cossu qui, malgré la laideur de Lulu, répandait une espèce de chaleur dans la pièce.

« Vous vous habillez toujours beau comme cela, dès le matin ? demanda-t-elle.

— Non, aujourd'hui je suis habillé sérieux parce que je vais à un enterrement… (il consulta sa montre) il faut même que je ne m'attarde pas trop. »

Presque aussitôt, la petite Dual sentit sur son bras le frôlement des doigts.

« J'aime les petites filles bien sages, dit Lulu d'une voix étouffée. J'ai eu tout de suite confiance en vous. »

La main remontait, s'introduisait dans l'échancrure de la chemise, la manchette glacée s'accrochant au creux de l'aisselle, les grands doigts cherchaient le sein.

« Oh ! c'est petit, fit Lulu attendri, c'est encore tout petit. »

Elle saisit la main de Lulu, la rejeta sur la couverture.

« Pas ça, dit-elle. Sage, vous aussi. »

Mais la main s'était introduite sous le drap, glissait lentement le long de la cuisse.

« Il ne sera pas bien difficile de l'arrêter à temps, pensa la petite Dual. Il faut bien que je me laisse peloter un peu, puisqu'il est venu pour ça. »

Les doigts remontaient la chemise de nuit, la manchette raclait la peau. Contractée, les muscles tendus, les cuisses serrées, la petite se laissait faire.

« En tout cas mon vieux, ça te coûtera cher, puisque tu es si pressé », se dit-elle.

« … bien sage », murmura-t-il.

Les grandes phalanges molles tournaient sur le ventre lisse et maigre, s'arrêtaient sur la toison.

« Il va devenir cramoisi, se mettre à souffler… »

Elle s'apprêtait à le repousser « au moins pour la première fois ».

Mais les joues de Lulu restaient cireuses et flasques, sa respiration égale ; sous le drap, la main s'était immobilisée ; la petite Dual ne percevait plus rien contre sa peau, que le pouls régulier, lent, lointain qui battait dans les grandes phalanges. Et cela dura ainsi de longues minutes. Lulu, l'œil vague, fixait les taches du papier, droit devant lui, attendait quelque chose qui ne se produisait pas.

Ce mensonge ou cet espoir dérisoire inspiraient à la petite Dual plus de dégoût que si le vieux mannequin à cravate noire s'était rué sur elle.

Un camion passa dans la rue, au trot lourd de ses chevaux, et ses jantes de métal firent trembler la maison.

Lulu retira sa main, regarda la petite Dual d'un air habituel, normal, et dit :

« Et maintenant ? Que puis-je pour vous ? Avez-vous besoin de quelque chose ? Dites franchement… en camarade. Combien ? »

Il l'observait ; c'était maintenant son instant de plaisir, sa revanche : la gêne d'autrui.

Elle ne mit que quelques secondes à répondre, juste le temps qu'il lui fallut pour diviser 500 par 20… « En louis ça fait mieux ».

« Si vous vouliez être gentil, vous me… (elle allait dire, par un geste de pudeur : « prêteriez », mais méfiante, s'arrêta à temps) passeriez vingt-cinq louis. Je ne suis pas dans une très bonne période.

— Eh bien voilà ; c'est franc. J'aime ça. »

Il avait affaire à une bonne joueuse.

Il sortit un billet de son portefeuille, le glissa plié en deux sous le pied de la lampe de chevet.

« Je viendrai vous faire une visite un de ces matins, dit-il en se levant. Et désormais on s'appelle Lulu et Sylvaine, hein ?… Au revoir ! Et bien sage, bien sage, ajouta-t-il l'index en l'air.

— Au revoir, Lulu », dit-elle.

Elle écouta son pas décroître dans l'escalier, puis, en bas, claquer la portière du taxi. Le cordonnier tapait toujours sur ses clous. Elle sauta hors de son lit, courut au palier et par-dessus la rampe cria :

« M'ame Minet ! M'ame Minet !

— Qu'est-ce qu'il y a ? répondit la concierge du fond de la pénombre.

— Montez, j'ai quelque chose à vous donner. »

Quand la concierge fut en haut, elle lui dit, en lui tendant le billet :

« M'ame Minet, vous voudriez aller me faire de la monnaie, et puis me rapporter du chocolat en poudre, une demi-livre de beurre, et puis passer chez le charbonnier… »

La vieille femme rogue, qui avait vu descendre Lulu, la regardait d'un air bizarre où le mépris populaire pour la vilenie se mêlait au respect de l'argent.

« Faut que je vous prenne deux cents francs pour le loyer, dit-elle, et soixante-sept francs que vous me devez…

— Ah ! oui… » dit la petite Dual avec tristesse.

Et pendant que la concierge descendait, elle pensa :
« Il reviendra peut-être demain. »

IX

On avait allumé tant de cierges que la lumière du
jour se trouvait rejetée de l'autre côté des vitraux.
La nuit régnait à l'intérieur de l'église Saint-Honoré
d'Eylau, une nuit éclairée par des milliers de flammes
et de points d'or, faux morceau de firmament emprisonné sous les voûtes. Les grandes orgues saturaient
cet espace nocturne de sons justiciers, faisaient rouler sur la foule compacte une imitation de la voix de
Dieu.

Toute la tribu était là, la tribu des 7e, 8e, 16e et
17e arrondissements, celle des quartiers dirigeants et
résidentiels. Pressés dans les travées latérales, empi-
lés dans les chapelles secondaires, les gens se tenaient
debout, tassés jusqu'au portail, sans pouvoir trouver
la place de leurs coudes, et tendaient la tête pour apercevoir des fragments de spectacle.

Le spectacle était fourni par les anciens, les illustres,
assis en rangs serrés dans la grande nef, de part et
d'autre de l'allée médiane. On avait dû, pour situer
leurs dignités, planter parmi eux des pancartes montées sur pieds de bois : « *Institut, Parlement, Corps
Diplomatique, Université…* »

Mme Polant, vaincue par l'ampleur officielle de la
cérémonie, avait été contrainte de remettre ses pouvoirs à des personnages graves et spécialisés. Les services du protocole avaient réglé toute l'ordonnance.

Les membres de l'Académie française, en habit vert, faisaient à chaque geste sonner sur les dalles les fourreaux de leurs épées. On se montrait, au milieu des académiciens, un homme à moustaches blanches, le port encore droit, dans un uniforme bleu horizon, et l'on chuchotait : « C'est Foch. »

D'autres uniformes à manches étoilées émaillaient cette assistance sombre. Des têtes politiques, barbues, joufflues, chauves, échevelées, affaissées, violentes, ressemblaient à leurs quotidiennes caricatures. Certains de ces tribuns relevaient soigneusement en se rasseyant les pans de leurs manteaux. Sur les rangs réservés aux diplomates s'alignaient, au-dessus de cols de fourrure, des visages olivâtres de princes lointains et de longues faces du Nord aux sourcils égaux et compassés. L'Université et la magistrature, fortement affligées de binocles, étalaient leurs hermines sur la pourpre, le jaune d'œuf ou la suie de leurs toges. Des romanciers, s'apercevant, se faisaient un signe de tête.

Le chœur était encombré de prélats et de chanoines, sublimes, ou somnolents, ou potiniers. Dans le chœur également, l'obèse vicomte de Doué-Douchy, délégué du duc d'Orléans, et un vieillard à cheveux soyeux qui représentait la famille impériale étaient assis côte à côte, et ne se parlaient pas.

De tous ces hommes, vingt au moins étaient promis à des funérailles aussi somptueuses. Et ils le savaient. Certains n'avaient guère à attendre que quelques mois.

Pourtant cela leur semblait vague, éloigné, théorique. Ils se levaient, s'asseyaient, inclinaient leurs rides ; ils étaient bien vivants et jouaient leur rôle devant la tribu. Ils cherchaient des yeux qui ferait les frais du prochain spectacle. Bien qu'ils eussent tous une égale et constante frayeur de la mort, aucun d'entre eux n'acceptait vraiment de penser que ce pût être lui-même.

Du côté des femmes, peu d'entre elles qui ne représentassent une demi-douzaine de péchés. Toutes les épouses de la puissance, de la finance, du monde, du haut journalisme, de l'oisiveté luxueuse étaient rassemblées, ingénieusement chapeautées.

Anna de Noailles, aussi célèbre que les hommes et vêtue d'un entortillement d'écharpes et de fourrures, souffrait de ne pas pouvoir parler.

On remarquait encore quelques vieilles gloires de théâtre ; parmi elles la Cassini, antique, haute, tragique, un morceau de voile autour de son cou décharné, tenait à bien prouver que le deuil d'aujourd'hui était aussi le sien.

L'agent des pompes funèbres qui, ganté de coton noir, présentait à l'entrée le registre des signatures avait devant lui la plus impressionnante collection d'autographes de l'époque.

Alignée aux premiers rangs, en avant des illustres, la famille. Les frères d'abord ; le général, dont l'uniforme était l'une des taches bleues que l'on voyait de loin, et puis les deux autres, Urbain et Gérard, leurs têtes graves montées sur des cylindres de linge glacé. Un peu en arrière, en sa qualité d'allié, Noël Schoudler, gigantesque, massif, impatient, élevait au-dessus des fronts sa barbe de ruffian. On eût dit le diable invité par erreur. Il était l'un des hommes les plus puissants de Paris et tout le prouvait, sa propre attitude aussi bien que les regards qui se portaient vers lui et que les chuchotements dont il était le propos.

Lulu Maublanc arriva en retard et dérangea tout le monde pour aller prendre sa place.

Gérard de La Monnerie, le diplomate, revenu spécialement de Rome, et qui était d'une maigreur terrifiante, comme si ç'avait été lui le cadavre, dit d'une voix basse à Lulu :

« Tu aurais tout de même pu avoir la décence de te mettre en habit !

— Laisse donc, il n'a jamais su se conduire, dit le général.

— J'avais des rendez-vous d'affaires », marmonna Lulu.

Mme de La Monnerie, l'œil sec sous son rideau de crêpe, menait, dominait la cohorte des femmes, et se mettait parfois les doigts sur les oreilles quand l'orgue montait vers les sons aigus.

Jacqueline et Isabelle avaient pris le pieux parti qui seyait à leur jeunesse de rester presque tout le temps agenouillées, le front dans les mains. Enfin, au milieu de ces femmes voilées, Marie-Ange, en blanc, entrapparaissait de temps en temps telle une pâquerette entre des termitières.

Et puis, séparé de la tribu par les hallebardes de deux suisses empanachés, tout seul, plus haut que les fleurs amoncelées en pyramide, plus haut que le grand rectangle ardent des cierges qui brûlaient autour, plus haut que les hommes debout, il y avait l'énorme échafaudage recouvert de drap noir et argent, et qui contenait le mort.

Personne ne pensait à celui-ci, pas même les diacres, pas même le père dominicain qui officiait, pas même Isabelle qui se disait qu'il faudrait faire désinfecter la chambre et songeait à la masse des réponses aux lettres de condoléances.

Chacun dans cette assemblée était un être trop important, ou se croyait tel, pour être occupé d'autre chose que de la pensée de soi.

Quant aux badauds du fond, ils commençaient à être fatigués de se tenir debout et ne pensaient plus à rien.

Les deux suisses firent sonner sur les dalles le pied de leurs hallebardes.

Alors, avec des bruits de chaises déplacées, de cannes qui tombaient, avec des raclements de gorge, des reins pliés, des serrements de main discrets, la foule se mit en marche, piétinante, pour aller secouer un peu d'eau bénite sur les plis du drap noir. Le lourd goupillon d'argent, trop pesant pour beaucoup de vieilles mains, passa du Gouvernement à l'Institut, de l'Institut à la Faculté, de la Faculté à la diplomatie, des diplomates aux femmes qui avaient jadis dormi avec le cadavre et en éprouvaient tout de même un certain serrement de cœur, des maîtresses aux Lettres, aux Sciences, aux Arts, à Simon Lachaume. Simon notait des visages, se faisait un souvenir et était très fier d'avoir une raison de se trouver parmi tant de considérables vieillards. C'est au cours des enterrements qu'on peut voir les grands hommes du plus près. Le défilé devant le catafalque et devant la famille dura presque une heure.

Puis le double portail s'ouvrit et l'on fut surpris que dehors il fît jour. Des deux côtés du porche la foule s'amassait.

Le mort fut sorti du catafalque. Porté par huit croque-morts aux pas lents et comptés, le cercueil, surmonté de l'épée et du bicorne, s'avança dans l'allée médiane à hauteur de poitrine parmi les vivants. Simon songea qu'on avait retiré au vieux poète son costume d'académicien, et que, dans l'obscurité de son coffre de plomb, il était en chemise empesée, en long caleçon blanc et en chaussettes de soie noire.

Dans les enterrements pauvres, où quelques parents seulement suivent le corbillard, le mort sur son chemin semble mendier la pitié.

Ici au contraire, il paraissait repousser l'hommage. Entre deux haies de gloire, il passait, méprisant, couché sous sa coiffure à plumes, comme un cadavre maigre qui a vécu trop longtemps pour laisser de vrais chagrins.

L'orgue retentit une dernière fois; puis, dans un cliquetis de sabres et de gourmettes, un escadron de la Garde Républicaine, alignant ses casques à crinière, rendit des honneurs étincelants à la plaque de grand officier de la Légion d'honneur qui suivait le cercueil, posée sur un coussin de velours. Les chevaux frappaient le pavé.

L'immense statue de Victor Hugo, au centre de la place, en plein ciel, dominait de dos cette parade. Quarante ans plus tôt, la statue et le cadavre étaient assis familièrement, face à face, et le bronze encourageait le cercueil d'aujourd'hui.

Le maître des cérémonies s'approcha respectueusement d'Urbain de La Monnerie qui conduisait le deuil
et lui dit quelques mots à l'oreille. Le marquis alors
traversa la chaussée pour aller remercier l'officier qui
commandait le détachement de la Garde, et la foule
soudain émue se tut, tant ce vieil homme couronné de
cheveux blancs, et tenant son haut-de-forme gainé de
feutre contre son manteau cintré, montrait en s'avançant d'élégance d'autrefois et mettait de grandeur
courtoise en son geste. Un peu empêtré dans ses rênes
et sa dragonne, l'officier, courbé sur l'encolure de son
cheval, reçut la poignée de main comme d'un souverain.

Un académicien, historien pansu à la barbe éployée
sur sa cape de cérémonie, disait au professeur Lartois
très attentif :

« Ces frères La Monnerie sont des gens étonnants.
Tout leur réussit, même leurs obsèques. Regardez-
les : l'un général, l'autre ministre plénipotentiaire et
celui que nous accompagnons académicien. Et tout
cela sous la République. S'ils avaient vécu au temps
de la monarchie, se soutenant comme ils l'ont fait, ils
auraient été de ces familles inconnues qui apparaissaient soudain avec un règne et s'élevaient à la duché-
pairie. »

Un coup de vent rasa le sol, soulevant une poussière dure et froide, s'engouffra dans les pardessus,
agita les plumes des bicornes, tordit la barbe de l'historien pansu. Celui-ci fit une brusque colère contre les
employés de la maison Borniol qui avaient égaré son
« plaid », à l'un d'eux confié, et qui allaient lui faire
prendre froid.

« Je vais tâcher de vous le retrouver, mon cher maître, dit le médecin, prévenant comme un jeune homme.

— Ah oui ! D'abord les croque-morts doivent bien vous connaître, vous ! » s'écria l'académicien égayé par son propre esprit.

Le cercueil venait d'être hissé dans le grand corbillard empanaché, triste comme un carrosse de cour espagnole, et autour duquel on accrochait les immenses couronnes, tandis que les six chevaux noirs battaient de l'œil sous leurs cagoules.

Les gens qui avaient obligation d'aller au cimetière gagnaient leurs automobiles ou les grandes tapissières à toit de cuir qui attendaient le long de la rue Mesnil.

Mme Eterlin passa, soutenue par sa femme de chambre, telle une vieille Ophélie dont aucun fleuve n'eût voulu.

Une foule maigre étirée sur les trottoirs de l'avenue Victor-Hugo regarda s'ébranler le cortège.

Au bout de quelques minutes, il ne resta plus, devant Saint-Honoré d'Eylau, que quelques poètes d'un autre temps, longs, minces, étonnamment corrects, et qui ressemblaient à Jean de La Monnerie comme les mauvaises copies d'un grand tableau. Ceux-là seuls mettaient encore quelque passion à dénigrer les mérites du défunt ; mais surtout ils s'entretenaient de leurs mérites personnels et de ce qui avait été la plus grande affaire de leur vie : l'emploi du vers libre.

Déjà les croque-morts, dressant leurs échelles, commençaient à dépendre les tentures.

X

Court de jambe, rejetant en arrière une grande
mèche argentée, et ponctuant chaque phrase d'un
geste de sa petite main carrée, le ministre de l'Éducation nationale et des Beaux-Arts, Anatole Rousseau,
achevait son discours.

« Il aurait dit… (la voix du ministre marqua une
pause) dans son dernier souffle… (la voix prit encore
un temps) "Je n'aurai pas le temps de finir." Admirable parole… qui résume une vie à la fois… et un
destin… et ce souci d'achever la tâche entreprise qui
est en notre race. »

Le ministre consulta la carte de visite où il avait
griffonné ses notes, puis tendit le menton vers une
audience supplémentaire située, semblait-il, au-delà
des murs du cimetière.

« … Et je me tourne alors… vers l'ardente jeunesse
de notre pays, vers la relève de demain, vers ce foison-
nement mystérieux de talents… »

Simon Lachaume retrouvait, sous d'autres mots et
utilisé à d'autres fins, le thème terminal de son propre
article. Le ministre, lui aussi, tirait la leçon du trépas.
Fallait-il en déduire qu'il avait lu l'article ? À cette pensée, Simon sentait son cœur battre un peu plus vite.

« … que lorsqu'un homme… s'adonne à un
labeur… de toutes ses forces et de toute sa foi… il ne
tient jamais ce labeur pour terminé. »

Un petit applaudissement partit au milieu des
tombes, sec, ridicule, comme un sac de papier qu'on
crève, et s'arrêta, honteux, dans le silence et le froid.
Une jeune fille de la famille fut prise aussitôt d'un fou

rire nerveux, schizophrénique, aurait dit Lartois, mais qui heureusement, sous le voile, pouvait passer pour une crise de larmes.

Le ministre avait cédé la place à une dame de la Comédie-Française qui s'avança presque jusqu'à tomber dans le caveau et déclama, d'une voix aggravée par le talent et la peur d'attraper une fluxion de poitrine, « *L'oiseau sur le lac* ».

Et puis de nouveau le goupillon d'argent fut agité par une chaîne de mains au-dessus de la tombe ouverte.

La Cassini rompit la chaîne plusieurs secondes. Elle se laissa choir à genoux, racla la terre de sa main nue et jeta une poignée de graviers qui alla crépiter sur le bois du cercueil.

Le professeur Lartois qui, dans l'embouteillage, se trouva à côté de Simon, lui dit :

« Très bien, mon cher, votre article. Très nuancé, plein d'intelligence, exactement ce qu'il fallait ; vous avez beaucoup de talent. D'ailleurs j'en étais sûr. »

Et il le présenta au rédacteur en chef de *L'Écho du Matin*, qui suivait.

« Il faudra nous donner des papiers, de temps en temps, dit celui-ci à Simon. Et croyez-moi, c'est une chose que je ne propose pas à tout le monde. »

Cela se passait à l'instant précis où ils arrivaient devant le caveau, et Simon n'eut pas le temps de dire adieu à son maître.

La famille, alignée comme une rangée de cyprès, recueillait les condoléances.

Simon fut fasciné par la cravate de commandeur du général, lequel d'ailleurs ne le reconnut pas, et par

l'extraordinaire maigreur du diplomate. Il coudoya
Noël Schoudler sans se douter que c'était là le propriétaire de l'*Écho*, pas plus que le géant ne savait que ce
garçon à lunettes était le collaborateur de sa première
page du jour.

Simon avançait derrière un vieux monsieur qui saisit les mains de Mme de La Monnerie en disant :

« Ma pauvre amie ! »

Simon entendit Mme de La Monnerie répondre :

« Oui. Vingt ans trop tard. »

Et comme Simon, à son tour, arrivait devant elle, elle
répéta machinalement, du ton des remerciements :

« Vingt ans trop tard. »

Marie-Ange, solennelle, ravie, le visage empourpré
de froid à côté de sa mère inquiète, disait à chaque
pardessus, avec un air compassé de grande personne :
« Merci beaucoup… merci beaucoup… » même
quand on ne lui caressait pas la joue.

Lorsqu'il eut fini la rangée, Simon fit : « Ouf »,
comme tout le monde et s'éloigna. Il rencontra
Mme Eterlin qui n'avait pas salué la famille et s'en
allait, chancelante, toujours soutenue par sa femme
de chambre.

« Oh ! monsieur Lachaume, dit-elle de sa voix légère
et défaillante. J'espérais vous voir… Votre article m'a
bouleversée… bouleversée… tellement émouvant, sensible… Et parmi ces merveilleuses choses qu'il vous a
dites, il a pu penser à moi… Lartois ne voulait pas que
je vienne ce matin ; il craignait pour ma santé. Quelle
importance maintenant, ma santé ! »

Le ministre Anatole Rousseau, qui avait été fort
entouré jusque-là, se trouvait soudainement isolé,

et, dérivant le long d'une bordure de buis, semblait
s'amuser à déchiffrer les inscriptions sur les tombes.
Simon hésita, puis, prenant sa respiration, se décida.

« Monsieur le ministre, dit-il, j'ai eu l'honneur de
vous être présenté en octobre dernier, à la Sorbonne,
lors de la cérémonie pour les Universitaires combat-
tants… Simon Lachaume.

— Ah ! oui… oui… » fit le ministre poliment en
tendant sa petite main carrée.

Puis son regard se fit brusquement attentif.

« Lachaume… Lachaume… vous écrivez, n'est-ce
pas ? Vous avez même publié un article ce matin. Oui,
j'ai lu. J'ai apprécié. C'est cela, c'est vous qui connaissiez très bien La Monnerie… Alors que faites-vous
dans la vie en ce moment ? »

Comme Simon répondait brièvement, le ministre
leva sa canne vers le fronton du monument et dit :

« C'est inimaginable, le mauvais goût qu'on a pu
avoir à une certaine époque. »

Puis, en homme habitué à sauver ses instants, il
ajouta :

« Alors, monsieur Lachaume, que puis-je pour
vous ? »

Simon se demanda si ce n'était pas une incorrection
que d'aborder un ministre sans avoir à lui demander
une faveur. Mais Anatole Rousseau ayant paru ras-
suré, ils continuèrent à bavarder jusqu'à la porte du
cimetière. Simon constata avec plaisir qu'il était de
quelques centimètres plus grand que le ministre.

« Je me demande où est passé mon secrétaire », dit
celui-ci à l'entour.

Puis, se tournant à nouveau vers Lachaume :

« Vous n'avez pas de voiture ? Où habitez-vous ?...
Au Quartier latin ? Vous en avez de la chance ! Eh
bien, ça s'arrange parfaitement. Je dois retourner au
ministère. Montez donc avec moi. »

Assis un peu de travers dans le fond de la grosse
Delaunay-Belleville, Simon ne savait s'il devait rester
couvert ou non. Il finit par ôter son chapeau melon le
plus naturellement qu'il put.

« Installez-vous bien, tenez, mettez ça sur vos
jambes, il ne fait pas chaud », dit le ministre en étalant
sur leurs quatre genoux une grosse couverture de fourrure, comme s'ils partaient pour un long voyage.

Puis la petite main, aux articulations grossies par
l'âge et l'arthritisme, tendit à Simon un étui d'écaille
garni de cigarettes blondes.

Simon regrettait que les rues défilassent si vite. Il
découvrait en Anatole Rousseau, habituellement quali-
fié d'ignare et d'incompétent par une bonne partie de
la presse, un homme érudit, avec de la vivacité et de
l'énergie à la fois.

Il se sentait pris d'une amitié spontanée, déférente,
pour ce corps bref, tassé, cette chevelure argentée
qui bouffait sous les bords du haut-de-forme, ces paupières de volaille qui battaient en ponctuant la parole,
pour tout ce visage où les années étaient marquées
comme sur l'aubier d'un arbre ; un sentiment de la
même nature que celui qu'éprouvait Simon quand il
regardait Jean de La Monnerie.

Le ministre avait une intuitive conscience de cet intérêt et s'efforçait de plaire. Il savait que pour y parvenir
le mieux était de laisser parler le cœur. Rien ne flatte

l'interlocuteur autant que la sincérité d'un homme au pouvoir.

« Je vous envie, dit Anatole Rousseau, de fréquenter des poètes, d'écrire des thèses, d'avoir le temps de le faire. Moi aussi, au commencement de ma vie, j'écrivais. J'ai même publié pas mal de choses dans les revues. J'ai abandonné tout cela depuis... je n'ose plus dire depuis combien d'années. Mais, j'ai souvent envie de m'y remettre. Chacun de nous, voyez-vous, porte en soi au départ plusieurs destins possibles, et l'on ne sait jamais si la vie nous a fait suivre le bon.

— À moins que nous n'ayons qu'un seul destin, et que nous finissions obligatoirement par le rejoindre, dit Simon.

— Je ne crois pas, répondit Rousseau; je crois même que tout homme était fait pour quelque chose de mieux que ce qu'il a fini par choisir. »

Lorsque la Delaunay-Belleville s'arrêta dans la cour du ministère, il dit au chauffeur :

« Portois, reconduis M. Lachaume chez lui, et viens me reprendre. »

Puis à Simon :

« Il faut nous revoir. Tenez... Que faites-vous vendredi prochain ? Je reçois des écrivains roumains. Cela pourra vous intéresser. Venez donc après le dîner, dix heures moins le quart, dix heures... en veston. »

Et il gravit l'escalier de pierre en affectant de courir.

Simon, seul dans la voiture du ministre, osait à peine regarder par les vitres, tant il était fier. Du bout des doigts, il tâtait la couverture de fourrure du maître de toute la hiérarchie universitaire.

Il aperçut sur la banquette quelques journaux pliés en long ; parmi eux il y avait *L'Écho du Matin*, et la fin de l'article de Simon était entourée d'un grand cercle de crayon rouge.

« C'est à cause de ça, pensa-t-il. D'ailleurs c'est un très bon article ; sans doute ce que j'ai écrit de meilleur. »

Et il se demanda si l'aventure de devenir célèbre en vingt-quatre heures, comme cela avait été le cas de La Monnerie pour un poème, n'était pas un peu ce qui lui arrivait.

Simon ignorait encore que la valeur personnelle, le talent, sont des chances nécessaires, mais jamais absolument suffisantes, et qu'il faut toujours à l'homme, pour s'élever parmi ses semblables, une petite chance supplémentaire, un mot de mourant prononcé au bon instant ou bien la rencontre, dans une allée de cimetière, d'un ministre vieillissant que son secrétaire n'a pas rejoint et qui aime qu'on lui tienne compagnie en voiture.

Simon n'osa pas se faire conduire jusqu'à sa porte misérable et demanda qu'on l'arrêtât place du Panthéon comme s'il allait à la bibliothèque Sainte-Geneviève. Il fit le reste du chemin à pied. Il marchait d'un pas glorieux.

Il aperçut sa femme qui revenait des commissions, un pain à la main. Il la rejoignit.

« Bonne matinée », dit-il.

CHAPITRE III

Le mariage d'Isabelle

I

Devant les vitres translucides de son cabinet d'examen, le professeur Émile Lartois fit glisser les doubles rideaux de toile cirée blanche. Il n'aimait travailler que dans une lumière électrique dont il réglait à volonté l'intensité. La pièce avait une odeur propre de clinique et formait un cube frais au milieu de l'été.

« Alors, chère petite amie, qu'est-ce qui ne va pas ? dit Lartois. Un retard de cinq semaines ? Ce n'est peut-être rien du tout, vous savez. Nous allons regarder cela tout de suite. Veuillez vous déshabiller. »

Il alla se rincer les mains et s'essuya soigneusement, tout en continuant de parler d'une voix légèrement sifflante et non dépourvue de quelque hautaine préciosité :

« Depuis combien de temps ne nous sommes-nous pas vus ? demanda-t-il. Six mois, au moins. Oui ; pas depuis la mort de votre oncle ; cela fait un peu plus de six mois… Vous avez su le coup ignoble qu'ils m'ont fait entre-temps à l'Académie. C'est proprement infâme ! Mon élection était assurée, décidée, certaine… Oui, déshabillez-vous complètement, je préfère… Or, quinze jours avant, Daumières décide de se présenter et met tous ses amis en campagne. Leitmotiv : "Ce pauvre Daumières est mourant, il faut lui faire un dernier plaisir ! Ce pauvre Daumières n'atteindra pas l'été ; il a un cancer de la gorge, il ne peut même pas faire ses visites d'usage." Et voilà pourquoi ils ont élu Daumières. »

Lartois ouvrit une petite armoire de verre, prit quelques instruments nickelés et tintants qu'il disposa sur une table.

« Eh bien, le soir de l'élection, continua-t-il, j'avais vingt académiciens ici, pleins de bonnes paroles. Vous pensez ! Ils ont tous leur prostate ou leur artérite oblitérante entre mes mains, et, j'ajouterai, la plupart gratuitement… Aussi, à les entendre, ils avaient tous voté pour moi. Mais celui-ci, au premier tour, celui-là, au second. "Douze voix pour une première fois, c'est très bien, vous savez… S'il n'y avait pas eu ce pauvre Daumières !… Vous verrez ; la prochaine fois vous aurez une élection de maréchal…" Gardez donc vos bas, chère petite amie… En attendant, voilà neuf semaines de cela, et le "pauvre Daumières" se porte aussi bien que vous et moi. Vous avouerez que le procédé est d'une indélicatesse qui frise l'abus de confiance ! Et je me demande sincèrement si, après cette trahison, je dois me présenter à nouveau. Ne trouvez-vous pas ? »

Lartois se coiffa d'une lame d'acier brillante, assura sur son front une lampe à réflecteur. Le fil électrique courait le long de son veston et traînait sur le sol derrière lui.

« Mais si, mais si, professeur, il faut vous présenter », répondit machinalement Isabelle.

Son regard était sombre et inquiet. Elle avait la poitrine un peu basse, les cuisses rondes et courtes, le nombril profondément enfoncé dans le ventre brun. Tout le corps semblait mal à l'aise de se trouver nu.

« Oui, c'est ce que généralement mes amis me conseillent, dit Lartois. Allons ! voyons un peu ce qui se passe. »

Il alluma sa lampe frontale, et son visage cessa d'être visible pour Isabelle. Il était devenu une créature d'un autre règne, d'un autre univers, un étrange petit cyclope en costume bleu marine et souliers noirs, avec les deux premiers doigts de la main gauche recouverts de caoutchouc, et un œil monstrueux de martien derrière lequel se cachait le cerveau.

« Vous savez que vous avez un corps très gentiment fait, ma petite amie, très gentiment », dit la voix sifflante.

Sortant de dessous cette face de miroir et de lumière, les paroles n'avaient pas une sonorité réelle. L'œil électrique frappa Isabelle droit dans les prunelles, tandis qu'un doigt de caoutchouc lui retroussait une paupière, la forçant à soutenir l'éblouissement. Puis deux mains se mirent à lui palper la poitrine, soigneusement, longuement, un peu trop longuement au gré d'Isabelle. Son malaise augmentait et son angoisse en même temps. Depuis le coup de phare, son œil gauche restait empli d'étoiles. Elle avait hâte d'être fixée et se demandait si cette mise en scène et tous ces préliminaires étaient indispensables.

« Les seins douloureux ? questionnait le réflecteur. Non ?... Si, un petit peu ? Ah, ah !... Allongez-vous ici. »

Et le martien désigna la table d'examen. Isabelle se trouva couchée sur le dos, dans une position humiliante, la tête renversée, les talons pris dans des étriers de métal, les cuisses en l'air et largement ouvertes. Elle eut une contraction et un léger cri.

Elle promettait de l'argent à toutes les bonnes œuvres de sa connaissance comme si la charité eût pu modifier le diagnostic. Les doigts de caoutchouc exploraient ses muqueuses profondes, tandis que l'autre main, appuyée sur son ventre, aidait à déceler la présence d'une vie embryonnaire, à en cerner le volume.

Le médecin se releva enfin, éteignit sa lampe, rejeta ses parures de robot, redevint le Lartois habituel.

« Eh bien, ma chère petite… » dit-il.

Une grande bouffée de soulagement enfla la poitrine d'Isabelle. Le professeur eût-il pu avoir cette parole posée, ces gestes tranquilles, si ce qu'elle redoutait tant…

Et elle entendit :

« … je vous annonce que vous êtes enceinte. Vous vous en doutiez un peu, n'est-ce pas ? »

Lartois ajouta encore quelque chose mais qui, pour Isabelle, sombra dans la tempête. Elle sentit à peine ses cuisses revenir à la position horizontale.

« J'en étais sûre, murmurait-elle. C'est épouvantable… J'en étais sûre. C'est épouvantable.

— Oui, évidemment, évidemment… je comprends, c'est fort ennuyeux, dit Lartois. Mais vous n'êtes pas la première à qui cela arrive, vous savez; et à vous-même, cela arrivera sans doute encore… Dans un sens, voyez-vous, j'en suis assez content. Je vous voyais; je me disais: "Cette pauvre petite Isabelle est en train de se dessécher; elle tourne à la vieille fille." Eh bien, vous avez commencé à vivre. C'est très bien. »

Elle ne répondait pas. Elle l'entendait mal. Elle était toujours étendue et sans force. Elle ne sentait pas qu'il continuait à la palper, doucement.

« Comment est-il? demanda Lartois. Quelqu'un de votre milieu? Marié? »

À la dernière question seulement, elle hocha la tête en signe d'affirmation.

« Oui, bien sûr, ça ne simplifie pas les choses, dit-il. Mais quelquefois cela vaut mieux… Qui est-ce? je le connais? Ne serait-ce pas ce jeune professeur qui se trouvait là à la mort de votre oncle? J'avais eu l'impression…

— Oh! à ce moment-là, j'étais bien loin de m'imaginer… s'écria Isabelle.

— Vous voyez! J'avais deviné. Pourquoi ne pas me l'avoir dit tout de suite?… Il est très bien, ce garçon, remarquablement intelligent. Soyez tranquille; considérez que j'ai déjà oublié », dit Lartois.

Il souriait.

« Mais qu'est-ce que je vais faire? Qu'est-ce que je vais devenir? gémit Isabelle.

— Ma chère petite, vous allez commencer par ne pas faire de bêtises! »

Elle crut qu'il faisait allusion au suicide, car c'était la seule issue qu'elle entrevît dans le moment présent.

« Si vous voulez agir, rien pendant la période qui va de un mois à six semaines, donc, pour vous, période pratiquement passée, et rien au-delà de deux mois et demi ; je vous préviens, dit Lartois en reprenant son ton incisif. Je vous déclare aussi que je n'aime guère, vous le pensez bien, me mêler de ce genre de choses. Qu'une histoire de la sorte vienne à s'ébruiter, qu'on puisse seulement supposer que… et je me fermerais l'Académie à jamais. Mais je voudrais vous éviter de tomber, par affolement, dans n'importe quelles mains. N'entreprenez rien sans venir me revoir, hein ! »

Isabelle alors éclata en sanglots.

« Qu'est-ce qu'il y a ? Qu'est-ce qu'il y a ? demanda Lartois. J'ai été trop brutal ? Il y a des choses qu'il faut dire, tout de même ! »

Il lui prit le visage dans les mains, lui posa sur le front un baiser paternel.

« Vous verrez comme dans cinq ans, cela vous paraîtra loin… un épisode tout normal de votre existence, reprit-il doucement. Quand quelque chose de désagréable arrive, voyez-vous, il faut toujours se demander au bout de combien de temps cela aura cessé d'avoir de l'importance. »

Elle pleurait toujours et trouvait consolant qu'il se fût assis de biais, sur la table d'examen, lui eût mis le bras autour des épaules.

« Au moins, était-ce bon ? demanda-t-il confidentiellement. Est-ce que ça valait la peine ? Est-ce que ça a été une belle nuit ? »

Elle sentit les doigts de Lartois reprendre le chemin qu'ils avaient suivi, médicalement, quelques minutes plus tôt, et un souffle chaud, précipité, lui caresser l'épaule.

« Mais voyons... Qu'est-ce que... balbutia-t-elle.

— Vous ne voulez pas comparer ? » dit-il à voix étouffée.

Elle voulut crier, mais déjà la bouche du médecin forçait sa bouche ; d'un coup de rein, il s'était hissé sur la table d'examen.

« Professeur ! Qu'est-ce qui vous prend ? Vous êtes fou ? » s'écria Isabelle en se débattant.

Elle parvint à se dégager et à sauter à terre. Il ne prolongea pas le ridicule de la voir debout, ses bas tombés, devant lui à demi étendu. Il se remit sur pieds, un peu essoufflé.

Il avait les joues colorées ; Isabelle fut frappée de l'expression de son regard. Elle reconnut cette fixité singulière qu'elle avait déjà remarquée lorsque Lartois, pendant un dîner, se mettait à raconter, devant des jeunes femmes, des histoires d'une obscénité à peine voilée par l'élégance du langage ; deux petites lueurs brillantes, vides, aussi inhumaines que l'œil électrique de tout à l'heure.

« C'est indigne d'un homme, ce que vous venez de faire, professeur ! dit Isabelle qui se rhabillait vivement.

— Au contraire, ma chère petite, c'est tout à fait digne d'un homme. Et c'eût été la meilleure manière de vous calmer les nerfs. En tout cas, vous êtes plus musclée que je ne pensais. »

Il avait une attitude fort aisée, remettait en place, de sa main soignée, ses cheveux grisonnants.

« Je ne comprends pas ! continuait Isabelle. Je viens vous consulter… vous venez de m'apprendre mon état… un médecin…

— Oh ! c'est si ennuyeux, la médecine », fit-il en accompagnant sa phrase d'un geste désabusé.

Puis, se tournant vers elle :

« Vous me trouvez trop vieux, n'est-ce pas ? demanda-t-il sèchement.

— Mais non… mais enfin, je ne sais pas… vous ne vous rendez pas compte ?

— Oui, je sais, je sais, dit-il de sa voix sifflante. Un médecin n'est pas un homme, c'est comme un prêtre. Je connais l'histoire ! Et puis, un homme de mon âge non plus, pour vous, n'est pas un homme. Vous verrez, vous verrez quand vous vieillirez ! »

Il semblait que ce fût lui l'offensé.

« Je pense que vous agissez de même avec toutes vos… patientes ? demanda Isabelle.

— Pas avec toutes, répondit-il avec une galanterie distante. Avec… certaines, et je dois dire, qu'en général, elles accueillent plus aimablement les hommages. Enfin, n'en parlons plus. Le médecin reste à votre disposition entière, ma chère petite amie, pour vous aider dans l'embarras où vous vous trouvez. »

Isabelle était prête à partir.

« Merci tout de même, professeur, dit-elle en lui tendant la main.

— Mais voyons, il n'y a pas de quoi, répondit Lartois. Vous verrez, ça s'arrangera. »

Il appuya sur un bouton. Une infirmière, aux lèvres fardées et aux cheveux blonds sortant de sa coiffe, parut.

« Veuillez raccompagner mademoiselle, lui dit-il, et venez ranger, s'il vous plaît. »

Il avait toujours ses inquiétantes petites lueurs dans le regard.

Un sourire imperceptible amincit la lèvre de l'infirmière. Elle conduisit Isabelle, sans un mot, jusqu'à la porte de l'appartement, et puis revint vers le cabinet médical, d'une démarche résignée, consentante.

II

Comme chaque jour depuis le début de sa cure, à l'heure où le soleil se mettait à baisser, Mme de La Monnerie faisait sa promenade à pied le long du lac de Bagnoles-de-1'Orne. Elle était vêtue de voile de laine noir et de tussor blanc, portait un ruban mat autour du cou pour soutenir ses chairs, abritait son chapeau d'une ombrelle.

Comme chaque jour, elle était accompagnée par un. vieux monsieur en costume de flanelle blanche, à fines rayures, la cravate également blanche nouée sur un faux col droit, et le front coiffé d'un canotier de paille fine, un peu jauni. Ce vieux monsieur aux manières respectueuses s'appelait Olivier Meignerais et avait la réputation d'être un fils naturel du duc de Chartres.

La conversation des deux promeneurs manquait d'entrain. Mme de La Monnerie devenait plus dure d'oreille, ces derniers temps; et le vieux monsieur, qui était d'un naturel timide, rougissait chaque fois qu'elle prenait son ton autoritaire pour lui demander de répéter.

« Je pense que nous aurons encore beau temps demain, dit Mme de La Monnerie.

— Oui, quoique je ne sache pas ce que signifient ces petits nuages », répondit Olivier Meignerais, en ayant soin de bien articuler et en levant le bout de sa canne vers le ciel.

Ils marchèrent plusieurs minutes sans prononcer d'autres paroles. Une brise passa, faisant friser l'eau du lac. Mme de La Monnerie éternua.

« Auriez-vous froid, ma chère Juliette ? demanda, inquiet, le vieux monsieur.

— Mais non, mais non ! C'est le pollen. Ce coup de vent a secoué les fleurs des parterres, et j'ai aspiré le pollen. »

Ils étaient arrivés au saule pleureur qui marquait la limite de leur exercice quotidien et firent demi-tour, d'un tacite accord.

« Il y a concert au casino, ce soir ; vous plairait-il d'y aller ? » demanda Olivier Meignerais.

Tout aussitôt, il rougit de la gaffe qu'il venait de commettre en proposant cette sortie, alors que son amie était encore en deuil.

Mme de La Monnerie eut une hésitation.

« Oh ! pour une fois, faisons foin des convenances, répondit-elle. Un concert, après tout… Mais y aura-t-il des instruments aigus ? Les instruments aigus me déchirent le tympan.

— Non, c'est du Chopin, cela ne peut pas vous faire de mal.

— Bon, alors c'est entendu. »

Il la raccompagna jusqu'à la porte de l'hôtel des Thermes. Il habitait lui-même un hôtel voisin. La canne et le chapeau de paille dans la main gauche, il baisa le gant de tulle noir de Mme de La Monnerie et dit :

« Je passerai donc vous prendre à huit heures et demie. »

Mme de La Monnerie, pénétrant dans sa chambre, trouva Isabelle qui l'attendait.

« Tiens, qu'est-ce que tu fais ici ? Pourquoi n'as-tu pas prévenu de ton arrivée ? » demanda Mme de La Monnerie.

Isabelle se tenait près de la table où étaient posées une demi-douzaine de minuscules figurines en mie de pain, entourées de tutus de papier doré.

« Oui, dit la vieille dame en désignant ses œuvres, maintenant je travaille avec du pain à toasts. Je trouve que c'est beaucoup mieux… Alors, quelle est la raison de cette venue soudaine ?… D'abord, as-tu pris une chambre ? Non. Tu ne penses à rien. Où sont tes bagages ?

— Ma valise est en bas, à la réception », répondit Isabelle.

Son visage, terni par le chagrin, gardait les stigmates d'une nuit de larmes.

« Ma tante, il faut que je vous parle, reprit-elle.

— Oui, eh bien, je m'en doute ; je t'écoute, dit Mme de La Monnerie.

— Ma tante, je suis enceinte, prononça Isabelle.

— Quoi ? Parle plus distinctement !

— J'attends un enfant ! » dit Isabelle en forçant le ton.

Mme de La Monnerie baissa les paupières, regarda ses danseuses de mie de pain d'un air sévère, ôta les longues épingles qui fixaient son chapeau.

« Eh bien, dit-elle en se retournant d'un grand mouvement d'épaules, au moins tu peux dire que tu t'y entends pour gâcher les vacances des gens !... Et avec qui as-tu accompli cet exploit ? Allons, dis-le, j'ai le droit de savoir !

— Simon Lachaume... Et je l'aime ! » ajouta immédiatement Isabelle, comme un défi et une défense.

Pour être tout à fait sincère, Isabelle eût pu aussi avouer que cet amour était moins violent depuis qu'elle savait son état.

« De mieux en mieux ! s'écria Mme de La Monnerie. Un misérable petit professeur qui a la tête comme une citrouille. Encore un cadeau de ton oncle, ce personnage ! C'est arrivé en passant vos soirées à trier les paperasses laissées par Jean, naturellement ! On aurait mieux fait de brûler tout ça.

— Ce minable petit professeur, comme vous dites, ma tante, répliqua Isabelle vexée, est tout de même attaché au cabinet d'un ministre !

— Et qu'est-ce que ça change ? Dans la politique en plus ! Un garçon sans aucun scrupule, évidemment... Entrez ! cria Mme de La Monnerie, interrompant sa phrase.

— Personne n'a frappé, dit Isabelle.

— Ah ! Je croyais... De toute façon, il est marié, n'est-ce pas, alors aucune question ne se pose à son sujet, c'est déjà cela... Et depuis combien de temps dure cette... liaison ? »

Isabelle souffrait d'entendre son premier et tardif amour jugé de la sorte, avec les mots qu'on n'applique jamais qu'aux amours des autres. C'était, dans un ordre différent, humiliant comme la position sur la table d'examen.

« Trois mois, répondit-elle.

— Et il y a trois mois que tu es dans cet état ?

— Non. Ça doit faire six semaines.

— Il n'y a encore rien de perdu. Qui as-tu vu ?

— Lartois.

— Parfait ! Comme cela, tout Paris le saura.

— Oh ! ma tante ! s'écria Isabelle. Je suis sûre de la discrétion professionnelle de Lartois ! »

Mme de La Monnerie haussa les épaules :

« Naturellement, il ne va pas aller répéter : "Vous savez, la petite d'Huisnes..." Non ; seulement à la première occasion, au milieu d'un salon, après avoir bien dîné, il viendra te tapoter la joue en disant : "Alors ? Cet ennui que nous avions eu, on n'y pense plus ? Tout va bien ?..." et tout le monde aura compris.

— Et puis quelle importance, dit Isabelle avec lassitude, puisque de toute manière il y aura l'enfant !

— Quoi ? Qu'est-ce que tu viens de dire ?

— Je dis, répéta Isabelle, c'est sans importance, puisqu'il y aura l'enfant. »

Mme de La Monnerie releva son grand visage dominé par le bouffant de cheveux bleutés.

« Ah ! Parce que... dit-elle, tu as décidé de le garder ?

« — Mais oui, dit Isabelle comme une évidence.

— Ah! je n'avais pas compris cela, dit Mme de La Monnerie. Je croyais que tu devais retourner chez Lartois, ces jours-ci. Et tu vois, je me disposais déjà à interrompre mon séjour et à repartir avec toi pour Paris afin de… enfin, pour que tout se passe le plus silencieusement possible. Bien sûr, je ne te cacherai pas ma réprobation ; mais dans l'impasse où tu t'es mise… »

Isabelle était stupéfaite de la manière tranquille dont la vieille dame envisageait l'hypothèse de l'avortement, et en parlait du même ton inhumain qu'avait eu le médecin la veille. Les gens de cet âge ne semblaient avoir que l'hypocrite souci de ne pas désigner la chose par son nom.

« Comment, ma tante, dit-elle, c'est vous, si pratiquante, vous qui ne manqueriez pas la messe un dimanche…

— Oh! ma petite enfant, tu ne vas pas me donner des leçons de conduite chrétienne ! Je n'ai pas trompé une seule fois de toute ma vie un mari que je détestais et qui me cocufiait par-delà les lustres. Si je n'ai qu'une fille… »

La vieille dame s'interrompit pour crier une nouvelle fois : « Entrez ! » d'un ton agacé.

« Mais il n'y a personne, ma tante !

— Mais si, on a frappé, va voir ! »

Isabelle alla ouvrir ; le couloir était vide.

« Tiens, j'avais cru… dit Mme de La Monnerie. Où en étais-je ? Oui ; si je n'ai eu qu'une fille au bout de dix ans de mariage, ce n'est pas faute d'avoir cherché à la faire plus tôt. Donc, je te prie, pas de comparaisons entre nous deux. »

Elle s'approcha de la fenêtre, écarta les rideaux d'étamine, contempla un instant les arbres du parc.

« Quand on commet un premier péché, reprit-elle en se retournant, il en entraîne toute une série d'autres. Tu t'es unie à un homme hors mariage, première faute. Cet homme est marié, tu participes donc à un adultère, deuxième faute. Mensonges envers la société, mensonge envers moi, n'en parlons même pas. Autant de fautes. Chaque fois que tu as… allons, ne mâchons pas les mots !… couché avec ton monsieur, était-ce pour avoir un enfant ? Non ! Alors, quelle différence entre refuser un enfant au moment où on devrait le concevoir et le refuser six semaines plus tard ? Tu commettras un péché de plus qui est la suite inévitable de tes autres péchés.

— Mais c'est monstrueux. Vous vous rendez bien compte que ce n'est pas la même chose, dit Isabelle. Quoi qu'il arrive, je garderai mon enfant !

— Alors, tu préfères le scandale, s'écria Mme de La Monnerie, et faire participer toute ta famille à ta déchéance, être un objet de bas exemple ? Dieu déteste le scandale !… Entrez !… Si tu ne sais pas porter ton nom, au moins ne le salis pas pour ceux qui le partagent. »

Isabelle éclata en sanglots et se cacha le visage entre les mains.

« Mais qu'est-ce que je vais faire ? » balbutiait-elle au milieu des larmes.

Elle connaissait la ténacité violente de sa tante et prévoyait plusieurs jours de torture au bout desquels, vaincue, elle retournerait voir Lartois.

« Que voulez-vous ? Toutes les filles sans fortune n'ont pas la chance d'être stériles ! cria-t-elle en relevant le front avec une soudaine colère. Vous ne comprenez pas que je souffre, non, vous ne vous en doutez même pas ! J'étais sûre…, j'étais sûre que ce serait comme ça. Je gâche votre cure, voilà tout. Eh bien, sachez que cette nuit, je suis restée près d'une heure dans la salle de bain, rue de Lübeck, devant le tuyau du gaz… C'était cette nuit que j'avais raison.

— Un tuyau de quoi ?… Pour quoi faire ? demanda la vieille dame, l'air méchant, en tendant l'oreille.

— Pour me suicider ! cria Isabelle à bout.

— Eh bien, tu aurais été criminelle et tu n'aurais fait qu'aggraver le scandale. Dans les familles comme la nôtre, on ne se suicide pas. On laisse ça aux bourgeois et aux artistes ! Si tu souffres, c'est très normal. D'ailleurs, tu n'es pas complètement responsable ; ta mère était une folle… Allez ! Je ne réclame pas la mort du pécheur. Puisque tu veux absolument conserver ce rejeton ridicule, eh bien, nous allons voir… je vais réfléchir. Il y a la solution de l'étranger… Et puis, il faudra le déclarer, cet enfant, sous le nom d'Huisnes ? ajouta Mme de La Monnerie. Ah non ! cela c'est impossible, impossible !… Allez, va demander une chambre et te préparer pour le dîner. »

Isabelle sortit.

« Cette petite me récompense bien mal de ce que j'ai fait pour elle depuis tant d'années », pensa Mme de La Monnerie.

Elle se rappela son rendez-vous avec Olivier Meignerais, et écrivit un mot rapide pour se décommander. « Voilà, voilà, se répétait-elle. Quand on est encore en deuil, on ne va pas au casino. Voilà le résultat ! »

Le valet de chambre, qu'elle avait sonné, dut frapper trois fois pour qu'elle l'entendît.

Olivier Meignerais alla seul au concert et passa une fort triste soirée.

III

Dans la nouvelle combinaison ministérielle, Anatole Rousseau était passé de l'Instruction publique à la Guerre ; en modifiant la composition de son cabinet, il avait appelé auprès de lui Simon Lachaume.

Rien ne désignait Simon pour être chargé, rue Saint-Dominique, des relations avec la presse et le Sénat. Ses compétences militaires étaient celles d'un lieutenant de réserve d'infanterie, qui, malgré sa vue défectueuse, avait fait la guerre honorablement ; sa formation politique, hormis quelques principes vagues et généreux, était nulle.

Mais, depuis leur rencontre au cimetière, Simon avait vu plusieurs fois Anatole Rousseau. Le ministre avait montré au jeune agrégé les études sur Maine de Biran, sur Pascal, sur Fourier, qu'il avait publiées dans des revues mortes depuis quarante ans.

« Vous devriez réunir tout cela en volume, monsieur le ministre », avait dit Simon.

Anatole Rousseau avait souri, sous ses petites paupières de volaille, et regardé Simon avec affection. Il aimait bien la grosse tête de Simon, et l'ambition qui se cachait sous son expression déférente.

« En voilà un au moins, pensait le ministre, qui diffère de sa génération, qui ne considère pas que la terre a commencé de tourner le jour de sa naissance. Un peu poussé, il peut aller loin. »

Anatole Rousseau vieillissait ; certaines désaffections s'étaient produites dans son entourage, et cela au moment même où il recevait le portefeuille le plus important de sa carrière. Il avait éprouvé le besoin de faire une dernière moisson de garçons d'avenir, qui lui dussent tout, et assez jeunes pour que leur fidélité eût quelque chance de durer aussi longtemps que lui-même. Simon était de cette moisson.

Le jour où il l'avait fait venir d'urgence de Louis-le-Grand pour lui proposer d'être attaché de cabinet, Anatole Rousseau avait dit à Simon :

« Je serais très content de vous compter parmi mes collaborateurs immédiats. Seulement réfléchissez bien, mon cher Lachaume. Je ne dis pas que votre passage au ministère changera toute l'orientation de votre vie, mais on ne sait jamais. Vous êtes là devant un aiguillage. Prenez garde à ne pas vous tromper de destin. Vous êtes seul juge en la matière, et si vous me répondez non, je ne vous en voudrai absolument pas. »

Cette question de « se tromper de destin » semblait préoccuper beaucoup le vieux ministre ; mais tout en jouant l'homme qui regrettait de ne pas avoir fait une carrière littéraire, il ne vivait que des joies et des drames du pouvoir.

Tandis qu'il parlait, il épiait sur le visage de son protégé les signes de la tentation politique.

Que Simon refusât, Anatole Rousseau eût sans doute conçu pour lui une estime secrète, mais ne l'eût jamais revu. Simon accepta d'emblée, sans marquer la moindre hésitation. Qu'avait-il à perdre ? Rien, du moins le croyait-il, et tout à gagner. Il voyait s'ouvrir largement les vantaux de la chance.

Cette acceptation rendit le ministre joyeux, d'une joie un peu trouble, comme celle du joueur âgé qui pousse un jeune homme dans une salle de baccara, ou du drogué qui tend la première seringue au néophyte.

Anatole Rousseau ne s'était pas trompé dans son choix. La grosse tête de Simon contenait un cerveau bien fait, une bonne machine à penser qui pouvait embrayer sur n'importe quel problème à condition que le matériau à travailler lui fût fourni ; un de ces cerveaux non-créateurs, mais à toutes fins utilisables, et qui sont meilleurs serviteurs de l'ambition que le génie.

Détaché sur ordre du recteur, percevant en sus de ses émoluments habituels l'indemnité de sa nouvelle fonction, Simon vivait avec moins de gêne. D'autre part, sa thèse, parue entre-temps, avait été remarquée. Il avait profité de cette période favorable pour déménager de son logement de la rue Lhomond et s'installer rue de Verneuil, dans un entresol guère plus grand ni plus lumineux, mais qui avait meilleur aspect et surtout constituait une plus flatteuse adresse. Simon ainsi était passé des quartiers où la misère est affichée à ceux où elle n'a plus le droit de se montrer. On ignorait généralement qu'il fût marié car il ne sortait jamais avec sa femme.

Cet après-midi-là, dans le bureau qu'il occupait au ministère, Simon marchait de long en large, se répétant : « Isabelle est enceinte... Isabelle est enceinte...

Elle est partie pour Bagnoles. Je n'ai aucune nouvelle… Ah ! pourquoi ai-je épousé Yvonne à la veille
de la guerre ? » Il regarda une bonne minute l'une des
appliques de bronze qui ornaient les pieds de sa table
de travail. « Pour la même raison après tout, se dit-il.
Elle se croyait enceinte. Décidément, la vie se répète !
Parce qu'on se remet toujours dans les mêmes situations… Une jeune fille, encore une fois, et qui avait
l'air triste. »

Il était forcé de reconnaître qu'Isabelle et Yvonne
se ressemblaient, au moins moralement. Mais ce qui
lui plaisait actuellement en Isabelle, c'était le changement de milieu, et la bonne opinion de soi qu'il
retirait de cette aventure. Il en allait de cela comme
de l'appartement ; l'adresse était meilleure. Et le fade
et patient visage d'Yvonne, après deux ans de coha-
bitation, devenait chaque jour moins supportable à
Simon.

« Au point où j'en suis de l'existence, Simon
Lachaume épousant Isabelle d'Huisnes, ç'aurait été
magnifique ! Pourquoi me suis-je attaché ce boulet…
En tout cas, dès demain, je me fais installer un divan
dans la seconde pièce. »

Et en même temps, il cherchait lequel de ses camarades d'études, devenu médecin, il pourrait aller trouver si Isabelle revenait de Bagnoles décidée à une
intervention. « Il ne faut pas non plus m'en faire une
montagne… » Simon fixait de nouveau l'applique de
bronze avec ses tortillons et sa coque creuse « … ça
arrive tout le temps chez les paysans, et les commères
elles-mêmes y mettent la main. Et au Quartier latin,
c'était quotidien. »

Le sous-officier de service, qui faisait fonction d'appariteur dans l'antichambre, entra et, avec un salut claquant, présenta la carte de visite du marquis de La Monnerie qui sollicitait une audience « pour motifs personnels ».

Simon essuya nerveusement ses lunettes avec ses pouces. Que venait faire le vieillard dans cette histoire ? Mme de la Monnerie avait-elle chargé l'aîné de ses beaux-frères de dénouer le drame ? Et pourquoi, dans ce cas, le marquis se dérangeait-il au lieu d'appeler Simon à lui ?

Simon voyait toute cette famille impressionnante se dresser soudain pour prendre la défense de l'isolée, de la nièce par alliance. Si le poète avait été vivant, il aurait pu lui expliquer ; Jean de La Monnerie était de ces hommes qui comprennent. Mais les autres, avec leurs principes, leur mépris, leur aspect justicier... Simon avait beau se dire qu'ils ne pouvaient rien y changer, la perspective de l'explication lui contractait le pylore. Il alla fermer la fenêtre, remit machinalement de l'ordre sur sa table, attendit le choc. Son obscure origine et son manque de manières le plaçaient en état d'infériorité ; et la crainte, surtout, que l'affaire ne parvînt à la connaissance du ministre. « Je joue ma carrière... »

Urbain de La Monnerie entra, un peu voûté, sévère.

Simon se demanda tout de suite ce que le marquis avait de changé dans le visage. Toujours la même haute et raide couronne sur l'arrière du crâne, les mêmes grandes peaux pendant sous le menton, les oreilles aux lobes trop longs... Mais les lunettes étaient nouvelles, des lunettes à branches d'or, dont l'un des verres se présentait plat et dépoli, pour cacher une récente opération de la cataracte. L'autre œil brillait sombrement derrière une lentille grossissante. Cette prunelle agrandie et cette vitre vairon juxtaposées augmentaient chez Simon la sensation d'inconfort.

Le vieillard s'assit, posa ses gants sur le bord du bureau.

« Monsieur, commença-t-il, je viens vous voir au sujet… »

Son ton était à la fois brusque et hésitant ; la démarche visiblement lui pesait. Simon, crispé, dit à mi-voix :

« Oui, je sais.

— Ah ! vous êtes au courant, dit Urbain de La Monnerie. Alors cela va faciliter les choses. »

Simon inclina la tête, souleva une règle et la reposa à l'équerre.

« Je me permets, monsieur, reprit le vieillard, de trouver assez injuste la mesure qui frappe mon jeune frère.

— Votre… jeune frère ? répéta stupidement Simon en redressant le front.

— Oui, mon frère, le général de La Monnerie. Nous parlons bien de la même personne ?

— Oui, oui, parfaitement », dit Simon.

Et il ajouta tout aussitôt :

« Ça ne vous gêne pas, monsieur, que j'ouvre la fenêtre ?

— Oh ! non, au contraire… il fait une telle chaleur dans vos bureaux !… Voilà. Je conçois très bien qu'on effectue des mises à la retraite, mais puisqu'on maintient en activité des officiers plus âgés que mon jeune frère, pourquoi doit-il être l'objet d'une mesure particulière, alors qu'il a les mêmes états de service ?

« — Je ne crois pas que la mesure soit particulière », dit Simon à tout hasard.

Il n'était absolument pas au courant. Sa pensée flottait. Il avait une sotte envie de rire.

« Je sais, je sais bien ce qui pèse sur lui, continua Urbain de La Monnerie. Il a démissionné au moment des Inventaires des biens de l'Église, ce en quoi je ne peux d'ailleurs que l'approuver ; j'en aurais fait autant si, à l'époque, je m'étais encore trouvé dans l'armée. J'ignore, monsieur, quelles sont vos convictions, mais tout cela devrait être effacé. La République s'est mal conduite en ce temps-là ; nous l'avons bien oublié, nous !... J'ai cru pouvoir m'autoriser des liens qui vous unissaient à mon frère Jean... »

« La vie est vraiment extraordinaire, se disait Simon. Isabelle est enceinte de moi ; il est à cent lieues de s'en douter. Il chemine dans son petit problème. Mme de La Monnerie, qui est avertie maintenant, ignore que son beau-frère est là, en solliciteur pour l'autre beau-frère. Et Mme de La Monnerie et Isabelle ignorent toutes les deux que je dois dîner demain chez Mme Eterlin. Et Mme Eterlin ne sait pas que la nièce de son amant... Et j'ai rencontré Anatole Rousseau aux obsèques de Jean de La Monnerie... »

Il avait l'impression d'être dans un centre de téléphonie où les fils et les conversations s'entrecroisent, mais où chaque correspondant n'entend qu'une voix ; lui tenait tous les fils, pouvait entendre toutes les voix, et, au milieu du brouhaha, celle, plus forte, du vieillard qui défendait les mérites de son « jeune frère ».

« C'est un homme, disait Urbain de La Monnerie, qui peut encore rendre les plus grands services. La limite d'âge ne veut rien dire. C'est une sottise ! Il y a des gens qui sont finis, usés, vidés, à cinquante ans. D'autres qui, à quatre-vingts, se portent encore comme le Pont-Neuf et ont l'esprit plus clair que celui de bien des gamins. Mon grand-père maternel, le marquis de Mauglaives, est mort à quatre-vingt-deux ans d'une chute de cheval… Et sans vouloir me produire en exemple, j'en ai tout de même soixante-dix-huit. Seulement voilà ! Règle commune, lois égalitaires. Renvoyons les gens utiles, et gardons les incapables ! »

Il était arrivé, poli, diplomate, mais malgré lui s'était échauffé. La peau de son crâne devenait pourpre ; son seul œil visible étincelait sous le verre grossissant. Il toussa, cracha dans son mouchoir.

« Voilà un garçon qui a gagné tous les concours hippiques entre 80 et 84, reprit-il ; vous étiez trop jeune, évidemment, vous ne pouvez pas vous souvenir… »

« Je n'étais même pas encore né, pensa Simon. Et si même… les concours hippiques… »

« … qui a fait trois campagnes coloniales avec Gallieni, qui a commandé une division pendant toute l'offensive de 1918… »

« C'est bien cela, c'est bien cela, songeait Simon, le vieux monsieur qui s'entête au téléphone, qui crie dans l'appareil, qui veut se faire entendre à travers tout le réseau embrouillé. »

« Nous sommes des gens qui répugnons à dire du bien de nous-mêmes, dit Urbain de La Monnerie reprenant son calme. Mais je me suis toujours occupé particulièrement de mon frère Robert. Il était le plus petit. Au décès de notre père, il avait quatre ans. Moi, j'en avais presque dix-neuf... Voilà, monsieur ; je vous ai dit ce que j'avais à vous dire. Je vous avouerai que je suis venu à Paris à peu près uniquement pour m'occuper de cette affaire...

— Eh bien, comptez sur moi, monsieur », dit Simon en se levant.

Il avait déjà pris l'usage machinal de ce « comptez sur moi » commun à tous les hommes qui disposent d'une parcelle d'influence. Il ajouta :

« Je ferai une note au ministre, ou plutôt non, je lui en parlerai directement, cela vaudra mieux. »

Le marquis de La Monnerie reprit ses gants, son chapeau, remercia l'attaché de cabinet et s'excusa courtoisement des minutes qu'il lui avait fait perdre.

En retraversant d'un pas ferme les antichambres du ministère, il pensait : « Ce jeune homme a eu l'air de m'écouter avec beaucoup d'attention ; j'ai l'impression qu'il fera quelque chose. »

IV

Derrière le ministre, le portrait de Louvois, immense, écrasant, montait jusqu'au plafond.

Anatole Rousseau avait les jambes si courtes qu'il lui fallait, devant son fauteuil, un petit coussin de tapisserie pour y poser les pieds. Ses mains allaient sans cesse du téléphone au carnet de rendez-vous et aux multiples papiers qui s'entassaient chaque jour sur le bureau d'acajou.

Quand Simon Lachaume parla du général de la Monnerie, Anatole Rousseau s'écria :

« Quoi ? quoi ? Pourquoi voulez-vous repêcher ce vieux crabe, mon petit Lachaume ? »

Pour le ministre de la Guerre, tous les généraux étaient *a priori* de vieux crabes.

Simon fit observer que Robert de La Monnerie n'avait que soixante-quatre ans. Anatole Rousseau, qui en avait soixante-six, rejeta en arrière sa mèche argentée, abaissa deux ou trois fois les paupières.

« On raconte toujours que la vie militaire conserve, déclara-t-il, eh bien, ce n'est pas vrai. Ça momifie, voilà tout. À cinquante ans, un militaire est fini. Je ne peux pas le dire trop haut ici, mais je le pense. On devrait tous les limoger à cet âge-là. Ils sont abrutis par la vie de garnison ou le soleil tropical, les chutes de cheval et le règlement. Belle apparence, oui ! Mais ils ont la matière grise en granit. Il y en a un de temps en temps… l'exception… Gallieni, Foch… Ce sont des stratèges, c'est différent… Et la meilleure preuve… »

Anatole Rousseau aimait, en fin de journée, pour se détendre, à philosopher sur des riens, à émettre des sentences faciles devant ses collaborateurs, surtout devant Simon qui représentait à ses yeux l'intellectuel de son équipe. Cela lui donnait l'illusion de s'entretenir au maniement des idées générales.

« … c'est que jamais un militaire, poursuivit-il, n'a été fichu de faire un bon ministre de la Guerre. Prenez Gallifet ? Une suite de désordres. Prenez l'expérience Lyautey. Qu'est-ce que ça a donné ?… Ce qui conserve, voyez-vous, c'est le gouvernement, c'est la lutte politique. Là, on ne se bat pas contre des fusils, on se bat contre des hommes. Vous vous rappelez ce que dit Bergson du temps véritable et du temps des horloges ? Eh bien, les militaires vivent comme leurs pendules... Passez-moi donc le dossier des mises à la retraite. »

Puis, quand il eut les papiers en main :

« Mais dites-moi... La Monnerie... La Monnerie... votre La Monnerie, est-ce qu'il n'a pas eu une histoire au moment des Inventaires ? demanda-t-il soudain.

— Peut-être bien, patron... en effet, il me semble... » répondit Simon qui ne comprenait pas qu'après une guerre de quatre ans et quinze cent mille morts, on attachât encore de l'importance à ce vieux chapitre de l'histoire contemporaine.

« Oui, et un anti-dreyfusard, évidemment. Mais dites-moi, mon petit Lachaume, vous voulez me faire avoir des drames avec les radicaux ? Faites attention, vos amitiés dans le faubourg Saint-Germain vous perdront... Vous avez des affaires de cœur dans ces milieux-là, que vous teniez tellement à leur faire plaisir ? »

Simon eut une moue vaguement négative. Le ministre l'observait en souriant paternellement.

« Dire que nous commençons tous de la même façon ! reprit-il. Les petites comtesses, bien sûr ! Elles nous font voir un tas de personnages à noms historiques qui nous regardent comme des bêtes curieuses. On est flatté. Et puis on s'aperçoit que ces gens-là vous font perdre un temps ! Avec leur manière de cracher sur la République, ils ont toujours quelque chose à lui demander. »

Il continuait de sourire à la grosse tête un peu gênée de Simon, à ses propres souvenirs, à l'expérience qu'il avait de la vie. Il reprit soudain une expression sérieuse.

« Ah ! pendant que j'y pense, dit-il en claquant des doigts, pour le déjeuner d'après-demain, avec Schoudler, je préfère que cela ait lieu en dehors du ministère. Retenez-moi un cabinet particulier chez Larue. Six couverts.

— Le fils Schoudler a épousé la fille de Jean de La Monnerie, une… nièce du général, observa Simon.

— Ah ! décidément, vous êtes accroché à cette affaire ! s'écria le ministre. Allons ! Qu'est-ce qu'il est, votre vieux crabe ? Brigadier ? On peut peut-être le consoler en lui donnant sa retraite comme divisionnaire. À condition que ça ne fasse pas de drame avec les bureaux ! »

Il écrivit une note rapide, la glissa dans le dossier.

« Je vous demande, n'est-ce pas, de passer vous-même au restaurant, ajouta-t-il, et de veiller à ce que tout soit parfait. Vous verrez ; ils sont très attentifs ; alors… soyez exigeant. »

Et il se remit aux affaires importantes.

V

Bien qu'elle souhaitât s'entretenir très privément avec Olivier Meignerais, Mme de La Monnerie n'avait pas osé le recevoir dans sa chambre, ce qui eût été contraire aux convenances ; et d'autre part, le hall de l'hôtel, tout le monde y passant, ne lui semblait pas non plus le lieu propice. Elle avait donc choisi d'attendre le moment de leur promenade, le long du lac.

Ils marchèrent dix minutes sans échanger rien d'autre que les banalités coutumières. Le vieux monsieur avait parlé discrètement de la qualité du concert de la veille, évitant de questionner Mme de La Monnerie sur les raisons de son refus. Il s'était juste assuré qu'elle n'avait pas été souffrante.

Soudain, elle lui dit de son ton brusque :

« Olivier ! Voilà près de trente ans que vous me faites la cour, n'est-ce pas ? »

Le vieux monsieur s'arrêta et rougit jusqu'au bord de son chapeau canotier.

« Oui, continua-t-elle, et vous m'avez même un peu compromise. Beaucoup de gens sont persuadés que vous avez été ou que vous êtes encore mon amant.

— Vous savez parfaitement, ma chère Juliette, qu'il n'a tenu qu'à vous... répondit Olivier Meignerais.

— Oui, je sais. Et j'avoue que si Jean était mort vingt ans plus tôt, cela aurait peut-être changé bien des choses... »

Ils avancèrent de quelques pas.

« Olivier, je crois que vous allez pouvoir me prouver votre affection », reprit-elle.

Il s'arrêta de nouveau, lui saisit les mains.

« Juliette ! » s'écria-t-il.

L'émotion le privait de souffle.

« Mais non, mon pauvre ami, il ne s'agit pas de cela ! répondit Mme de La Monnerie. Ne soyez pas stupide. Allez, marchez ; ne nous donnons pas en spectacle. Pourquoi irais-je me remarier ? Quant au reste... regardez-nous !

— Oui, en effet, dit Olivier Meignerais avec une ironie triste. C'est un peu tard… Alors, que se passe-t-il ? En quoi avez-vous besoin de moi ?

— Eh bien, voilà ! Ma nièce a fait une bêtise. Elle s'est laissé séduire par un petit aventurier. Le résultat de la belle éducation d'aujourd'hui. Et puis… et puis elle est enceinte, quoi !… Mais ne vous arrêtez donc pas tous les deux mètres !… Non, je vous en prie, pas de condoléances. Je sais ce que je dois en penser. Et le garçon est marié, naturellement. Et la petite veut garder l'enfant.

— En quoi je l'approuve, dit Olivier.

— Oui, moi aussi. Ce scrupule religieux l'honore, quoique je le trouve un peu tardif… Mais je ne sais pas si vous vous rendez très bien compte. Le scandale sur ma famille, la honte étalée devant Paris. Mes vieux jours déjà ne s'annonçaient pas très gais. Et puis même pour l'avenir de cette petite imbécile ! Quelle vie aura-t-elle, après cela ?

— Ma pauvre amie ! Qu'allez-vous faire ? »

Mme de La Monnerie avala une grande gorgée d'air.

« Olivier, dit-elle, je voulais vous demander de me rendre le service d'épouser Isabelle.

— Hein ? » fit le vieux monsieur.

Cette fois, il resta immobile plusieurs secondes, ôta son canotier, essuya son front à nouveau rougissant.

« C'est la seule solution qui puisse à peu près arranger tout le monde, reprit Mme de La Monnerie, si vous êtes assez généreux pour y consentir. Et je crois que vous y consentirez, ou alors je me tromperais sur la qualité du sentiment que vous me portez… Remarquez, mon cher ami, vous ne feriez pas une si mauvaise affaire. À nos âges, on a besoin d'être soignés. La petite a commis une folie, c'est entendu, mais cela ne lui retire pas d'être une excellente femme d'intérieur. Au fond, cela vous distrairait. »

Il ne répondait pas. Ils étaient arrivés au saule pleureur. Il proposa de s'asseoir car ses longues jambes le soutenaient mal. Il épousseta de son mouchoir le banc vert, indiqua la place ombragée à Mme de La Monnerie, s'assit, les mains pendantes entre les genoux, contempla le lac. Un vieux cygne noir passait, fier comme une galère.

« De quoi aurais-je l'air ? dit-il enfin. À mon âge ! Une jeune femme… et puis, un enfant, tout de suite. Ce serait cousu de fil blanc, voyons !

— Peut-être ; mais en tout cas, ce serait recousu, répondit Mme de La Monnerie.

— Vous en avez parlé à Isabelle ?

— Non.

— Et vous croyez qu'elle accepterait ? demanda-t-il.

— Ah ! ça, je vous en réponds ! s'écria Mme de La Monnerie. Il ne manquerait plus que cela !… Ne tapez pas sur le banc avec votre canne, ça fait un bruit désagréable.

— Mais je ne tape pas, Juliette.

— Ah ! je croyais… »

Ils se turent un moment. Quelques feuilles de saule tombèrent sur l'eau sombre et miroitante.

« Et puis non, dit-il. Je suis un vieux célibataire, ça me forcerait à changer toutes mes habitudes. À nos âges, on ne peut plus… Ah ! ce serait vous, ce serait autre chose…

— Qu'est-ce que vous dites ? Parlez un peu fort !

— Je dis : s'il s'agissait de vous épouser, *vous*, je n'hésiterais pas un instant, vous le savez bien.

— Moi aussi, Olivier, je crois que j'aurais assez aimé finir mes jours auprès de vous, dit Mme de La Monnerie. Cette grande amitié, ce sentiment qu'un homme pense encore à vous, se plaît encore avec vous… »

Elle avait prononcé ces dernières phrases avec émotion.

« Eh bien, alors, Juliette ? demanda-t-il lentement en élevant le regard vers elle. Pourquoi ne le ferions-nous pas ?

— On ne fait pas souvent ce qu'on aimerait. J'ai même toute ma vie fait plutôt le contraire, répondit-elle. Et puis, nous aussi, vous savez, nous serions un peu ridicules. Alors, au moins, que le ridicule soit utile ! »

Elle se tut un temps, pesa bien son renoncement, ajouta :

« Allez, mon vieil ami ! Rendez-moi cet immense service. Épousez ma nièce. »

Il hésita, inspira longuement.

« Soit, dit-il, parce que je vous ai beaucoup aimée, Juliette. »

Mme de La Monnerie posa sa main sur la main d'Olivier, l'étreignit.

« J'en étais sûre. Vous êtes un homme admirable », prononça-t-elle.

Olivier éleva le gant de tulle noir jusqu'à ses lèvres. Il avait les larmes aux yeux.

« Mais avant, Juliette, il faut que je vous fasse un aveu.

— Quoi donc ? demanda-t-elle.

— Tout le monde croit que je suis un fils naturel du duc de Chartres. Eh bien, ma mère a peut-être, en effet, connu le duc de Chartres, mais... après ma naissance et...

— Oh ! écoutez, interrompit Mme de La Monnerie, je vous en prie. J'ai assez d'ennuis comme cela. Quand une chose se dit depuis si longtemps, elle finit par devenir vraie. Et vous-même, pouvez-vous être sûr ? Vous ressemblez tellement aux Orléans !

— C'est très accidentel », dit Olivier avec une ironie mélancolique.

Et il ajouta :

« Peut-être aussi dira-t-on que l'enfant d'Isabelle ressemble, par moi, au duc de Chartres... »

VI

À sept heures du soir, Mme de La Monnerie achevait de convaincre sa nièce.

« Comme il a plus d'argent que toi, ce mariage aura l'air plausible. Vous partirez pour la Suisse dans trois jours, le temps qu'il règle ses affaires. Vous vous y rendrez chacun de votre côté. Vous demanderez vos papiers de là-bas, et vous vous marierez. En trois semaines, tout peut être réglé. Olivier consent à rester un an en Suisse, de façon à noyer un peu la date de la naissance. Ma chère petite, tu as une chance que tu ne mérites pas, et que tu me dois, d'ailleurs, entièrement.

Tout à l'heure encore, il me proposait de m'épouser. Sans dire que j'aurais pu aller jusque-là, je dois avouer que cette longue absence va m'être assez pénible. Et puis c'est quelqu'un de nos milieux. C'est un fils... enfin, il passe pour être... enfin, tu sais quoi ! C'est un illégitime, cela ira très bien avec toi. Et puis tu n'as pas le choix ! Et puis ce sera comme cela !... Entrez ! »

Le dîner eut lieu dans la salle à manger de l'hôtel des Thermes, parmi les chuchotements des dames mûrissantes qui soignaient leur retour d'âge à Bagnoles, des vieilles dames qui continuaient d'y venir par habitude, et les aboiements aigres de leurs pékinois, et le crissement des plantes vertes dressées dans les cache-pots.

Olivier était en smoking, comme toujours le soir, mais il avait glissé un œillet dans sa boutonnière, pour se rajeunir. Ce timide, dont la voix à soixante-huit ans tremblait lorsqu'il devait s'adresser à une femme, alla droit au fait, et comme un homme plus assuré n'eût pas osé. Profitant de l'instant où Mme de La Monnerie s'attardait à donner un ordre au portier :

« Il paraît que c'est notre dîner de fiançailles, ma chère Isabelle, dit-il. Je ne me doutais pas, je vous l'avoue, lorsque je vous faisais jouer chez votre tante, il n'y a pas au fond tellement d'années, que nous en viendrions à unir nos destinées... enfin, à unir votre destinée à ce qui reste de la mienne... Je ne suis pas un fiancé très flatteur, je m'en rends compte ; je ne vous demande pas d'explosion de joie. »

Il avait presque l'air de s'excuser.

« Je pense, continua-t-il, que vous désirez un mariage blanc. Soyez tranquillisée. À mon âge, il serait difficile qu'il en fût autrement. »

Il rougit d'avoir dit cela et regarda les rainures obliques du parquet pour ajouter :

« Tout ce que je vous demande... Le nom que je porte n'est ni particulièrement éclatant, ni particulièrement infâme... veuillez me promettre de le respecter... enfin d'agir discrètement... c'est tout ce que je vous demande. »

Mme de La Monnerie les rejoignit à ce moment.

« Oh ! ça, je vous le jure ! » répondit sincèrement Isabelle.

Elle contemplait ce fiancé presque septuagénaire et mal à l'aise auquel la fatalité l'unissait. Il avait une grande raie qui séparait ses cheveux jusque sur sa nuque, des mains tachées de plaques brunes, et un grand visage propre aux joues un peu soufflées dans le bas. Il s'asseyait sans trop de raideur.

« Au fond, il a certaines choses de mon oncle Jean ; les manières, la courtoisie... » se disait Isabelle.

Ce dîner ne lui paraissait pas parfaitement réel, comme si on lui eût fait vivre l'aventure d'une autre. Olivier renversa une poivrière et sa confusion fut extrême.

« J'essaierai, ma chère Isabelle, dit-il, de ne pas encombrer votre vie trop longtemps. Je ferai de mon mieux. J'aimerais bien tout de même rester en ce monde encore quelques années. Après, vous pourrez réorganiser votre existence avec un plus agréable compagnon. »

Entre les sorties brusques de Mme de La Monnerie, il conduisait la conversation avec son ironie triste et désuète qui n'était pas sans charme. Il avait beaucoup lu ; il aimait les livres et leurs reliures. Il parlait bien de

la Roumanie qu'il lui avait été donné de visiter. Il était
aussi allé à Pétersbourg.

Isabelle lui était reconnaissante de ne pas laisser
s'installer le silence. Et puis elle se sentait soulagée,
monstrueusement soulagée, parce que ce vieil homme,
par charité, empêchait que toute la société s'écroulât
sur elle. Les mois allaient passer ; elle attendrait son
enfant. Les vagues de cette tempête s'apaiseraient.
Elle se rappela la phrase de Lartois : « Il faut tout de
suite se demander au bout de combien de temps les
choses auront cessé de vous faire du mal… » C'était à
peu près cela. Et elle revit Lartois cherchant à profiter
d'elle sur la table d'examen ; elle commençait à en sourire intérieurement, avec une sorte de commisération.

Olivier parlait de l'*Histoire de la famille d'Orléans*
par Paul Thureau-Dangin, qui avait été secrétaire perpétuel de l'Académie et que Mme de La Monnerie
avait beaucoup connu… Olivier avait un air de grande
bonté discrète.

« Olivier, dit soudain Isabelle, les yeux humides.
J'ai envie de vous embrasser. »

Il rougit.

« Je vous remercie, répondit-il en baissant les paupières.

— Vous voyez, vous voyez ! s'écria Mme de La
Monnerie. Elle se jette à la tête de tous les hommes. »

Mme de La Monnerie était morose. Elle songeait
que si Olivier allait épouser Isabelle, c'était parce
qu'elle-même avait, pendant des années, résisté à ses
assiduités. « Si je lui avais cédé, il y a beau temps que
tout serait fini et oublié. Au moins, ça a servi à quelque
chose. » Mais cette pensée ne suffisait pas à la conso-

ler. Une bouffée de regrets lui était venue depuis sa promenade. « Ou bien ça n'aurait rien changé, et Olivier serait là tout de même. Et à l'âge où me voilà, qu'est-ce que ça m'aurait donné de plus ?… »

Ils étaient à la fin du repas, et on leur servait une compote de cerises qui roulait dans un jus rose.

« Juliette, demanda Olivier, je voudrais bien savoir comment vous fabriquez vos petites poupées, vos petits personnages ?

— Oh ! c'est bien simple, mon cher, répondit-elle, flattée. Vous allez voir… Maître d'hôtel ! Apportez-moi du pain à toasts, un gros morceau, s'il vous plaît. »

Le maître d'hôtel ne fut pas surpris. Chacune des vieilles clientes avait sa manie. L'une voulait des ailes de poulet pour son chien, l'autre faisait tremper des fleurs artificielles dans un vase plein d'eau.

Mme de La Monnerie préleva dans le cœur du pain une boule de mie, la pétrit longuement, puis, du bout de ses doigts actifs et rapprochés, où deux bagues luisaient, sortirent une tête microscopique, un bras, des jambes. Elle pinça les extrémités, les aplatit, en forma des mains, des pieds. Jamais dans un jour normal, elle n'eût osé se livrer à ce jeu, en public. Mais, ce soir, elle désirait briller devant Olivier.

« Ah ! c'est étonnant ! Ah ! vous êtes une artiste ! » disait celui-ci.

Mme de La Monnerie prit un morceau de papier de soie dans son sac, en vêtit sa boulette, et posa sur la table une danseuse aux bras levés.

« Et voilà ! dit-elle. Il n'y a plus qu'à la laisser bien sécher, et puis à la peindre. »

Hésitant, rougissant, Olivier dit :

« Vous permettez, Juliette... que je la garde avec moi... que je l'emporte... »

Pour Isabelle, la pire difficulté maintenant, la dernière partie du drame, allait être d'annoncer son départ à Simon. Elle était loyale, et voulait lui dire les engagements qu'elle avait pris et entendait tenir.

VII

Or, à la même heure, Simon dînait à Boulogne, chez Mme Eterlin. Il était arrivé un cornet de roses à la main.

« Oh ! elles sont merveilleuses ! s'écria Mme Eterlin. Et elles embaument ! Vous ne pourrez jamais savoir à quel point elles me font plaisir. »

La petite maison était pleine de hautes gerbes de lis dont les pistils dorés se multipliaient dans les miroirs et les glaces des vitrines. Un parfum entêtant émanait de ces gerbes.

Simon jugea ses roses un peu pauvrettes, et excessif l'accueil qui leur était fait. Mme Eterlin, ayant réclamé un vase, les arrangea elle-même, leur trouva un emplacement de choix sur un marbre blanc.

« Elles se marient aux veines du marbre, dit-elle. Ne trouvez-vous pas ?... Vous avez l'air soucieux, monsieur Lachaume. Vous n'avez pas d'ennuis, j'espère ? Ce sont vos travaux. Vous travaillez trop ! J'avais espéré réunir quelques amis que vous auriez eu plaisir à voir. Ils n'étaient pas libres. Lartois devait venir. Il s'est décommandé. Il avait une urgence. Je suis confuse de n'avoir que ma présence à vous offrir. Je crains de vous ennuyer. »

Elle lui servit du vin de Carthagène, sirupeux et doré, dans des verres si bizarres, si contournés, si frêles, qu'on craignait de les voir éclater dans les doigts.

« Carthagène, le croirait-on, n'est qu'un petit village au nord de Béziers, expliqua-t-elle. On y fabrique quelques bouteilles de ce vin chaque année. C'est Jean qui l'avait découvert. Il prétendait que le nom avait influé sur le goût et qu'on dirait le vin que buvait Salammbô. Ce sont peut-être, d'ailleurs, des soldats de l'armée d'Annibal... »

Ils dînèrent dans une sorte de rotonde au fond du salon, autour d'une table très basse et ronde, faite d'une mosaïque montée sur des ferrures dorées qui gênaient affreusement les genoux. Marie-Hélène Eterlin semblait s'accommoder fort bien de sa table à ras du sol ; elle était assise droite sur un pouf, les jambes de côté, et mangeait avec des gestes délicats.

« C'est Jean qui avait eu l'idée de faire monter ainsi cette mosaïque », dit-elle.

Elle prononçait « Jean » en allongeant la consonne initiale et en prenant un imperceptible temps après le nom. Et chaque fois qu'elle disait « Jean », lui repensait à Isabelle.

Ils étaient servis par l'unique domestique de Mme Eterlin, insignifiante et silencieuse. Deux buissons de bougies brûlaient sur la table, hérissant des candélabres italiens terminés par de fines feuilles de vermeil.

« Des barbares avaient fait appareiller ces chandeliers pour l'électricité, dit Mme Eterlin. Je leur ai rendu leur destination première. »

Mais en leur restituant cette destination, on avait négligé les trous pratiqués pour le passage des fils électriques. Des gouttes de stéarine se répandaient sur la mosaïque, et aussi sur la manche de Simon, dès qu'il étendait le bras.

Tous les autres foyers de lumière, cachés, irisaient secrètement les verres de Venise, les gondoles filées, la nacre des éventails, jetaient des bouquets de soleil dans les miroirs.

Après des mets fins, élaborés et peu copieux, la domestique apporta des rince-doigts où flottaient des pétales. En même temps que Mme Eterlin trempait ses ongles soignés et pâles, Simon trempait dans l'eau tiède ses ongles carrés sous les phalanges poilues. Leurs mains dansaient face à face un ballet mesuré.

« Savez-vous pourquoi vos fleurs m'ont tellement émue tout à l'heure ? dit-elle en se levant. C'est parce que c'est aujourd'hui mon anniversaire.

— Oh ! si j'avais su… » s'écria Simon.

Formule toute gratuite ; il ignorait totalement ce qu'il eût fait, s'il avait su.

« Mais vous avez deviné puisque vous m'avez apporté ces fleurs, et puisque vous êtes venu. Sans vous, j'aurais été toute seule. Oui, j'ai quarante-quatre ans ce soir… Oh ! je suis stupide de vous parler de cela. Mais c'est triste, vous savez, quand une femme arrive au moment où elle se commande ses fleurs elle-même… »

Et elle montrait d'un geste élégiaque ses gerbes de lis.

Touché, non pas tellement de ce qu'elle lui disait mais parce que cette tristesse le ramenait à la sienne propre et frappait sur son chagrin comme sur un timbre, il faillit se confier à elle et lui déclarer : « Moi aussi, je suis malheureux, vous savez, et vous m'avez fait du bien avec votre Carthagène, vos glaces à dorures et vos rince-doigts. Voilà ce qui m'arrive avec Isabelle. »

« Je vais vous chercher des vers de Jean que je n'avais pas encore osé vous montrer, dit-elle. Et puis les miens, si cela ne vous ennuie pas. »

Elle ouvrit un tiroir sous le marbre aux roses, sortit un paquet de feuillets et un cahier relié en maroquin rouge, posa les feuillets devant Simon.

C'étaient des vers licencieux, érotiques, aux rimes allant parfois jusqu'à l'obscène, et tracés de la belle encre noire du poète. Les ratures, d'ordinaire si émouvantes sur un manuscrit, prenaient là un caractère choquant.

Simon était gêné et ne savait quelle attitude prendre.

Mme Eterlin le regardait un peu en dessous, avec un demi-sourire, et disait :

« Oh ! celui-là, celui-là est extraordinaire ! C'est admirable de pouvoir plier son talent à toutes choses, et avec tellement d'esprit !... »

Sa poitrine se soulevait plus vivement. Puis, voyant que son enthousiasme n'était pas partagé :

« Vous n'aimez pas beaucoup ce genre-là, vous ? »

Elle avait l'air déçue.

« Oh ! si, si, répondit Simon. C'est très étonnant... j'aime beaucoup... je ne me doutais pas... »

Il lisait aussi vite qu'il pouvait, pas trop vite toutefois pour ne pas paraître désintéressé ni réprobateur. En vérité, les vers qu'il parcourait ne lui procuraient d'autre sensation qu'une espèce de malaise. Son admiration pour l'écrivain recevait une atteinte ; il venait de découvrir un coin de pourriture sous le socle.

À deux ou trois reprises, Mme Eterlin tenta de pousser la conversation sur ce terrain ; mais Simon n'avait pas les mots pour lui répondre ; il ignorait le maniement du double sens grivois. De là aussi venait sa gêne, et il y devina une lacune d'éducation.

Il fut soulagé quand on passa au cahier de maroquin rouge qui contenait les poèmes de Mme Eterlin.

Ceux-ci étaient mauvais, mais aériens. De faibles imitations du La Monnerie de *L'oiseau sur le lac*, tracées d'une écriture pâle et arachnéenne sur des pages crème entourées d'un filet d'or. Il y avait quelques corrections de la main du poète. La dernière pièce, faite pour la mort de celui-ci, était la plus détestable. Beaucoup de pages du cahier étaient encore vides.

« C'est tout », dit Mme Eterlin.

Simon la complimenta vivement. Elle le remercia avec une vraie modestie. Elle n'était pas dupe. Elle savait le manque de qualité de ses vers, mais ne pouvait pas s'empêcher de les montrer.

Elle portait une robe noire avec le haut du corsage en tulle. Sous ce fin réseau apparaissait la chair des épaules, blanche et douce et la double épaulette du soutien-gorge et de la combinaison de soie, et le bras mince, un bras de jeune femme. Le buste était sans empâtement.

« Pourquoi m'a-t-elle paru si vieille, le premier jour ? se demandait Simon. C'est incompréhensible, elle n'est pas vieille du tout. »

Elle se tenait penchée, tout contre lui, assise sur le bras du fauteuil, refermant le cahier, rassemblant les feuillets licencieux. Sa nuque était délicate, avec des reflets d'ivoire, les fins cheveux cendrés, remontés vers le sommet de la tête, allaient s'enfouir et se tordre dans la natte. Une oreille se décollait un peu. Il montait de l'épiderme un parfum d'héliotrope, et ce parfum semblait être le centre autour duquel tournait la senteur éparse et forte des lis.

Sur la nuque inclinée Simon posa les lèvres. Mme Eterlin se redressa, avec un regard trop grand pour ses minuscules yeux mauves, et qui allait chercher le regard de Simon, à travers le cristal des lunettes. Leurs visages étaient très proches. Elle attira contre sa bouche la tête de Simon.

Vers minuit, en léger peignoir de crépon rose et les cheveux flottant jusqu'à la taille, Mme Eterlin descendit à la cuisine pour trouver du jambon, du pain et du beurre.

Simon partit un peu plus tard. Elle l'accompagna jusqu'au perron. Il l'appelait Marie-Hélène. La nuit était belle, illuminée de lune, tiède et étoilée. Un moteur de péniche clapotait quelque part, derrière les rues, au fil du fleuve. Mme Eterlin pressa son visage sur la poitrine de Simon.

« C'est merveilleux, murmura-t-elle. Il y avait si longtemps, tu sais, si longtemps. Car ce pauvre Jean… dans les derniers temps, il faut bien avouer… Tu es jeune ! C'est miraculeux. Je me sens tellement pure dans tes bras ! Tu te rappelles ces vers de Jean :

*La jeune fille en toi qui ne peut pas mourir
Et que tu porteras jusque dans les enfers…* »

Simon s'en alla avec, stigmates de sa soirée, son veston taché de poudre de riz, de pollen de lis et de coulures de bougies. Tout en marchant, il gardait la vision du buste aux yeux de plâtre, dans la chambre, et des jambes trop fortes de Mme Eterlin.

Pour la première fois, il doutait de la valeur de l'œuvre de Jean de La Monnerie et se demandait si ses détracteurs n'avaient pas en partie raison. Et puis il se répétait : « Je suis un salaud. Je suis un salaud. Isabelle est enceinte, elle est à Bagnoles. Et moi je viens de… avec cette femme qui la déteste. »

Et cette certitude d'être un salaud lui procurait en même temps la sensation salutaire d'être un homme.

Quand Isabelle revint, le lendemain, et lui annonça tout ensemble son départ immédiat pour Montreux, son mariage avec Olivier Meignerais et sa volonté de respecter cette union, il eut naturellement un violent désespoir. Il disait sans cesse :

« Ah ! si je n'avais pas ma femme, si je n'avais pas ma femme… »

Simon et Isabelle se jurèrent de se conserver leur amour et de le poursuivre plus tard, sans souhaiter, bien sûr, la mort de cet homme admirable qu'était Olivier. Elle lui promit d'élever l'enfant dans le goût des lettres et des choses de l'esprit. Il ne leur venait pas à l'idée que ce pût ne pas être un garçon ; Isabelle entre-

voyait le jour où, quand il aurait dix-huit ans, elle lui
dirait la vérité.

« À ce moment-là, je commencerai d'être une vieille
dame respectable, avec des cheveux blancs, et vous,
vous serez un homme célèbre. Vous viendrez dîner
de temps en temps. Et nous nous prendrons la main,
toujours de la même façon. »

Mais, dans le fond d'eux-mêmes, ils savaient bien
que c'était fini ; et s'ils s'attendrissaient, c'était moins
sur leur séparation que sur cette fin d'un moment de
leur vie.

Simon se félicita de son aventure avec Mme Eterlin.

Il retourna plusieurs fois chaque semaine à
Boulogne. C'était la période des vacances. Le service
du ministère forçait Simon de rester à Paris. Marie-
Hélène sauvait Simon de la solitude des soirs d'été.

Marie-Hélène avait changé de coiffure ; elle portait
maintenant deux nattes qu'elle roulait en macarons
sur ses oreilles, ce qui, pensait-elle, la rajeunissait, et
aussi cachait le lobe décollé. Elle avait raccourci ses
robes de la largeur d'une main, sans toutefois aller jusqu'à suivre la mode par crainte de se trop découvrir
les jambes.

Un jour, elle dit à Simon :

« Je sais bien que je ne te garderai pas. Quand on a
un amant plus âgé, on vit dans la terreur de sa mort. Et
quand il est jeune, dans la terreur des autres femmes.
De toute manière, il faut qu'il vous soit pris. »

Dans cet intérieur étroit et précieux, où l'ombre
d'un grand homme était posée sur chaque objet,
Simon se sentait bien. Il y rencontrait parfois des personnes d'âge et de grande réputation. Ses manières,

sa conversation, sa mise même s'affinaient. Il se laissait un peu engourdir par la mélancolie apprêtée de
Marie-Hélène Eterlin, que traversait soudain quelque
déchirement lumineux de passion. Il vivait là, somme
toute, l'amour espéré par Isabelle pour leurs futures
années.

Pour la première fois, il ne repoussait plus en pensée ses origines ni les souvenirs de son enfance de
paysan pauvre. Il les appelait au contraire, pour la
satisfaction de la comparaison. Et quand il trempait
ses mains dans le rince-doigts aux pétales de rose, il
se disait :

« C'est toi, Simon, c'est toi, le fils de la mère
Lachaume, qui es ici en ce moment ! »

Il n'enviait plus les autres ; il s'enviait lui-même, et
n'avait donc que des raisons d'être heureux.

VIII

Le colonel des hussards apparut, boutonnant ses
gants, parcourut des yeux son champ de bataille,
apporta quelques modifications verbales à sa note de
service de la veille. Il avait l'air soucieux ; il venait de
relire la série des commandements réglementaires.

Le soleil était déjà haut par-dessus le toit des bâtiments. Une brume d'été, cotonneuse et dorée, au
bout de la campagne tarbaise, flottait encore sur les
premiers contreforts des Pyrénées.

Les troupes étaient disposées sur trois côtés de la
cour d'honneur tandis que fanfare et musique se portaient de part et d'autre de la porte principale, le dos

à la longue grille contre laquelle les badauds commençaient à s'amasser.

Les hussards, debout depuis l'aube pour panser leurs chevaux, astiquer leurs aciers et courir dans les escaliers, la selle sur la tête, poursuivis par la voix des sous-officiers de peloton, prenaient leur premier temps de répit. Les chevaux raclaient le sol de leur sabot graissé.

Le mot le plus communément répété sur tous les rangs était :

« Y en a marre !… Oh ! y en a marre… »

Le bataillon de chasseurs à pied qui participait à la cérémonie venait de traverser toute la ville au pas accéléré, avec une allégresse affectée, et les hommes en bleu sombre, le corps ruisselant sous le drap d'uniforme, n'avaient pas encore repris leur souffle.

« À mon commandement !… » cria le colonel des hussards d'une voix étrange, étendue, comme s'il avait eu un écho dans le gosier.

La pendule du bâtiment central marquait dix heures moins quatre. Les yeux, sous la visière des casques, se portèrent vers la grande aiguille, et chacun éprouva une petite crispation nerveuse. Nul n'eût pu dire pourquoi, mais soudain cela devenait grave.

« Présentez vos a-a-armes ! » cria le colonel.

Les voix sèches des officiers d'infanterie claquèrent, en même temps qu'on entendait « … sa-abres » du côté des cavaliers.

Et trois secondes plus tard, il n'y avait plus qu'un grand espace carré de gravier clair et de silence, bordé de baïonnettes et de lames luisantes alignées comme des haies bien tendues. Chaque soldat, feuillage au milieu de la haie, était ému, de cette sorte d'émotion qui n'avait rien à voir avec les sentiments, l'émotion militaire. Car rester immobile, en équilibre sur un cheval remuant, avec un sabre de deux kilos devant la face et quatre rênes séparées dans la main gauche, en gardant le regard haussé vers une lucarne, constituait en soi un acte troublant. Il en était de cette position hors nature comme de certaines attitudes bouddhiques qui favorisent le détachement absolu. Celle-ci bannissait la pensée ; elle créait, chez chacun des hommes figés, un vide, une zone blanche.

Dans cette zone blanche, pouvait s'installer alors en toute majesté le mythe le plus important de l'armée, plus exigeant que la patrie, plus transcendant que le drapeau : le mythe du général.

Par une délicatesse des hussards, les fantassins avaient le soleil dans l'œil.

Le général franchit la grille et s'avança dans le grand carré de gravier blanc ; ou plutôt les généraux, car ils étaient deux. Mais le second ne comptait pas ; il avait l'air d'un chien samoyède qui marche à côté de son maître.

Le vrai général, celui qui incarnait le mythe, était grand, mince, élégant sous son képi abondamment brodé. Il marchait en lançant sa jambe raide devant lui avec un déhanchement souple et superbe qui ajoutait encore à sa dignité. Sa canne ne semblait qu'un ornement.

Il s'arrêta ; lentement, son regard fit le tour des rangées de lames scintillantes, de coudes alignés, de gorges tendues et de bons poitrails de chevaux ; lentement et tristement.

C'est lui qui avait ordonné cette cérémonie, mais la raison lui en était amère et le spectacle douloureux. De loin, avec sa cravate de commandeur au col, il paraissait impassible ; pourtant ses maxillaires saillaient et sa main se crispait sur sa canne.

« Faites reposer les armes », dit-il.

Il sentait, dans la poche de sa tunique, les trois feuilles dactylographiées dont il savait le libellé par cœur ; de temps en temps, il les tâtait à travers l'étoffe, les froissait : « *Par décret de Monsieur le Ministre de la Guerre, le général de brigade Fauvel de La Monnerie, Robert, est promu au grade de général de division, à dater du 29 juillet 1921... Par décret de Monsieur le Ministre de la Guerre, et à dater du 29 juillet 1921, le général de division Fauvel de La Monnerie est placé dans le cadre de réserve des armées de terre, etc. Par décret de Monsieur le Ministre de la Guerre, est nommé, en en remplacement du général de division Fauvel de La Monnerie, etc.* » Trois phrases qui se complétaient, qui s'engrenaient, comme les trois derniers morceaux d'un puzzle commencé quarante-cinq ans plus tôt, dans un décor à peu près semblable, lors de la présentation au drapeau, à l'École de Saint-Cyr.

Pendant ce presque demi-siècle, il avait successivement occupé tous les rangs possibles dans une prise d'armes ; à chaque promotion, à chaque changement de commandement, de garnison, de latitude, après chaque manœuvre, chaque campagne, chaque blessure et chaque décoration, le beau carré s'était reformé ; et chaque fois, il y avait pris une place nouvelle, jusqu'à la place mythique qu'il occupait aujourd'hui. Le carré finissait par n'être plus que le même personnage,

Robert de La Monnerie, à toutes les époques de son adolescence et de sa maturité, sous tous les galons et toutes les fonctions ; il se tenait plusieurs centaines de fois répété, rangé sur quatre côtés, tout autour de lui-même. Le carré était fermé. Le puzzle était fini. Il éprouva une sorte de vertige.

« Allons, je ne me sens pas bien, pensa-t-il. C'est cette chaleur. »

On avait reposé les armes un instant, comme pour remercier le général de sa mansuétude ; mais déjà les lames étaient revenues devant les figures. Le colonel cria :

« À l'étendard ! »

Les trompettes eurent un beau mouvement de bras qui fit ruisseler le soleil sur leurs cuivres, et l'adjudant Santini, flanqué de deux maréchaux des logis, arriva au petit galop, droit dans sa selle et portant à la botte la hampe surmontée d'or et de soie. L'adjudant corse s'arrêta, impeccable, à vingt pas en face du général.

Celui-ci salua, la main haut placée contre le képi ; un salut qu'imiteraient demain les petits sous-lieutenants. Et en même temps, il se disait :

« C'est bien cela ; l'étendard qui vient se placer au milieu de l'image, la soie qui flotte. » La persistance de cette comparaison enfantine avec le puzzle l'irritait en un pareil moment, et il se demanda pourquoi il pouvait bien la faire. Et puis il se rappela qu'il avait donné à son petit-neveu Jean-Noël un jeu de cette sorte ; le sujet était « La Revue ». Un beau puzzle qui coûtait cent francs. Il revoyait sur le couvercle de la boîte, en polychromie, le modèle à reconstituer.

Au pas précipité des chasseurs, le fanion du bataillon d'infanterie venait de se placer à côté de l'étendard.

« Faites reposer les armes », dit une seconde fois le général.

Il fit un pas en avant, se détachant davantage du lot d'officiers et de personnalités qui l'accompagnaient, regarda à droite et à gauche, et lança :

« Officiers, sous-officiers et soldats de la subdivision militaire des Hautes-Pyrénées ! Je suis heureux de vous présenter à votre nouveau chef… le général Crochard ! »

D'une voix lente, bien timbrée, et qui portait, il fit un éloge peu détaillé de cet « officier valeureux, issu de l'arme éprouvée de l'infanterie », en rendant hommage, au passage, à l'unité de chasseurs à pied. Il recommandait aux troupes de témoigner « à ce chef nourri des meilleurs principes du commandement » tout le respect et toute l'obéissance dont il était digne.

Puis, ayant marqué un silence, il acheva :

« Et en même temps, je dis adieu… (il toussa avec un grand naturel pour masquer son trouble) devant cet étendard des Hussards de Chamborant… l'un des plus vieux régiments de cavalerie légère, avec les Hussards Esterhazy, dans lesquels j'eus naguère l'honneur de recevoir mon premier commandement (il toussa encore : "Allons, je ne vais pas me laisser aller, pensa-t-il, finissons-en…"), je dis adieu à l'arme de toute ma vie : la cavalerie ! »

Il avait mis tout son cœur dans ses dernières paroles, mais son adieu n'émut personne que lui-même. Aux fenêtres de l'infirmerie, les malins, appuyés sur leurs coudes, et qui profitaient de la fête sans y participer, disaient en bâillant :

« Tiens, il est comme nous, le vieux, il est content de se tirer ! »

Le général Crochard s'avança à son tour. Il s'attendait à une plus longue célébration de ses mérites ; il était vexé. Et puis, cette affectation des cavaliers de désigner leurs régiments par les appellations de l'ancien régime l'agaçait. Il eût voulu abréger le panégyrique de son prédécesseur. Mais, consciencieux, il avait appris son texte par cœur et sa mémoire se refusait à en rien retrancher.

Le général de La Monnerie écoutait, l'air lointain. Comme les soldats tout à l'heure, à son entrée, c'était lui maintenant qui ne pensait plus, qui sentait se creuser la zone blanche. Il entendait l'énumération de ses propres vertus :

« … un guerrier de race… de ceux qui brodent sur nos drapeaux l'or impérissable des victoires… »

Son tour était venu dans la cérémonie d'être transcendé par le mythe du bon général, ami de ses hommes, du grand général infatigable au combat comme aux travaux de paix :

« … du général prestigieux qu'on peut proposer en exemple aux jeunes troupes appelées à servir la Patrie, et dont la subdivision gardera le souvenir avec fierté et reconnaissance. »

Pour masquer son émotion militaire, le guerrier de race inclinait parfois la tête vers la gauche, et soufflait sur sa brochette de décorations.

On lui toucha le bras ; il était temps d'aller remettre des croix.

Il s'avança, lançant sa jambe raidie. Un commandant de dragons aux fesses larges l'accompagnait, et aussi un sous-officier porteur de la boîte aux médailles.

« Gilon, qu'est-ce que je dois dire, déjà ? demanda-t-il à mi-voix au commandant de dragons. Rappelez-moi exactement…

— *"Au nom du Président de la République et en vertu des pouvoirs qui me sont conférés…"*

— Ah ! oui, c'est ça ! Et pour la médaille militaire ? demanda-t-il encore.

— *"Au nom du ministre de la Guerre…"*

— Oui, oui, ça va bien, j'y suis. Je me suis toujours embrouillé là-dedans. »

Il se murmura intérieurement : « Au nom du ministre de la Guerre… cette espèce de jean-foutre avec ses trois décrets… » Il tâta à travers sa vareuse les feuilles dactylographiées.

« Ouvrez le ban !… Fermez le ban !… »

La fanfare dans le dos, les récipiendaires alignés, le commandant Gilon à droite qui lisait les motifs de citation, le sous-officier qui lui passait les croix et les officiers déjà membres de la Légion d'honneur qui présentaient le sabre pour les nouveaux chevaliers, tout cela continuait à tourner autour de lui… les diacres autour du prélat, et les communiants, attendant le pain azyme.

Il se sentait extraordinairement absent de lui-même. Sa voix lui paraissait résonner dans un creux de l'univers où l'atmosphère se fût raréfiée.

« … Au nom du Président de la République… »

Plat de sabre sur l'épaule droite, plat de sabre sur l'épaule gauche. En piquant avec peine les pointes de métal dans la vareuse du capitaine de Padoue, il lui demanda :

« J'ai connu un Padoue qui commandait les dragons de Lorraine ?

— C'était mon oncle, mon général.

— Ah ! Eh bien, je vous félicite. »

Accolade. Roulement de tambour, sonnerie de trompettes. Changement de position dans le port des armes sur les côtés du grand carré.

« Au nom du ministre de la Guerre… »

En face du général, une bonne tête de maréchal des logis-chef. Dix-neuf ans de service sans avoir jamais pu dépasser son grade. Un qui s'en allait, pour devenir douanier sans doute. Il avait les yeux pleins de petites fibrilles rouges.

« Allons, il ne va pas se mettre à pleurer, celui-là », pensa le général.

Il serra la main du médaillé et lui dit une bonne parole.

Le colonel des hussards fit de nouveau retentir l'écho qu'il portait dans le gosier. Les troupes s'apprêtaient à défiler.

Les chasseurs à pied s'ébranlèrent d'abord, au rythme de leurs cuivres. On les eût dit reliés entre eux par une invisible latte de bois ainsi que les chaises dans les cathédrales.

Puis, avec leurs crissements de cuir et leurs mors baveux, leurs éperons, leurs mousquetons en bandoulière, leurs sabres, leurs sangles blanches, passèrent les escadrons, envoyant au général, comme statufié, une dernière bouffée de sueur de cheval, de sueur d'homme et de poussière mêlées. Et la poussière retomba derrière le serre-file.

Le général, toujours accompagné du chien samoyède, se porta à la rencontre du colonel des hussards.

« Colonel, je vous félicite pour la belle tenue de vos troupes, dit le chien samoyède.

— Monsieur, votre troupe a bien défilé, je vous en complimente », dit plus lentement le général de La Monnerie.

Il retourna vers sa voiture. Il entendit, derrière lui, du côté des écuries, crier : « Dislocation ! », et puis les grands éclats de rire des morceaux de puzzle.

IX

Il avait ôté son uniforme, rangé dans leur boîte habituelle sa cravate de commandeur et ses autres décorations. Il était en gilet de corps et en caleçon court, avec, par-dessus, lui sanglant l'abdomen, un corset de forte toile à crochets métalliques. Sa longue cicatrice à la jambe faisait une traînée rosâtre. Il continuait d'exhaler son ressentiment tout en se déhanchant parmi les bagages qui encombraient la chambre.

« D'abord, voyez-vous, mon petit, toute cette zaouïa de politiciens, c'est une bande de jean-foutre. Avant on pouvait dire : "Il leur faudrait une bonne guerre pour qu'ils comprennent." Eh bien, ils l'ont eue. Ils n'ont même pas compris. Des jean-foutre ! »

Ce discours s'adressait au commandant Gilon, le dragon aux fesses larges, qui assistait tristement à ces préparatifs de départ. Dans un coin, l'ordonnance bourrait une cantine.

« Non ! pas comme ça, Charamon, lui cria le général. Je t'ai dit vingt fois, les chaussures en dessous, bon Dieu de bois !… Et puis, je sais très bien ce qui s'est passé, reprit-il. Vous me connaissez, Gilon ! J'ai toujours eu mon franc-parler ; ce n'est pas du goût de tout le monde… Et puis, il fut un temps où avoir un nom à deux coups, comme disent ces imbéciles d'Anglais qui n'ont rien de bien que leurs chevaux, ça représentait encore un petit quelque chose. Maintenant, c'est devenu nuisible. »

Il examinait toutes les raisons, les retournait, les triturait, toutes sauf une seule, la vraie : l'âge.

« Oh ! moi, mon général, tout ça me dégoûte ! » dit le commandant Gilon.

Il avait une quarantaine épaisse, un visage coloré et avenant. Ses mollets tendaient ses guêtres de toile blanche à boutons. Une chevalière aux armes usées s'enfonçait un peu dans la chair du petit doigt.

« Je crois que je vais démissionner, continua-t-il. Avec vous, mon général, j'étais content. Ça me rappelait la guerre, quand j'étais sous vos ordres. Maintenant, où va-t-on me mettre… avec qui… faudra que j'attende trois ans, quatre ans, pour avoir ma cinquième ficelle. Si on me la donne…

— Et le Crochard, vous l'avez entendu ? dit le général. Pas un mot sur ma campagne de Madagascar, rien ! Une espèce de fruit confit d'état-major !

— C'est pour ça que, plutôt que de rester avec un poilu comme celui-là, dit le commandant en frottant du doigt sa petite moustache rugueuse, j'aime mieux plier bagage tout de suite. Je me retirerai à Montprély, je ferai valoir, j'aurai mes chevaux de chasse; je me marierai peut-être, il serait grand temps... »

Ils se donnaient ainsi la réplique, mais chacun ne suivait que son problème personnel.

« Charamon! cria le général. Viens me nouer mon lacet, veux-tu? »

Le commandant Gilon dit :

« Ah! mon général, la presse régionale a demandé une photo de vous.

— Pf!... La presse, la presse! Vous savez ce que j'en pense, des journalistes, hein? »

Le commandant se tut, attendant la décision que prendrait le général. Celui-ci dit :

« Charamon! Passe-moi la serviette, là-bas... celle en cuir noir, oui! »

Il s'assit devant sa table, souffla sur son gilet de cellular à la place habituelle de ses décorations, mit un pince-nez, alluma une cigarette. D'une enveloppe de papier cristal, il tira plusieurs photographies, les étala devant lui, les étudia avec soin.

« Pas celle-là, dit-il, j'ai l'air d'avoir du sable sur le nez... Je ne comprends pas comment ces gens-là dans leurs boîtes à malice arrivent à vous faire des gueules pareilles. Celle-là ne serait pas mal, mais... ts... j'ai dû bouger la main. Oh! donnez-la tout de même. Elle a plus d'allure; et puis c'est mon meilleur profil.

— Et pour moi personnellement, mon général, pourrais-je vous en demander une? dit le commandant Gilon.

— Mais bien sûr, mon vieux, avec plaisir. Tenez, choisissez donc. »

En travers du pantalon de son effigie, le général écrivit : « *À mon fidèle camarade de combat, le chef d'escadrons Charles Gilon, souvenir d'estime et d'amitié. Général de La Monnerie, Juillet 21.* »

« Merci, mon général ! dit Gilon raidi sur ses guêtres et le regard illuminé.

— Et vous voyez, reprit le général, comme j'ai bien fait de garder mon appartement de Paris. Je serais joli maintenant, sans savoir où aller, l'oreille fendue par cet imbécile de ministre !

— En tout cas, mon général, vous savez que Montprély vous est ouvert quand vous voulez !

— Merci, mon petit, merci… oui, j'irai sûrement vous voir… Charamon ! Viens m'aider à m'habiller. »

L'ordonnance glissa le pantalon civil sur la jambe raide.

« Ça me fait deuil, mon général, dit-il avec une voix lourde, de vous habiller pour la dernière fois. »

Il ne parlait presque jamais et ne disait que des choses vraies. Il avait une tête ronde, aux cheveux sombres et ras.

Le commandant Gilon demanda :

« Charamon, ça fait combien de temps que tu es dans l'armée ?

— Dix ans, mon commandant. Toujours ordonnance.

— C'est une vocation chez ce gaillard-là, expliqua le général. Comme il y en a qui ont la vocation d'être valet de chambre. Il a fait toute la guerre, il a trois citations, la médaille militaire pour avoir ramené son officier sur le dos, et il n'a jamais voulu être autre chose. Il paraît que je suis le couronnement de sa carrière. Avec ça, têtu comme un cochon… Tenez ! Il m'a encore foutu les chaussures au-dessus. Ah ! il est enragé !

— Si on les pose au fond, ça ne laisse pas les pantalons à plat, mon général, dit calmement l'ordonnance.

— Et il se jetterait à la flotte pour moi. N'est-ce pas, Charamon ?

— Oui, mon général.

— Et pour le commandant, tu te jetterais à la flotte ?

— Si j'étais son ordonnance, oui, mon général.

— Tiens ! Tu te soûleras à ma santé », dit le général en lui mettant un gros billet dans la main.

En attirant le commandant Gilon près de la fenêtre, il prononça, en confidence :

« C'est tout ça qui est dur à quitter, voyez-vous, mon petit ; des bougres comme ça… »

Il toucha son sabre posé à plat.

« … et puis, de remiser cette ferraille… »

Il parut rêver. « C'est Urbain qui me l'avait donné, avant mon stage à Saumur, pensait-il. Ça fait un bout de temps. J'ai chargé avec ça, j'ai tué des hommes, car au fond, c'est là, la réalité de notre métier… tuer des hommes. Et quand on n'a plus l'âge de tuer… »

« Le fourreau est comme moi, il commence à être piqué, ajouta-t-il à haute voix.

— Mais la lame est bonne, mon général ! » dit le commandant Gilon avec un fier sourire.

Le général prit cela pour une paillardise.

« Pf… Ça aussi, ça commence à se ralentir. Il ne faut plus que la fille soit trop jeune, ni qu'elle soit trop vieille.

— Eh bien, mon général, dit Gilon content de voir la conversation prendre un meilleur tour, votre train n'est qu'à trois heures ; allons faire un bon gueuleton. Permettez-moi de vous inviter.

— Ah non ! mon vieux, je suis encore votre chef, si vous voulez bien. Vous me laisserez vous offrir ce déjeuner. »

Gilon, étant beaucoup plus riche que le général, n'osa pas insister.

L'ordonnance, pendant ce temps, était occupé à repasser son grand billet, du plat de la main, sur un couvercle de cantine.

« Eh bien, qu'est-ce que tu fais, Charamon ? dit le général. Tu veux l'user ?

— Je crois bien que je le garderai, mon général », dit l'ordonnance.

Le général, penchant vers la gauche son front peu strié, souffla sur ses poussières imaginaires.

« Allons, un bon gueuleton, vous avez raison. Désormais, c'est tout ce qui me reste », dit-il.

X

Tout le sentiment de sa solitude ne le pénétra vraiment que lorsqu'il se réveilla dans son appartement de l'avenue Bosquet. Il n'avait pas eu le temps de chercher une domestique. Ce fut la concierge qui vint lui préparer son petit déjeuner et ouvrir les fenêtres. La lumière se répandit dans des pièces tristes, où la poussière s'était déposée depuis plusieurs mois. Il eut le sentiment d'arriver chez lui le lendemain de sa mort.

Il trouva ses chaussures mal cirées et alla les rebrosser lui-même. Il s'efforça d'enfiler seul son pantalon, mais ne put y parvenir sans éveiller de trop vives douleurs. Il fut contraint de demander aide à la concierge. C'était une femme qui n'avait pas encore quarante ans et ne paraissait pas très propre. Moins de trois années plus tôt, au lendemain de l'armistice, elle se fût empressée autour du héros blessé, ne l'eût pas touché sans s'être lavé les mains et recoiffée. Aujourd'hui, elle regardait d'un air méprisant, dégoûté, ce vieil homme qu'il fallait habiller. Elle spécifia bien qu'elle ne pourrait assurer longtemps le service.

Lançant sa jambe, le général parcourut l'espace auquel sa vie désormais était réduite. Poêles « Salamandre » dans les cheminées, mélange de meubles Louis XIII fatigués et de bibelots berbères ou soudanais ; la selle marocaine, brodée d'argent, s'était mitée dans l'antichambre ; la tranche des livres était grise, et les photos dédicacées de ses anciens chefs, Gallieni, Joffre, et d'autres moins illustres, avaient jauni. Il s'était réjoui hier d'avoir conservé ce local, de retrouver ses souvenirs à des places familières. Maintenant, il eût voulu être à l'hôtel, ou à l'étranger, ou n'importe où, mais ailleurs.

« Il faut que je fasse quelque chose, sinon je vais devenir fou, se dit-il. Je ne me donne pas un mois pour me foutre une balle dans la tête. Et dire qu'après ma blessure j'étais si content d'en être ressorti. Quel imbécile ! Quand on a la veine d'être dans le coma… »

Il n'avait pas fondé de foyer, n'avait pas suivi la règle commune, était sans femme ni enfants. « J'ai vécu comme un égoïste, voilà mon châtiment. Et puis, d'abord, pourquoi un châtiment ? Qu'est-ce que j'ai fait pour mériter un châtiment ? » Dans le même quart d'heure, il envisagea d'entrer dans les ordres, « pour ne plus penser à rien », puis de se lancer dans la politique, de se présenter aux élections sénatoriales pour dire un peu leur fait « à ces jean-foutre ».

Tout cela, il le savait bien, n'était que du vent. Il devait commencer par remonter sa garde-robe civile, faire donner un coup de peinture à l'appartement…

Il alla déjeuner au Cercle militaire. En cette période de l'année, fort peu de monde y venait ; ceux-là seuls qui ne savaient quoi faire d'autre, des officiers retraités, comme lui, mais qui l'avaient devancé de plusieurs années.

Ils étaient épars dans les vastes salons dorés et la bibliothèque, somnolaient après les repas, ou bien, dans une embrasure de fenêtre, s'entretenaient à trois ou quatre avec des mines de conjurés. De temps en temps, l'un d'eux se levait, allait, d'un pas traînant, prendre un illustré sur la table, et revenait s'asseoir. Ou bien une voix de canon tonnait tout à coup dans cette morgue pour demander au serveur un café noir. Mais les demi-morts ne s'éveillaient pas.

Toutefois, quand le général de La Monnerie entra, ils levèrent leurs pince-nez de dessus leurs journaux, marquèrent d'un doigt goutteux la page de leur livre, interrompirent leurs complots. Ils avaient des regards de chaisières qui voient s'avancer le nouvel « Enfant de Marie ».

Un vieillard, la face allongée par un bouc à l'impériale, avec une rosette, à son revers, large comme une pièce de quarante sous, les yeux jaunes et la main agitée d'un tremblement latéral, s'approcha.

« Alors, mon jeune camarade ? » dit-il.

Sa vraie campagne à lui, celle qui lui avait laissé les grands souvenirs, c'était la campagne d'Italie.

« J'étais justement en train de raconter à ces camarades, reprit-il en montrant les comploteurs, comment Mac-Mahon, le soir de Solférino, faillit se battre en duel à deux pas de l'Empereur avec le commandant du 3e Corps. J'avais l'honneur d'être son aide de camp depuis Magenta...

— Ah ! La Monnerie ! s'écria un obèse couperosé, aux cheveux en brosse.

— Mes respects, mon colonel », dit le général de La Monnerie.

L'obèse monta sa grosse patte jusque sur l'épaule du général. Il gonflait les joues en parlant et soufflait entre ses mots.

« Ah ! c'est bien, dit-il ; il n'a pas oublié. Voyez-vous, messieurs... ff... ce garçon qui nous a fait honneur à tous... vous me pardonnez, mon général, de vous traiter de la sorte... eh bien, c'est moi qui lui ai appris la stratégie à l'École de guerre. Et il n'a pas oublié. C'est bien... ff... c'est bien ! Et il m'appelle toujours "mon colonel".

Un maigriot à cheveux teints claqua ses talons séniles, et puis poursuivit son chemin sans avoir rien dit.

« Qui est-ce ? demanda le général de La Monnerie.

— Mais c'est Mazury, répondit l'obèse. Comment, vous ne le reconnaissez pas ?... C'est un de vos camarades de l'École, un de mes anciens élèves également...

ff… Mais, ajouta-t-il en baissant la voix, il a eu une sale histoire au Sénégal ; je vous raconterai ça.

— Mazury ! Eh bien, vrai… murmura La Monnerie. Dans quel état !

— Ah ! vous voyez, on se retrouve tous. C'est la vie… Si on faisait un bridge, mon général ? »

La Monnerie s'excusa et partit aussi vite qu'il le put. Non, il n'était pas possible de finir ainsi. Il avait la nausée de s'entendre appeler « mon général » par d'anciens chefs restés à deux grades au-dessous du sien, ou « mon jeune camarade » par des ancêtres comme l'ex-aide de camp de Mac-Mahon. Et puis, ces moustaches jaunies, ces joues cireuses ou violacées, ces crânes tachetés, ces genoux tremblants… « Non ! non ! non ! se répétait-il, je n'en suis pas encore là. Je suis jeune, moi, bon Dieu, j'ai encore quelque chose dans le ventre. »

Sans cette maudite patte raide, il aurait fait le poirier fourchu au milieu de la place Saint-Augustin, ou bien il aurait vidé le premier bistrot venu, comme lorsqu'il était lieutenant à Biskrah. Et il ne s'apercevait pas qu'il soufflait sur sa rosette à socle, tous les vingt pas.

Le courrier qu'il trouva en rentrant lui apporta son premier apaisement. On le pressentait pour faire partie du Comité d'honneur des Anciens Lauréats du Concours Général. Et puis, Noël Schoudler, lui envoyant des félicitations pour sa troisième étoile, lui parlait d'une affaire de produits pharmaceutiques dont le conseil d'administration n'était pas encore entièrement composé.

« Eh bien, voilà ; il y a tout de même des gens qui ne me considèrent pas comme complètement gâteux. »

L'éditeur d'un ouvrage de compilation sur la guerre de 14-18 lui demandait sa contribution pour les opérations auxquelles son unité avait pris part.

Huit jours plus tôt, il eût tout balayé, lauréats, éditeur et médicaments, en souhaitant qu'on le laissât tranquille. Aujourd'hui, il relisait les lettres, il réfléchissait, lentement, reprenant chaque fois la même idée, parce que cela occupait le temps. « Il faut voir, il faut voir », se disait-il.

Mme Polant arriva dans ce moment-là, mue par son instinct sûr, et devinant bien qu'une mise à la retraite était un événement aussi affligeant qu'un décès. Elle n'apparaissait que dans les circonstances où on l'appelait « ma pauvre Polant ».

Le général partageait assez, en ce qui la concernait, l'opinion de Lucien Maublanc, à savoir qu'elle était une vieille chipie. Pourtant il l'accueillit sans déplaisir.

« Eh bien, vous voyez, ma pauvre Polant, dit-il, me voilà chômeur. »

Mme Polant avait toujours son même chapeau noir, mais, pour l'été, elle avait remplacé son collet de lapin par un jabot de crêpe de Chine crème, et les sacristies continuaient à lui préserver le teint.

« Que me dites-vous, général ! se récria-t-elle ; je suis bien sûre que ce ne sont pas les occupations qui vous manquent. Je ne vous donne pas quinze jours pour que vous ne sachiez où donner de la tête.

— Oh ! Ça commence déjà, répondit-il, l'air faussement excédé, en montrant les trois feuilles sur le bureau. On me sollicite pour un tas de comités. On me demande des souvenirs de guerre… »

« — Vous voyez bien ! D'ailleurs, un homme comme vous, qui a vu tout ce qu'il a vu, devrait écrire ses mémoires. Ce serait péché que de laisser perdre tout cela. Et puis, le don du style est inné dans votre famille.

— Oui, oui, en effet, j'y songe depuis quelque temps », dit-il.

C'était bien ce qu'elle espérait. Elle expliqua qu'elle n'avait pratiquement plus rien à faire pour Mme de la Monnerie qui d'ailleurs était aux eaux. Le volume d'œuvres posthumes du poète, auquel Mme Isabelle, « je veux dire Mme Meignerais, mais je ne m'y ferai jamais… », avait travaillé avec M. Lachaume, était terminé, recopié, livré à l'éditeur.

« Mais enfin, qu'est-ce qu'il est arrivé exactement à Isabelle ? » demanda le général.

En personne de la famille, initiée à des secrets mais qui sait les garder, elle chuchota l'histoire qui retint quelques instants l'intérêt du général.

« Comme il paraît que c'est le petit Lachaume qui m'a décroché ma troisième étoile, dit-il, je ne peux tout de même pas trop lui en vouloir. Mais quand on pense que ce sont des godelureaux de cette sorte qui mènent la France… »

Mme Polant avait ses matinées prises par le père de Granvilage, le dominicain cousin des La Monnerie, qui faisait paraître un choix de ses sermons. Mais l'après-midi, elle était libre… Elle le dit trois fois dans la conversation.

« Au fond, ce serait un bon arrangement, dit le général. Vous viendriez l'après-midi, vous prendriez mon courrier, je vous dicterais mes souvenirs…

— Il n'est naturellement pas question d'argent entre nous, général. Vous savez, pour moi, tout ce qui est La Monnerie…

— Mais si, mais si, parlons-en tout de suite au contraire. La vie est dure pour tout le monde, et j'aime les choses nettes… Ah ! et puis, il faudrait aussi que vous me trouviez une cuisinière-bonne-à-tout-faire, ajouta-t-il déjà exigeant. C'est vous qui allez vous occuper de ça. Et puis de faire venir un plombier ; il y a quelque chose qui ne va pas dans la salle de bain. »

Il allait mieux. Il avait quelqu'un à qui donner des ordres. Et elle était ravie de prendre tant d'importance.

Il lui demanda soudain :

« Eh bien, et votre mari ? Qu'est-ce qu'il devient ? »

Elle changea d'air immédiatement, inclina la tête avec une gravité douloureuse.

« Il est parti, répondit-elle. Pour la quatrième fois. Il est descendu en disant : "Je vais chez le coiffeur." Il n'est pas rentré depuis six mois. »

Elle sortit un mouchoir, s'essuya le coin des yeux, et ajouta :

« Chacun porte sa croix. »

Ce fut la seule fois que le général sembla s'inquiéter de la vie personnelle de sa secrétaire. Il avait toujours été profondément égoïste ; plus que jamais il se désintéressa des problèmes d'autrui. Quand ces problèmes apparaissaient dans la conversation, il prenait un air absent ou bien soufflait sur ses poussières, ce qui faisait dire à l'interlocuteur :

« Je vous ennuie avec mes histoires. »

Il répondait « Non, non », les yeux vides ; il n'avait pas écouté.

Il se concentra sur lui-même avec ce goût de ne penser qu'à soi, cet amour exclusif de soi qu'ont la plupart des êtres humains lorsqu'ils vieillissent.

Sa vie se ralentit, se partagea entre les comités, auxquels il participait avec une immobilité altière que l'on voulait bien prendre pour de la réflexion, et les séances de travail avec Mme Polant.

Il se demandait d'ailleurs chaque jour quel travail il allait pouvoir donner à celle-ci, et c'est en quoi elle lui était indispensable.

« Ah ! disait-il. Ce matin j'ai passé en revue mes souvenirs sur l'affaire de Tananarive. Je vais vous dicter cela, Polant. »

Et puis, quand il en avait assez, il l'envoyait faire des recherches à la Bibliothèque nationale. Après, il était bien obligé de lire les notes qu'elle lui rapportait. De temps en temps, il avait l'air de lui accorder une grâce en la gardant à dîner. Cela arrivait les soirs où il s'ennuyait trop.

La domestique que Polant lui avait trouvée par les sœurs de Saint-Vincent-de-Paul ne lui plaisait pas.

Il écrivit à Charamon, son ancien ordonnance, dont le rengagement expirait en décembre, pour lui offrir de le prendre à son service. Il lui manquait auprès de lui quelqu'un qu'il pût tutoyer et traiter de « tête de cochon » avec une fausse bienveillance bourrue.

Et il s'organisa ainsi pour couler vers la mort, très lentement, sans trop y penser.

Ce fut d'ailleurs précisément à cette époque que sa prostate commença de le faire souffrir, ce qui lui

fournit une supplémentaire et considérable raison de
s'occuper de lui-même.

XI

*« ...et je dois remercier tout particulièrement
Madame Olivier Meignerais, la nièce du poète, qui a
bien voulu m'apporter dans l'accomplissement de cette
tâche l'aide constante de sa diligence éclairée.*
                              Simon Lachaume. »

Isabelle laissa son doigt dans le volume, sur cette
page liminaire, et sourit mélancoliquement.

Le jour d'automne tombait dans le bureau du ministère de la Guerre. Simon était assis le dos à la fenêtre
et elle distinguait mal ses traits.

C'était la première fois qu'elle revoyait Simon. Elle
avait fait une fausse-couche à la fin de septembre et,
sitôt remise, n'ayant plus de raison de demeurer en
Suisse, était rentrée à Paris avec son mari.

« Enfin, vous semblez l'aimer, dit Simon.

— Mais oui, j'ai infiniment d'affection et même de
tendresse pour Olivier, répondit-elle. Heureusement,
sinon, ce serait affreux. Je me retrouve sans enfant,
mariée à un très vieil homme, avec une réputation tout
de même un peu compromise... car ce mariage, n'est-
ce pas, n'a pas trompé grand monde... sans aucune
des joies ni de femme, ni de mère, et sans grand espoir
de les éprouver jamais... Et cela, au fond, un peu à
cause de vous, Simon.

« — À cause de nous deux, ma chère, dit-il. Vous y êtes de compte à demi, je crois.

— Oui, oui, bien sûr. Oh ! je ne vous en veux pas. Loin de là. Ce sont de bons souvenirs », dit-elle en reposant le volume des *Œuvres posthumes* de Jean de La Monnerie, qui venait de paraître.

Elle reconnaissait mal Simon. Il avait extraordinairement changé, en si peu de mois. Il avait pris de l'assurance et un air important. Les petits plaisirs d'orgueil qu'il récoltait quotidiennement, l'empressement qui accompagnait ses pas aux cérémonies mineures où il représentait son ministre, la considération des officiers généraux, la poignée de main des sénateurs ventrus, encourageaient Simon à cette attitude satisfaite. Il réussissait d'ailleurs très bien dans son service, et le ministre lui confiait des tâches sans cesse plus importantes. Il était dérangé à tout instant par le téléphone, par des plis qu'on lui apportait. En même temps, ses manières, sa parole s'étaient affinées. Il affectait quelque préciosité.

« Au fond, je crois que je vous aimais mieux comme vous étiez avant », déclara Isabelle avec franchise.

Il en parut vexé. Lui non plus ne la reconnaissait pas. Elle lui arrivait d'un autre monde, de ce pays d'ombres mortes que sont les amours passées. Il n'y avait même plus, pour le rattacher à elle, la perspective de l'enfant qui eût flatté sa vanité. Cela aussi était une ombre morte. Et pourtant, au dernier printemps… « Ah ! que la vie file vite », pensa-t-il. Il n'était nullement ému de la revoir, mais seulement gêné. Or, elle, elle était à la fois gênée et émue. Il lui aurait donné rendez-vous pour le lendemain qu'elle eût, sans guère de résistance, accepté. Elle n'osait s'avouer qu'elle désirait renouer.

« Au moins, avec moi, restez tel que vous étiez, dit-elle. Il faut garder dans la vie quelques êtres pour lesquels on ne change pas.

— Je croirais entendre parler ma femme, répondit Simon.

— Je vous remercie, dit Isabelle, vexée à son tour. Eh bien, elle n'a peut-être pas tellement tort.

— Vous me croyez changé parce que vous me voyez avec… d'autres sentiments.

— Et vos sentiments, Simon, est-ce que ce ne sont pas eux, plutôt…

— Je tiens le pacte que vous m'avez imposé, ma chère », répondit-il hypocritement.

« Quelle nouvelle femme est entrée dans son existence ? », se demandait Isabelle. Car ce ne pouvait être seulement une position sociale qui lui eût à ce point modifié la voix. « Je suis une idiote », pensa-t-elle en se sentant souffrir. Et elle demanda :

« Vous êtes heureux ? »

Il faillit s'écrier « très », mais par décence répondit :

« Ce mot existe-t-il ?

— Vous ne disiez pas cela, il y a quelques mois », murmura-t-elle.

A cet instant, un timbre retentit, pareil à une sonnerie d'office.

« Ah ! le ministre m'appelle », dit Simon en se levant aussitôt.

Il vit dans le regard d'Isabelle une expression de mépris. Cette belle position qui le rendait si fier, c'était en fait celle du serviteur qu'on sonne quand on en a besoin. Pauvre Simon, qu'elle avait cru poète ! Elle était humiliée pour lui de l'empressement qu'il avait mis à se lever.

Il chercha à rattraper cette mauvaise impression.

« Nous sommes assez inquiets quant au sort du cabinet, dit-il en frottant ses lunettes avec ses pouces. J'étais au Luxembourg tout à l'heure. Psychose de crise, très nettement. Mais comme dans la prochaine combinaison envisagée le patron garderait son porte-feuille... Je dois, hélas ! vous abandonner. »

Il aggravait son cas. Le serviteur était assuré de conserver sa place.

Isabelle reprit le volume qu'elle avait posé.

« Je l'emporte. C'est, en quelque sorte, notre enfant. *Œuvres posthumes*. Le titre convient double-ment. La seule chose qui reste de ce que nous aurons fait ensemble », dit-elle avec une ironie triste qui lui était nouvelle et qu'elle avait prise, déjà, de son mari Olivier.

Elle leva ses yeux sombres vers Simon.

« Nous reverrons-nous ? ajouta-t-elle, faisant une dernière tentative.

— Mais, bien sûr, nous nous reverrons souvent. »

Il la poussait vers la porte, aussi poliment que pos-sible.

XII

Devant la glace du lavabo, Olivier, en robe de chambre et une brosse dans chaque main, frottait ses cheveux blancs des deux côtés de la raie médiane. Il se couchait toujours avant sa femme et, gagnant son lit le premier, laissait libre la salle de bains qui séparait les deux chambres.

À un portemanteau spécial, comme en fabriquent les Anglais, étaient bien soigneusement suspendus son smoking d'intérieur en velours grenat, sa chemise, ses chaussettes, et, posés dans un casier à cet usage, en bas, les vieux escarpins qu'il portait chez lui ; tout cela prêt à être emporté au réveil par la femme de chambre.

De l'autre côté de la porte entrebâillée, il entendait Isabelle poser son collier sur la coiffeuse.

Encouragé par cette cloison qui les séparait, il se décida enfin à poser la question qu'il avait eue en tête durant tout le dîner.

« Alors, vous l'avez revu aujourd'hui ? demanda-t-il, forçant un peu la voix et y mettant tout le naturel qu'il put.

— Oui, je l'ai revu », répondit Isabelle de sa coiffeuse.

Il y eut un moment de silence, puis Olivier reprit :

« Je pense que cela a dû vous émouvoir.

— Oh ! non, ne croyez pas… dit-elle. Non, j'y étais un peu obligée, à cause du livre… et puis je n'ai pas de raison de lui marquer de l'hostilité… mais je vous assure… »

Il l'entendait se déplacer dans la pièce voisine, s'approcher de la porte tout en parlant.

« Vous pouvez entrer, j'ai presque fini », dit-il.

Elle poussa le battant.

« Non… Non, je vous assure Olivier, continua-t-elle, ça a été sans aucun plaisir. C'est vraiment du passé… et si vous en preniez ombrage, ce serait bien à tort… »

Machinalement, elle ôtait sa robe. Elle pensait à Simon la poussant doucement hors du bureau ; elle se rappelait la pression de la main sur son épaule, et elle en avait le cœur gros.

« Pourquoi le ferais-je ? répondit Olivier continuant de lisser ses cheveux, pour se donner contenance. Je n'en ai ni droit ni motif… Ce serait davantage vous qui pourriez m'en vouloir. Je n'ai plus de raison d'être, je m'en rends très bien compte ; involontairement, je gâche votre vie. Je vous le répète, je tâcherai de ne pas vous encombrer trop longtemps… mais que voulez-vous, c'est déplorable, en ce moment je me porte bien. »

Il se retourna. Elle était nue.

« Oh ! je vous demande pardon ! » s'écria-t-il en rougissant sur le coup.

Et il se remit bien vite nez au mur.

« Mais non, mais non, c'est de ma faute, dit-elle, riant à demi. Je parlais, je ne faisais pas attention… Oh ! et puis entre nous deux, Olivier, vraiment, ça n'a plus d'importance… »

Elle avait passé sa chemise de nuit.

« Mais il y a une chose que je ne veux plus, reprit-elle, c'est que vous redisiez une seule fois des sottises comme celles que vous venez de prononcer. Ça m'est très pénible. »

Il la regarda avec reconnaissance.

« C'est pour me faire plaisir… Alors, réellement, je ne vous pèse pas trop ? » dit-il.

Il était propre, soigné, sentait bon l'eau de toilette et le dentifrice, avait un regard doux et ce visage qui ressemblait, malgré lui, aux portraits des Orléans. Isabelle s'était bien habituée à sa présence, et il avait à tout instant des prévenances qui la touchaient.

« Je vous aime beaucoup, Olivier, vous savez ! » dit-elle.

Et parce qu'elle avait eu une grosse déception l'après-midi, elle s'approcha d'Olivier et lui mit un baiser sur la bouche.

« Ma petite Isabelle, ma petite Isabelle, dit-il le front carminé d'une heureuse confusion. C'est peut-être de la charité, mais je n'en suis plus à ces subtilités. Vous me faites un grand cadeau. »

Isabelle avait posé sa tête sur l'épaule d'Olivier. Elle trouvait bon d'avoir quelqu'un à qui s'appuyer. Il la tenait gentiment. Il sentait s'écraser, rouler, cette poitrine un peu molle contre sa propre poitrine ; ses mains glissèrent jusqu'aux hanches de ce corps plus jeune de toute une moitié d'existence.

« Oh ! je vous demande pardon, dit-il une nouvelle fois. Qu'allez-vous penser ? »

Elle le regarda de façon curieuse.

« Voyons, Olivier… fit-elle.

— C'est trop stupide… bredouilla-t-il avec un trouble comme elle ne lui en avait jamais connu. Je… je ne croyais pas que pareille chose pût encore m'arriver… Une réminiscence. »

Elle baissa la tête ; elle semblait réfléchir.

Il revint à elle, hésitant, la reprit aux épaules, lui mit un baiser dans les cheveux.

« Allons, allons, fit-elle, l'écartant d'une légère pression de main.

— Oui, je suis ridicule, vous avez raison, dit-il. Et puis ça n'est pas bien… À mon âge, c'est choquant, pour le moins. Mais c'est de votre faute aussi ! Venir vous déshabiller là… Je vous prie d'oublier ce… contact. Allez, séparons-nous. Je vous dis bonsoir. »

Avant qu'il eût franchi la porte, elle le prit par le poignet, et, les paupières vers le sol, demanda :

« Ça vous ferait plaisir, Olivier ? »

XIII

Le lendemain matin, il était tout guilleret et déjà rasé, baigné, frictionné, il vint prendre son petit déjeuner dans la chambre d'Isabelle.

« Je suis confus, je suis confus pour hier soir, disait-il sans parvenir à masquer sa fierté.

— Mais ne soyez pas confus, répondit Isabelle en riant. J'ai trouvé cela fort agréable. »

Elle aussi paraissait de très bonne humeur.

« Oh ! C'est encore de la charité que de me le dire, fit-il. Vous êtes trop bonne avec moi, Isabelle. »

Elle lui passa une biscotte toute chaude et beurrée.

« Je dirais même que vous faites cela très bien, avoua-t-elle avec l'impudeur des êtres honnêtes.

— Bah ! J'ai su naguère. On a bien voulu me faire compliment quelquefois… Mais j'espère, dit Olivier repris de rougissement, que vous n'allez pas être jalouse de mes aventures passées ?

— Oh ! ça non, je vous jure, Olivier darling ! »
répondit-elle en éclatant de rire.

Elle l'appelait ainsi pour la première fois. Et elle
sentit qu'elle avait trouvé le terme juste. C'était exactement cela : Olivier était un « darling ».

« Il y a de ces vieux arbres, dit-il, qui ne donnent
plus depuis des années, et puis tout d'un coup ont une
dernière récolte, on ne sait pas comment.

— Eh bien, je souhaite que la récolte dure le plus
longtemps possible.

— Merci, ma chère Isabelle, merci ! Ah ! Qu'allons-
nous faire aujourd'hui ? »

Il cherchait quelque chose d'inédit, d'amusant.
N'eût-on été en novembre, il se fût senti disposé à
aller canoter au Bois de Boulogne. Il décida finalement d'emmener sa femme au Jardin des plantes.

« Je vous avouerai, ma chère, dit Olivier, que je
n'y suis pas retourné depuis près de soixante ans.
Emmitouflez-vous bien. »

Le Jardin des plantes était sinistre. Pas une âme
dans les allées. Des feuilles mortes pourrissaient
en petits tas cubiques. Seuls le cèdre et les mélèzes
avaient conservé à leurs branches ces effilochements
noirâtres qu'on appelle leur verdure éternelle.

Les vieux ours, les vieux lions accroupis, frileux,
au fond des fosses, devant des déchets d'équarrissage,
les loups pelés, passant au plus près des grillages,
les singes aux fesses bleues et aux sexes pendants, le
lama, tournèrent vers le couple isolé leurs yeux tristes
de bêtes en qui la mort travaille.

Un éléphant coriace et plissé dressa sa trompe bicen-
tenaire, comme s'il allait barrir, et simplement bâilla.

« Et dire que cela nous amusait tellement quand nous étions petits ! dit Olivier. Ah ! la fin des animaux, ce n'est pas plus gai que la fin des hommes !

— Voyons, Olivier darling !

— Oh ! Je sais, je suis ingrat de dire cela. Le sort me comble... et de façon vraiment inattendue. La nièce qui récompense l'attachement témoigné à la tante. On dirait un roman de ce brave Bourget.

— Taisez-vous, dit Isabelle. Et puis d'abord je ne veux plus jamais vous entendre dire que vous êtes vieux.

— Bon. Alors, je mentirai. »

Elle lui prit le bras et, pour le distraire, le fit jouer au jeu des ressemblances. Ce furent les oiseaux qui leur en fournirent le plus. Agrippé aux barreaux de sa cage, toutes plumes blanches dressées sur l'occiput, Urbain de La Monnerie, déguisé en cacatoès, criait à s'étrangler.

Les marabouts au crâne chauve, vêtus de leurs ailes vertes qui leur tombaient aux chevilles, et leurs longs nez mornes baissés dans leurs gilets blancs, étaient autant de portraits académiques.

« Et puis moi, me voilà ! dit Olivier en montrant un demi-échassier dont les plumes se partageaient sur la nuque, et qui avait des sortes de bajoues en duvet blanc. "Grue de Paradis". Voyez-vous ça ! Ah ! ah ! je me mets bien ! »

Il avait retrouvé sa bonne humeur et décida d'aller déjeuner au Café de Paris.

Ces matinées actives ne se répétèrent guère long-temps. Bientôt Olivier commença de paresser au lit, et ce fut Isabelle qui vint prendre son petit déjeuner chez lui. Il se réveillait souvent avec la tête vague et lourde, mais n'en disait rien.

Le ménage semblait fort paisible et heureux; les amis s'en amusaient. La seule personne qui prit mal le changement de relations entre sa nièce et son vieil ami fut Mme de La Monnerie.

« Alors, vous êtes content de vous, tourtereau? disait-elle à Olivier.

— Mais très content, ma tante », répondait Olivier en souriant.

Toutefois, les soirs où il s'attardait à se brosser les cheveux dans la salle de bains, ce qui était une sorte de signal convenu, se firent plus rares. Durant certains dîners, Olivier évitait le regard d'Isabelle. Ensuite il entendait sa femme aller et venir dans sa chambre, et même parfois soupirer. Alors il restait à se peigner, sans en avoir bien envie; ou bien d'elle-même elle entrait et se mettait à se déshabiller devant lui. Puis, dans les draps, lumières éteintes, il la tenait de longs moments près de lui, dans une chasteté involontaire, et finissait par lui demander de l'aide.

« Ça va te fatiguer, darling, chuchotait-elle.

— Mais non, ça me fait plaisir. »

Au bout de peu de temps, elle n'attendit même plus qu'il le lui demandât.

Un jour, il eut un vertige en s'habillant, et resta plusieurs minutes affalé sur son lit, sans pouvoir se reconnaître et presque sans souffle. Il prétendit avoir perdu l'équilibre en enfilant son pantalon. Mais pendant une brève période, son rythme amoureux changea. Le matin, avant l'aube, il apparaissait chez sa femme, puis allait redormir jusqu'à midi, traînait le reste du jour dans l'appartement, bâillait dès le potage, et s'allait coucher aussitôt son infusion prise.

Puis il revint au rythme nocturne.

La dernière récolte était pénible. Isabelle en usait d'ailleurs avec d'autant moins de ménagement qu'elle en devinait s'approcher la fin. Elle semblait se dire : « Profitons-en. Quand il ne pourra plus, eh bien, je m'en passerai. »

Olivier gardait d'ailleurs les apparences de la bonne santé, un teint uni, et continuait à faire des reparties plaisantes. Avec une demi-bonne foi, Isabelle pensait que le plaisir, même laborieux, était sans incidence sur le reste de l'organisme. Quant à lui, il attendait maintenant comme une délivrance les moments, trop courts à son gré, où elle était indisposée.

Un jour arriva Mme Polant, qu'Isabelle n'avait pas vue depuis bien longtemps. Mme Polant venait s'enquérir de ses nouvelles, des nouvelles de M. Meignerais.

« Il va très bien, il est plus alerte que jamais, répondit Isabelle.

— Ah oui ! J'en suis bien contente. »

Elle avait l'air surprise, presque déçue. Elle avait remis pour la saison son collet de lapin.

« Eh bien, chère mademoiselle Isabelle… Oh ! je veux dire madame Meignerais, mais je ne m'y ferai jamais… eh bien, vous avez plus de chance que moi, dit-elle. Le mien, vous savez…

— Qu'est-ce qu'il y a donc, Polant ?

— Il n'est toujours pas revenu. Et je sais où il est. Et je n'ose pas demander le divorce, non seulement pour la question religieuse, mais parce que je le connais ! En ce moment, il est tenu par la chair. Mais si je demandais le divorce, il serait capable de se tuer. Car il m'aime au fond… »

Elle se tamponnait le coin des yeux, le bord des narines.

« Ma pauvre Polant, dit Isabelle.

— Heureusement, j'ai tellement à faire pour le général ; dans un sens cela me distrait. Je m'occupe de tout pour lui. Il dit toujours : "Polant, c'est mon chef d'état-major !" Nous faisons très bon ménage. Et ses souvenirs avancent, vous savez ! C'est passionnant. »

Elle s'en alla, sans qu'Isabelle ait pu saisir l'objet de cette visite.

Polant était venue simplement quelques heures trop tôt.

Au milieu de la nuit, le professeur Lartois fut réveillé par le téléphone.

« Venez tout de suite, professeur ! Olivier… mon mari… Je vous en supplie, tout de suite », criait la voix affolée d'Isabelle.

Il arriva, dans un appartement bouleversé, pour trouver Olivier Meignerais le profil enfoncé dans un oreiller sanglant, le globe oculaire révulsé. Des filets de sang pas encore caillé descendaient de ses narines et de ses lèvres. Lartois ne put que constater le décès.

Isabelle, effondrée dans un fauteuil, avec du sang dans les cheveux, et sur le cou, et sur le haut de sa chemise, était secouée d'une crise de nerfs et hurlait :

« C'est horrible ! C'est horrible !… Jamais, jamais !… Sur moi, il était sur moi ! Et ce sang, tout à coup ! Jamais !… Et il me serrait, avec une force, c'est horrible ! Il m'étouffait ! Je ne pouvais pas me dégager. J'ai dû appeler les domestiques ! C'est horrible !

« — Allons, calmez-vous, mon petit, dit Lartois durement.

— Jamais ! Jamais ! continua-t-elle. Et cette force !… Jamais ! »

Lartois l'obligea à se lever, la conduisit à la salle de bains et, d'une éponge, il essuya lui-même le sang dont elle était couverte.

« Eh bien, c'est du beau travail ! dit-il.

— C'est ma faute, hein professeur ? C'est ma faute ? Oh ! Jamais, jamais !

— Votre faute… Votre faute… enfin, c'est surtout la sienne, répondit Lartois. Au fond, il a eu une assez belle mort. Je me demande si ce n'est pas comme cela que je préférerais finir… Là, ça fait du bien l'eau fraîche, n'est-ce pas ? Où est votre pharmacie ? »

Elle eut un geste vague.

« Où est rangée la pharmacie ? » répéta-t-il en s'adressant à la femme de chambre qui suivait pas à pas, terrorisée.

Celle-ci ouvrit une petite armoire blanche accrochée au mur.

Lartois chercha parmi les flacons, trouva d'abord une boîte sans étiquette contenant de petits granules blanchâtres. Il en écrasa un entre ses doigts, le flaira, et dit en reposant la boîte :

« Oui, c'est bien sa faute. C'est idiot d'employer des saletés pareilles. »

Puis il prit un tube de soporifique, fit avaler deux comprimés à Isabelle, et par prudence mit le tube dans sa poche, après s'être assuré que la pharmacie ne contenait pas d'autre toxique.

Isabelle sanglotait, hoquetait.

« Mais qu'est-ce que je vais faire ? Mais qu'est-ce que je vais devenir ? gémissait-elle. C'est horrible.

— Vous allez d'abord vous coucher, dit Lartois. Qu'on vous donne une infusion très chaude, et puis votre femme de chambre va rester auprès de vous. Et je repasserai vous voir, demain matin.

— Et lui ? Et lui ? Pauvre darling ! Qu'est-ce qu'on va faire ? » gémit-elle.

Et se tournant vers la femme de chambre, elle dit :

« Qu'on appelle Mme Polant, pour s'occuper de tout. »

CHAPITRE IV

La famille Schoudler

I

Jean-Noël, tout nu devant l'armoire à glace, contempla son image maigrelette, où bombait la dilatation d'estomac habituelle aux enfants. C'était le matin de son anniversaire.

« On m'a menti ! hurla-t-il en tapant du pied. On m'a menti ! »

Et il se mit à trépigner.

Depuis plus d'une semaine, on lui répétait qu'il devait rester sage parce qu'il allait avoir six ans et qu'à six ans « on était un homme », et que cela ne se faisait plus de tirer la langue, ni de s'amuser à loucher, « quand on allait être un homme », et qu'il avait enfin à se conduire en « grown-up », etc.

« *What's the matter with you*[1] ? dit Miss Mabel accourant au tapage qu'il menait.

---

1. Qu'est-ce qu'il vous arrive ?

« — Je ne suis pas un homme ! J'ai six ans et je suis toujours petit. On m'a menti !

— *Say it in English*[1]...

— Non ! Je ne dirai plus rien en anglais. Je suis toujours petit. *I'm not a grown-up*[2]. Marie-Ange !... »

Des larmes de fureur lui coulaient des yeux. Il avait attendu vraiment de se réveiller aussi haut que son père ; la journée commençait par une catastrophe.

Il voulut, tel qu'il était, aller trouver sa sœur pour la prendre à témoin. Miss Mabel eut toutes les peines possibles à le convaincre de se laver et se vêtir d'abord. Il griffa la nurse, lui tira les cheveux. Elle tâchait de lui expliquer que sa sœur aussi était toujours petite :

« *And, you see, she's older than you are*[3] !

— Oui, mais elle, c'est une femme, répliqua Jean-Noël.

— *Now, there's a big surprise for you this morning... Your grand-father*[4]...

— *Which one*[5] ? » demanda Jean-Noël.

Entre l'aïeul Siegfried et Noël le géant, il ne savait jamais duquel on voulait lui parler.

« *Your great-grand-father*[6] », précisa Miss Mabel.

À neuf heures moins dix, vêtu d'un joli costume de velours, à col blanc, et d'un paletot de ratine beige, Jean-Noël fut conduit à la porte de la chambre de son

---

1. Dites-le en anglais...
2. Je ne suis pas une grande personne.
3. Et pourtant, elle est plus âgée que vous.
4. Bon. Il y a une grande surprise pour vous, ce matin... Votre grand-père...
5. Lequel ?
6. Votre arrière-grand-père.

arrière-grand-père. Le baron Siegfried parut. Il avait maintenant quatre-vingt-quatorze ans, était complètement ratatiné, cassé sur sa canne, et ses longs favoris couleur de pierre, son nez énorme, ses paupières retournées et sanglantes, le faisaient ressembler à quelque monstrueuse allégorie polychrome sortie des vestiges archéologiques d'une mythologie disparue.

« Alors... han... te voilà un homme aujourd'hui ? » dit-il en passant sa patte veineuse sur la joue rose de l'enfant.

Il prenait un souffle rauque et bruyant entre ses mots, ce qui rendait encore plus perceptible son reste d'accent autrichien.

Jean-Noël le regarda d'un air défiant ; mais comme il avait très envie d'un train mécanique, il répondit :

« Oui, bon-papa. »

Il avait compris qu'il valait mieux ne pas essayer de prouver aux vieilles personnes qu'elles avaient menti.

« Eh bien, alors, je vais... han... t'apprendre à faire le bien... Tu vas m'accompagner. »

Ils suivirent les couloirs de l'immense demeure, descendirent lentement le grand escalier de pierre recouvert d'un tapis grenat. L'enfant réglait respectueusement sa marche sur celle du vieillard qui avançait, tout courbé, à côté de lui ; et il se demandait dans quelle pièce pouvait bien avoir été installé le train. Le mot de « faire le bien » le laissait perplexe.

Dans l'antichambre, qui avait les proportions d'un vestibule de musée, le valet de pied posa une cape de loden sur les épaules du baron Siegfried.

« Tiens ? dit celui-ci en regardant la cour par une des hautes fenêtres. On transporte des bagages ? Il y a... han... quelqu'un qui part en voyage, aujourd'hui ?

— Monsieur le baron sait bien, répondit le valet de pied. C'est le baron Noël, qui s'en va en Amérique.

— Ah ! c'est juste, c'est juste », dit le vieillard.

Toujours accompagné de Jean-Noël, il s'avança sous le porche couvert et gagna la loge du portier.

« Alors, Valentin, tout est prêt ? demanda-t-il.

— Tout est prêt, monsieur le baron, répondit le portier.

— Et ils sont nombreux ?

— Oh ! comme d'habitude, monsieur le baron. »

Le portier Valentin était un gros homme rougeaud, aux oreilles décollées, et en livrée vert bouteille ; Jean-Noël s'étonna qu'il tînt contre sa hanche une corbeille d'osier blanc remplie de morceaux de pain.

« Alors ouvrez », ordonna le vieillard.

Sur le trottoir de l'avenue de Messine, tout le long du grand mur qui fermait la cour de l'hôtel Schoudler, une file de vieux gueux attendaient. Quand le vantail tourna sur ses gonds, ils se pressèrent les uns contre les autres, tassant à petits pas leurs haillons, leur crasse et leurs ulcères. Ils étaient une cinquantaine, toute la pire misère d'un quartier qui n'en compte en principe pas. Dans la lumière grise et brumeuse de février, ils parurent à Jean-Noël une foule immense. Et leur défilé commença, patient, monotone, devant le vieux sphinx aux paupières retournées.

Pour chaque gueux, le baron Siegfried tirait une pièce de quarante sous de sa poche de veston, prenait un morceau de pain que lui présentait le portier, et, maintenant de l'index la pièce sur la mie, déposait le tout dans la coupe tendue de deux paumes crasseuses.

Les gueux passaient disant : « Merci » ou « Merci… sieur le baron » ou ne disant rien du tout. Deux doigts noirâtres montaient vers une visière déchirée, vers un feutre verdi, ou faisaient contre un front taché de dartres un simulacre de salut militaire.

« Tu vois… expliquait en même temps le vieillard à Jean-Noël, il faut donner soi-même afin de ne pas… han… blesser ceux qui reçoivent. »

Des yeux chassieux, malades, vairons, collés, sanglants observaient l'enfant ; celui-ci, effrayé par la hideur des mendiants, incommodé par l'odeur infecte qu'ils exhalaient et par leurs affreux regards, avait de sa petite main saisi la cape de loden, et, les sourcils froncés, se serrait contre son aïeul.

Le vieux baron, lui, examinait chaque visage et honorait parfois d'un « bonjour » les plus anciens habitués, les assidus, ceux qui depuis plusieurs années lui fournissaient sa distraction matinale et venaient, à la porte de sa vieille richesse, exhiber toutes les infortunes qui peuvent accabler l'homme et l'avilir. Tares héréditaires, amours néfastes, condamnations de jeunesse dont on ne se relève jamais, vices, lésions physiques, paresse, et puis la malchance à laquelle on ne sait pas quel autre nom donner ; l'écoulement de cette boue humaine, que le temps poussait lentement vers l'égout commun de la mort, demeurait l'un des seuls sujets d'intérêt du baron, et lui conservait le sentiment de sa propre importance.

« Tu as de la chance, dit-il à l'enfant ; ce matin, quoi qu'en dise Valentin, je trouve qu'ils sont beaucoup. »

Jean-Noël s'agrippa plus fort au loden.

« Oh ! le nez, bon-papa… » murmura-t-il.

Une vieille, en jupe de soie noire, s'avançait, les cheveux pareils à une énorme masse d'étoupe croûteuse ; ses narines entièrement rongées, détruites jusqu'à mi-hauteur, laissaient voir des muqueuses verdâtres ; un nez de cadavre exhumé.

« Elle a été très belle, tu sais, autrefois, répondit l'aïeul. Elle vendait des fleurs. »

Et comme la vieille se penchait vers Jean-Noël avec un grand sourire sous son nez de morte :

« C'est mon arrière-petit-fils, expliqua-t-il avec fierté. Je lui apprends… han… à faire le bien. Tiens, Jean-Noël, tu vas lui donner, toi. »

Et il remit le pain et la pièce à l'enfant. Jean-Noël comprit de lui-même qu'il fallait sourire en donnant. Puis vite, il s'essuya les paumes sur sa culotte de velours.

« Qu'il est gentil, disait la vieille ; et déjà si bon ! Tu es notre bienfaiteur, baron, tu es notre bienfaiteur, que Dieu te bénisse. »

Elle était sûrement la mendiante favorite du vieillard, car il lui tendit en plus un bon de la « Société Philanthropique » qui donnait droit à aller boire une tasse de chocolat, à l'autre bout de Paris.

« Et ta fille, tu as des nouvelles ? demanda-t-il.

— Elle fait la peau, elle fait toujours la peau, c'est une bien grande tristesse », dit la vieille en s'éloignant.

Derrière s'approchait un être minuscule, aux pattes courbes, au visage réduit et enfantin.

« Il ne faut pas rire, Jean-Noël, dit l'aïeul. C'est une naine. »

Mais Jean-Noël n'avait aucune envie de rire. Il regardait derrière lui pour voir si Miss Mabel ne venait pas le chercher.

Le vieux baron croyait faire ses réflexions en confidence, mais, en vérité, chacun l'entendait ; la naine passa sans remercier.

Puis s'arrêta un homme de trente-cinq ans environ, maigre, les yeux brillants de fièvre, les bras tremblants.

« Non, pas toi, dit le baron avec colère ; tu es jeune, tu peux travailler, tu n'as pas… han… besoin de mendier à ton âge. »

Et se penchant vers Jean-Noël, il ajouta :

« Il faut faire l'aumône aux vieux seulement. »

Jean-Noël eut envie de demander qu'on donnât tout de même à l'homme maigre ; mais il avait trop peur pour parler. L'homme maigre cracha sur le trottoir et dit en s'écartant :

« Espèce de vieux salaud ! »

Ni le portier Valentin, immobile, son panier sur la hanche, ni les autres gueux, ni Jean-Noël, ni le baron lui-même, personne ne fit mine d'avoir remarqué.

Un individu étrange, un lambeau de perruque posé de travers sur une nuque fripée, avança, le chapeau à la main, et, accompagnant sa parole d'un geste de théâtre, lança :

« Je suis, monsieur le baron, un jour de plus votre obligé serviteur. »

Il variait de formule chaque matin, et devait y penser sans doute tout le long du jour.

En queue de la file venait un couple en haillons. L'homme était aveugle et marchait la face levée vers le ciel. La femme, un cabas au bras, traînait dans des savates ses jambes nues aux varices suppurantes. Ils discutaient.

« Tu lui diras merci, je te l'ordonne, disait l'homme.

— Non, je ne dirai rien, répliquait la femme. S'ils le font, c'est qu'ils ont de quoi. On devrait foutre le feu à tout, et revenir à zéro. »

Quand le baron Siegfried lui remit les deux morceaux de pain et les quatre francs, elle resta silencieuse. Alors l'homme, ses yeux aveugles toujours tournés vers les nuages gris, dit fortement :

« Merci, monsieur ! merci pour nous deux ! »

Les autres miséreux s'étaient dispersés dans l'avenue de Messine ; quelques-uns mangeaient leur pain ; la plupart avaient déjà disparu, aimantés à travers les rues par on ne sait quelle recherche, quelle espérance ou quel oubli.

« Combien étaient-ils ce matin, Valentin ? demanda le baron Siegfried.

— Cinquante-sept, monsieur le baron », répondit le portier.

Et il repoussa le vantail.

L'aïeul et l'enfant rentrèrent dans le vestibule, remontèrent l'escalier. Jean-Noël était songeur ; Siegfried se hissait de marche en marche, péniblement, avec de grandes aspirations rauques, la main nouée sur le bec d'or de sa canne. À mi-hauteur, ils croisèrent Jérémie, le vieux valet de chambre, qui descendait une valise.

« Quelqu'un part en voyage aujourd'hui ? demanda l'aïeul.

— Monsieur le baron sait bien, répondit le domestique. C'est le baron Noël.

— Ah ! oui, c'est juste... je sais... han... en Amérique. »

Tout le long du couloir, Jean-Noël continua de méditer. Il revoyait la femme au nez rongé penchée vers lui, et l'homme à la perruque, et l'aveugle à la face tournée vers le ciel ; il reconstituait tout le défilé horrible, cherchait à prolonger sa répulsion, à la ranimer.

Soudain, il tira l'aïeul par le bord du veston.

« Dites, bon-papa, on retournera faire le bien, demain ? »

Dans l'âme de Jean-Noël venait de se glisser, pour la première fois, le goût du morbide, l'attirance vers les spectacles de déchéance et les actes qui heurtent la saine nature.

II

Cette matinée d'anniversaire fut encore marquée pour Jean-Noël d'un autre événement ; ce fut la première fois qu'on l'admit à pénétrer dans le bureau, et cela en raison du départ de son grand-père pour le « Nouveau Monde ».

Ce mot frappa l'oreille de Jean-Noël lorsqu'il entra dans la pièce, et lui plut par sa sonorité ; mais il le confondit instantanément avec une autre expression entendue l'an précédent.

Le vieux baron Siegfried s'était assis sur une espèce de siège curule recouvert de velours et sans dossier ; il

usait aussi peu que possible des fauteuils dont il avait
peine à se lever seul.

Le baron Noël, le gigantesque, celui qui partait en
voyage, se tenait les reins appuyés à la lourde table à
écrire Louis XV.

Le jeune baron François, dont la trentaine maintenant dépassée commençait à s'épaissir, souleva son
enfant et lui dit :

« Bonjour, mon chéri, je te souhaite une bonne
fête… Oh ! que tu es lourd. »

Et les pieds de Jean-Noël revinrent au tapis.

« Ah ! mais c'est vrai, dit le baron Noël, c'est un
homme, aujourd'hui. Six ans, ça compte, sapristi ! Que
veux-tu que je te rapporte du Nouveau Monde ? »

L'enfant était toujours terrifié quand ce torse
énorme, obscur comme une cuirasse, et cette barbe
en pointe, et ce filet de regard noir entre les paupières
grasses, s'inclinaient au-dessus de lui.

« Je ne sais pas, grand-père, répondit-il. Ce que
vous voudrez. »

Le géant se redressa, fit un geste circulaire, et Jean-
Noël l'entendit prononcer, là-haut, à mi-chemin du
plafond :

« Quatre générations de Schoudler ! c'est beau !
c'est très beau… »

Le baron François comprit que son père pensait :
« C'est peut-être la dernière fois que nous sommes
ainsi réunis », et ses yeux se tournèrent instinctivement vers l'aïeul.

Dès cet instant, on ne s'occupa plus de Jean-Noël
qui put inspecter le bureau en paix. C'était une grande
pièce tout entière tendue de cuir vert sombre et défen-

due par de doubles portes capitonnées. De grands classeurs d'acajou massif et sculpté montaient jusqu'aux deux tiers des murs. Le reste du mobilier était lourd, riche, et disparate. Deux tableaux seulement ornaient le bureau ; le portrait du premier baron Schoudler, le banquier de Metternich, le père de Siegfried, en costume de cour du temps de Ferdinand II, et, lui faisant face, le portrait de Siegfried lui-même, peint en son bel âge par Carolus Duran, dans une simple redingote noire.

La branche autrichienne des Schoudler s'était éteinte de bonne heure, par la mort sans descendance des deux frères aînés de Siegfried. Celui-ci, bien que venu bâtir sa propre fortune en France et s'y étant fait naturaliser, avait été confirmé dans le titre nobiliaire par l'empereur François-Joseph. Siegfried avait d'ailleurs, à maintes reprises, aidé aux négociations secrètes entre Napoléon III et Vienne. Ce pourquoi beaucoup de gens croyaient les Schoudler barons du second Empire, alors qu'ils étaient barons du Saint Empire.

Les Schoudler possédaient d'autres bureaux, dans Paris. Il y avait le vieux bureau de la banque, rue des Petits-Champs, et ceux du journal fondé par Noël, et ceux des compagnies diverses. Mais c'était ici vraiment, dans la demeure bâtie juste avant 70, le temple de leur puissance, le centre, maintenant héréditaire, de leur richesse et de leur force. Et quand les mâles étaient réunis entre les murs de cuir vert, les repas pouvaient refroidir ou les visiteurs s'impatienter, nul n'osait venir les troubler.

Jean-Noël passa la main sur la porte d'un coffre-fort, à ras de la muraille, et dont la couleur se confondait presque avec celle du cuir de tenture. L'envie de tripoter les objets qu'il ne connaissait pas lui fit manier l'un des boutons, lequel, changeant d'encoche, produisit un petit déclic sec. Jean-Noël retira vite la main et se retourna. Il avait les joues chaudes, le cœur battant ct se sentait fautif. Personne heureusement n'avait entendu. L'aïeul parlait.

« Et qui va s'occuper de tout avec moi… han… pendant que tu seras absent ? disait-il au voyageur.

— François a tout en main, répondit Noël Schoudler. Il s'en sortira très bien.

— Ah ?… tu crois qu'il est assez sérieux, ce gamin ? reprit l'aïeul. Il a de l'autorité… han… ? Il est au courant ?

— Mais oui, père, sois tranquille. D'ailleurs François ne décidera rien sans t'en parler.

— Naturellement, bon-papa », dit François.

Il y avait près de dix ans que le vieux Siegfried n'exerçait plus aucune direction effective, dans les multiples affaires Schoudler. C'était Noël qui régnait sur l'ensemble. Pourtant l'aïeul demeurait en nom pour presque tout. Son rôle se bornait à signer de temps à autre une procuration ; mais il le faisait avec tant de lenteur, et après s'être fait donner tant d'explications, qu'il se figurait toujours être le maître.

Respectueuse, sa descendance, qui n'oubliait pas qu'elle devait tout au vieux chef de tribu, contribuait à l'entretenir dans cette illusion sans laquelle il eût probablement trépassé. Or, on espérait bien que le baron Siegfried deviendrait centenaire. Il avait franchi l'âge où les vieillards sont une gêne. Son anormale longévité faisait de lui un objet d'admiration et comme une gloire, une richesse supplémentaire accordée à la famille.

Et puis un trait de bon sens qui lui échappait de loin en loin, et qu'on commentait à grands hochements de tête, maintenait l'impression qu'un peu de feu brûlait encore au fond de l'idole aux paupières pourpres. Enfin, il avait ses souvenirs, extraordinaires d'être si anciens. De même qu'il y a des enfants prodiges qui jouent mal du Schumann à sept ans, il était le vieillard prodige qui ne se rappelait plus les événements de la semaine, mais à qui on faisait bredouiller qu'il avait aperçu Talleyrand.

Noël Schoudler le regardait avec émotion.

« Je ne le reverrai peut-être pas, pensait-il. Ah ! je n'aurais pas dû entreprendre ce voyage. S'il mourait en mon absence, je ne me le pardonnerais jamais. À moins que ce ne soit moi qui ne revienne pas… » Instinctivement, il se toucha la place du cœur.

Ce géant à l'autorité de potentat souffrait d'une maladie secrète, dissimulée sous une prétendue angine de poitrine, et qui était l'angoisse, en toutes ses formes, jusques et y compris la peur. Le moindre avion survolant la capitale, pendant la guerre, lui rendait les jambes molles. À soixante-six ans, il fléchissait encore à la vue du sang. Il était crispé en voiture ; presque chaque nuit, il devait dormir la lampe allumée. Il avait fini par se persuader lui-même de son affection cardiaque. Seule l'image que lui offrait son père, encore debout à près d'un siècle atteint, le rassurait. Et c'était la raison la plus certaine de la tendresse qu'il témoignait au vieillard, et des égards dont il le faisait entourer par toute la maison.

Mais aujourd'hui, sa dernière valise bouclée et ses dispositions prises pour une absence de huit semaines, son imagination, cette même imagination qui le rendait en affaires si redoutable aux autres, représentait à Noël Schoudler une catastrophe maritime dans le genre de celle du *Titanic*, ou bien son propre corps enveloppé d'un drap blanc, dans une morgue de bateau.

« Ce n'est pas encore la saison des icebergs, n'est-ce pas ? » demanda-t-il à la cantonade.

Puis, un instant après, mettant la main sur l'épaule de François, il dit :

« Ah ! au fond, c'est toi qui aurais dû faire ce voyage à ma place. L'Amérique est un pays jeune, c'eût été plus normal.

— Mais non, papa, cela vous... cela te fera beaucoup de bien, tu verras. Voilà des années que tu n'as pas bougé... »

Chez les Schoudler, les fils, parvenus à la trentaine, étaient admis à tutoyer les pères. C'était leur manière de se montrer modernes. Mais il arrivait qu'un « vous » d'enfance, parfois, leur remontât aux lèvres.

« Avec le cœur que j'ai, dit Noël, ce n'est peut-être pas très prudent. »

Jean-Noël continuait de virer dans le fond de la pièce. Il se demandait s'il n'avait pas détérioré quelque chose derrière le bouton mystérieux. Cela avait fait le même bruit que les ressorts des jouets, quand on tourne trop fort la clef.

« En tout cas, ce n'est pas inutile, reprit Noël, toujours s'adressant à François. Ils vont s'habituer un peu, au journal, à la banque, à ce que ce soit toi qui commandes. Mais ton grand-père a raison ; de la poigne, hein ! Quand on a mené des hommes et risqué sa peau pendant quatre ans, au moins que cela serve à quelque chose. »

Tout ceci n'était que paroles en l'air, en attendant l'heure de partir pour la gare. Mais dans les moments où il avait à se réconforter lui-même, Noël Schoudler aimait à rappeler la guerre brillante de François, et les trois citations que celui-ci avait rapportées, comme si le courage du fils pouvait servir pour deux. Cela aussi prouvait que les Schoudler « s'en sortaient toujours ».

« Ce qui me fait d'ailleurs penser que ta Légion d'honneur est encore en suspens, ajouta-t-il. C'est inimaginable. Je secouerai Rousseau dès mon retour... Allons, il est temps ; les femmes doivent nous attendre. »

Avec un creux d'angoisse qui s'élargissait de minute en minute dans sa large poitrine, il se pencha vers la chaise curule, frotta sa barbe noire contre les grands favoris blanchâtres.

« Au revoir, petit, dit l'aïeul. Porte-toi bien. Tu as de la chance... han... je serais volontiers parti avec toi. »

Au moment où le géant franchit la double porte capitonnée, Jean-Noël, faisant un effort de hardiesse, se précipita dans ses jambes et dit :

« Oh ! je sais bien, grand-père, ce que je voudrais que vous me rapportiez de l'autre monde : un train mécanique ! »

III

Lorsque le ministère tomba, tous les membres du cabinet d'Anatole Rousseau se firent porter sur le « testament » du ministre, qui pour une sous-préfecture, qui pour une décoration, tel militaire pour un poste diplomatique et tel civil pour la conservation du Musée des Batailles. Les dernières journées, en principe consacrées à l'expédition des affaires courantes, furent en réalité employées au règlement des affaires de chacun. Rousseau, qui avait des dévouements à conserver, signa, la veille de la passation des pouvoirs, une fournée de décrets de nomination.

Simon Lachaume ignorait ce qu'il allait faire; il n'avait pas de souhait précis à formuler, mais seulement une ambition négative, ne pas reprendre sa place dans le corps enseignant. L'idée de retrouver une classe de troisième, à Louis-le-Grand, ne lui était plus supportable. Et même la chaire qu'il eût pu briguer, grâce à sa thèse et à ses appuis, dans une Faculté de province, ne le tentait pas. Ses dix mois de cabinet, parfaitement inutiles au pays comme à lui-même, lui avaient donné le goût de l'agitation politique et l'illusion de la puissance. Il était désormais perdu pour le métier de former l'adolescence. Anatole Rousseau lui donnait raison.

« Un garçon comme vous a mieux à faire que de seriner les déclinaisons à des moutards, disait-il. Mettez-vous donc en réserve, mon petit Lachaume. Nous reviendrons bientôt. Et à ce moment-là, qu'ils le veuillent ou non, je devrais normalement être Président du Conseil. Ce sera *mon* ministère. »

Simon demeura détaché de l'Université, comme chargé d'une vague mission de recherche historique, tout en continuant de percevoir son traitement; et il prit, pour le temps de l'interrègne, le chemin du journalisme.

Il avait ses entrées à *L'Écho du Matin.* En l'absence de Noël Schoudler, Simon fit amitié avec le fils, François. Celui-ci avait de grands projets qu'il exposa à Simon.

« Je voudrais dépoussiérer cette vieille maison, déclara François Schoudler à leur troisième entrevue ; lui donner un coup de jeunesse, utiliser au maximum les moyens que nous offre notre époque. Nous sommes à peu près du même âge, vous devez me comprendre. Nous avons la photo, nous avons la vitesse de transmission des nouvelles. Un journal, aujourd'hui, doit avoir la communication immédiate, directe, avec toutes les capitales du monde, savoir tout ce qui se passe, et partout. Le public actuel veut du document, de l'information nette, concise et complète. »

Il éteignit son allumette, d'un grand geste large, et la jeta avec précision dans le cendrier. Il avait de l'assurance, de la foi et l'enthousiasme des forces fraîches. « On a beau dire, pensait Simon, naître riche, quel tremplin ! Ça fait gagner dix ans, les dix années importantes. »

« Et puis, de l'information humaine, où le lecteur sente que ce qui est arrivé le touche personnellement, continua François. Or, ici on délaie trop à mon avis, on fait des belles-lettres. Ce n'est pas humain. Le père Muller, le rédacteur en chef, est bien gentil, mais c'est un homme d'une autre époque. Au retour de mon père on va modifier tout ça. J'ai aussi une idée d'hebdomadaire qui serait une révolution dans la presse périodique… J'attends, mon cher ami, tous les articles que vous voudrez bien nous donner. Tenez ! une grande enquête sur "l'opinion 1922", ce qu'elle veut, ce qu'elle souhaite,

ce qui la dirige, ce qui la nourrit, ce qui lui manque…
Songez-y. Cela servirait beaucoup nos idées. »

Simon qui, un an plus tôt, n'eût songé à rien en
dehors d'une collaboration littéraire, approuvait ces
projets et voyait un avenir s'ouvrir à lui dans la grande
information.

« L'opinion publique, se disait-il, est un des marche-
pieds de la puissance et il ne serait pas mauvais que je
m'y fisse un nom, en attendant que *nous* revenions au
pouvoir. Une bonne corde à mon arc. »

Car, s'associant fidèlement à la fortune de son
ministre, il lui avait emprunté ce *nous* qu'il répétait
volontiers.

Un jeudi de cette période, Simon, à la demande de
Lartois, se rendit à l'Institut. Le « pauvre Daumières »,
ayant finalement tenu parole, était trépassé sans avoir
eu le temps d'être reçu sous la Coupole. Lartois s'était
aussitôt présenté à ce même fauteuil qu'il avait déjà
brigué l'année précédente. On allait procéder à l'élection, et Simon venait en attendre le résultat, pour le
communiquer aussitôt au candidat.

« Je suis confus, avait dit Lartois, de vous imposer,
mon cher Simon, cette corvée qui est la rançon à la fois
de votre jeunesse et de l'amitié que vous voulez bien
me témoigner. Mais soyez sans crainte : vous ne serez
pas comme le vizir dont on tranchait le cou quand il
apportait une mauvaise nouvelle. Je ne me présente
cette fois que par dignité, parce que j'estime qu'on me
doit ce fauteuil. Si ces messieurs n'honorent pas leurs
promesses, ce sera fini. »

À trois heures, Simon se trouvait donc dans la cour
intérieure de l'Institut, en compagnie d'une quinzaine

de journalistes, et d'une poignée de badauds, parmi lesquels Mme Polant qui ne manquait jamais cette sorte d'événements. Une bise de février, à ras de terre, glaçait les chevilles. On parlait peu dans la petite foule, et plutôt à voix basse.

Les uns après les autres, les académiciens arrivaient, poussifs ou voûtés, ou trottinant comme des rats sur les gros pavés ronds, ou bien accrochés au bras d'un serviteur qui les avait aidés à s'extraire de voiture et les portait à moitié. Quelques-uns, encore verts, avançaient avec un noble mouvement de canne. Deux ou trois, soucieux de popularité, saluèrent les journalistes avant de franchir la porte qui menait à la salle des séances.

Mme Polant, qui connaissait par leur nom tous les immortels, les désignait à Simon.

« Celui-ci, c'est François de Curel. Je trouve qu'il a vieilli depuis la dernière fois. Ah ! voilà Anatole France avec Robert de Fiers… Boylesve avait beaucoup défendu Daumières ; je ne sais pas ce qu'il va faire aujourd'hui. »

Quand parut Jérôme Barère, l'historien pansu à la barbe éployée qui était le principal soutien de la candidature Lartois, un journaliste s'approcha pour l'interviewer.

« Je ne sais rien, je ne sais rien », s'écria l'historien en agitant au-dessus de son chapeau melon des mains gonflées, aux ongles en deuil.

Et il s'engouffra dans le bâtiment.

L'attente commença, triste, dans la cour grise. Simon fit les cent pas. Il remarqua un long jeune homme pâle, de vingt-cinq ans environ, mais vêtu comme s'il en avait cinquante, et qui arpentait également les pavés. Le long jeune homme était nerveux, mordillait son gant, regardait sans cesse la pendule.

« Je crois que nous ne serons pas fixés avant une demi-heure, dit-il soudain à Simon. Vous êtes ici à quel titre, monsieur ?

— Je suis un ami du professeur Lartois, dit Simon.

— Ah ! fit le long jeune homme d'un air acide. Moi, je suis le fils du baron Pingaud. »

Et à partir de ce moment, ils ne s'adressèrent plus la parole et se regardèrent en ennemis.

Enfin, vers quatre heures moins le quart, un petit monsieur à barbiche, qui était le secrétaire de l'Institut, se montra sur la porte, et tout le monde se tassa autour de lui. D'une voix aigrelette, à peine intelligible, il donna les résultats du premier tour de scrutin. Le professeur Lartois venait en tête avec quatorze voix ; puis, très près, le baron Pingaud, avec douze voix ; le poète Arthus Blondel recueillait quatre suffrages sur les trente votants.

Simon se précipita, pour téléphoner, vers un estaminet de la rue Mazarine, suivi du fils Pingaud qui courait moins vite et dont le nez était pincé d'émotion.

Pendant ce temps, dans son cabinet de l'avenue d'Iéna, Émile Lartois, incapable de demeurer en place ou de fixer son attention, allait d'un siège à l'autre et de la bibliothèque à la table de travail.

« J'ai pris trop de café, se disait-il. Je n'aurais pas dû prendre de café aujourd'hui. Et puis Martha le fait trop fort. Je le lui ai répété vingt fois… Au fond, c'est triste de vivre seul. La cuisinière, la secrétaire ;

la secrétaire, la cuisinière ; voilà toute ma vie d'intérieur… Normalement, Pingaud devrait avoir neuf
voix et je devrais passer au premier tour. La réception
aurait lieu quand ? En se pressant un peu, cela pourrait se faire avant les vacances… Un éloge très bref
de Daumières ; vraiment, celui-là, je ne lui dois rien…
et puis comme il n'a pas eu le temps d'occuper le fauteuil, tout de suite, transition : "*cet éminent prosateur,
cet esprit délicat auquel vous m'avez fait l'honneur, Messieurs, de m'appeler à succéder eût été plus digne que
moi d'analyser l'œuvre du grand poète…*" et je passe
à La Monnerie… Voilà, en gros… "*Je le revois, Messieurs, sur ce lit où mon amitié l'assista jusqu'à la dernière minute…*" »

La sonnerie du téléphone retentit à cet instant.
Lartois se précipita, secoua d'un geste nerveux le fil
qui s'était embrouillé.

« Allô ! C'est vous, Simon ? cria-t-il. Combien ?
Quatorze ! Et Pingaud, douze !… On pense qu'il y
aura trois tours ?… Mais non, mon cher, mais non,
ce n'est pas si bon que ça !… Vous êtes bien gentil,
je sais, mais les voix de politesse qu'a eues Blondel,
sur qui vont-elles se reporter ? Mes adversaires vont
tâcher de reprendre ces voix-là ; soyez-en sûr. Et
j'ai moi-même des voix de politesse qui vont faire
défaillance, effrayées de me voir en tête. Il aurait
presque mieux valu que je vienne en seconde position,
je vous assure… Oui, c'est cela, retournez-y ! »

Il raccrocha, se passa les mains sur le front.

« Ah ! Barère avait raison, pensa-t-il. C'était très
mauvais, cette candidature Pingaud qu'on m'a jetée
dans les jambes en dernière minute. Et ils savent ce

qu'ils font, les gens de la gauche; ils choisissent un baron, c'est habile!... Je vais garder Barère avec sept, huit fidèles. Les deux ducs... Oh! les deux ducs sont mous, on ne sait jamais ce qu'ils veulent. »

Et il refit, pour la vingtième fois depuis le matin, le calcul des voix absolument sûres, des voix sûres, des voix à moitié sûres.

La cuisinière entra, lui demandant s'il fallait préparer le madère et la cerisette comme la dernière fois.

« Ah! non, surtout pas Martha! s'écria Lartois. Vous avez vu que ces préparatifs ne nous avaient pas porté bonheur.

— Oui, mais même quand Monsieur est battu, il y a beaucoup de monde qui vient, répondit la cuisinière.

— Eh bien, on verra tout à l'heure, à la dernière minute. »

Et il se remit à son calcul de probabilités. Comme le temps passait lentement! Cinq minutes seulement depuis que Simon avait téléphoné. « Allons, si c'était moi qui avais douze voix et cet idiot de Pingaud quatorze, je serais dans un bien pire état, se dit-il pour se rassurer. D'abord, quatorze, quatre et un, cinq, c'est un bon chiffre. Oui, mais douze, deux et un, trois, c'est encore meilleur. Si je fais le tour de mon tapis en quatorze fois, je suis élu. Un... deux... trois... »

Soudain, il s'aperçut dans la glace, faisant d'immenses enjambées autour de la pièce. « Je suis ridicule. »

Il s'arrêta et alla chercher dans sa chambre les Évangiles en texte grec. C'était sa lecture de chevet. Chaque nuit, avant de s'endormir, il en lisait quelques versets pour entretenir sa souplesse d'esprit, affirmait-il; et

quand il était arrivé au bout de saint Jean, c'est-à-dire
environ tous les deux ans, il recommençait.

Mais la langue grecque, cet après-midi-là, n'eut pas
d'effet calmant. Il parcourait trois lignes et puis pensait : « C'est en ce moment que cela se passe. C'est
peut-être déjà fini. Je suis peut-être déjà battu...
Ah ! ce ne sera pas drôle la vieillesse. » Il n'avait pas
même auprès de lui une maîtresse de longue date,
une durable affection féminine. « Je les ai toutes
trop trompées, voilà !... » Puis revenant à l'obsession académique, il se dit, et ses lèvres en remuèrent :
« Quand je pense que j'en ai vu au moins vingt tout
nus, et que je n'ai que quatorze voix !... » Parmi les
anatomies qu'il avait eues devant lui, les dos arron-
dis, piquetés de vieux points noirs, les gros ventres
surplombant un reste de toison blanche, il cherchait
ses traîtres.

À nouveau, le téléphone sonna.

« Allô, Lachaume ? cria Lartois. Oh ! pardon, chère
amie... Oui, j'attendais une communication... Eh
bien, justement... Pas mal, pas mal. Quatorze voix au
premier tour... Oui... Oui. »

Il s'impatientait, les mollets agités de tremblements.
Quel besoin avait cette idiote d'appeler à cet instant.
Il oubliait qu'il l'avait à demi violée en voiture, l'avant-
veille. Elle parlait interminablement.

« Oui... Eh bien, prenez un comprimé de gardénal ;
c'est cela ! excusez-moi, chère amie, on m'appelle. »

Et il raccrocha. Presque aussitôt il y eut une nouvelle sonnerie.

« Allô ! Oui !... Quoi ? Vraiment ? Combien de
voix ? Dix-neuf. Et Pingaud ? Dix. Ah ! Merci, mon

petit Simon, merci ! C'est très bien, c'est très bien…
Oui, venez tout de suite, je vous attends. »

Et Lartois se laissa choir dans un fauteuil, les tempes
en feu, le cœur battant, la vue brouillée.

« Ah ! que je suis heureux ! murmurait-il tout seul.
Que je suis heureux ! Une joie pareille, cela doit donner dix ans de plus d'existence. »

Puis, comme il avait besoin d'annoncer son
triomphe, il courut à la porte de son cabinet.

« Martha ! Martha ! cria-t-il. Préparez la cerisette et
le madère. Je suis élu ! »

— Ah ! Je suis bien contente pour Monsieur,
répondit la cuisinière ; Monsieur en avait tellement
envie ! »

Quand Simon, qui avait sauté dans un taxi, arriva,
Lartois lui dit :

« Je n'oublierai jamais, mon petit, ce que vous avez
fait pour moi. »

Et il s'obligea à reprendre son calme, car déjà
ses électeurs, ses amis, ses relations mondaines, ses
anciennes maîtresses, ses élèves commençaient à
emplir son escalier et se présentaient des compliments
plein la bouche.

Mme Polant, naturellement, sut se mêler à la première vague, trottant sur les talons de Jérôme Barère.
L'historien entra, la barbe ouverte, avec un fracas de
tremblement de terre.

« Lartois, vous êtes des nôtres ! hurla-t-il en serrant
le nouvel académicien sur sa panse. Ça a été épique,
mon cher, épique ! Je me suis battu pour vous comme
un lion, comme Turenne. Et le baron Pingouin, allez !
au pôle Nord ! »

Quelque effort que fît Lartois pour garder son attitude de bon ton et montrer qu'il accueillait avec une
modestie sereine l'honneur qui venait de lui être fait,
son visage resplendissait d'orgueil ; le bonheur lui étincelait aux yeux.

Toutes les femmes pépiantes qui envahissaient
l'appartement lui paraissaient jeunes, jolies et dési-
rables, tous les hommes spirituels, loyaux, dévoués.

Mme Eterlin, prévenue par Simon, arriva en hâte,
de Boulogne.

« Je suis heureuse, dit-elle. Vous allez faire un discours admirable sur notre Jean… Il fallait que ce fût
vous.

— Ça doit être terriblement émouvant, mon cher
maître, l'attente des résultats ? disait la jeune comtesse
Sandoval, poétesse brune, ardente et légèrement clau-
dicante.

— Moi, chère madame, le jour de mon élection, j'étais comme un fou, répondit l'historien qui
s'empiffrait de gâteaux secs. J'attrapais ma femme,
j'attrapais mes enfants, j'étais hors de moi. Ah ! c'est
quelque chose, vous savez ! »

Et chaque académicien allait de sa propre histoire.

On eût cru des lycéens échangeant leurs impressions d'examen. L'immortalité, c'était leur dernier
concours, et ils criaient « reçu ! » avec un grand retour
de flamme d'adolescence.

« Moi, en attendant, je lisais les Évangiles, en grec,
déclara Lartois, souriant.

— Extraordinaire, extraordinaire ! s'écria l'historien en soufflant devant lui une poussière de biscuit.
Vous entendez cela ? Il lisait du grec, et les Évangiles

par-dessus le marché ! Lartois, je vous le dis, est un des grands tempéraments de ce siècle. Et en fait d'hommes, je ne me trompe jamais ! »

IV

Lorsque Noël Schoudler revint d'Amérique aux premiers jours d'avril, il paraissait rajeuni, transformé. Il portait des vêtements clairs, des chapeaux de feutre souple ; ses faux cols étaient moins hauts de deux doigts. Il débordait de projets et d'enthousiasme, parlait de repartir à l'hiver pour l'Argentine, l'année suivante pour la Scandinavie. Il vit à regret ses malles monter au grenier.

« On est stupide, déclarait-il ; on se confine dans de vieux bureaux et de vieux principes, alors que le monde est plein de richesses et de possibilités nouvelles ! »

François était enchanté de retrouver son père en si bonnes dispositions.

La première semaine, Noël donna dans les immenses salons de l'avenue de Messine une réception où Paris s'écrasa. Il fit boire à ses invités des breuvages qu'il nommait « cocktails ». Au bout d'une heure, les femmes parlaient avec des voix aiguës et triomphantes, les hommes avaient des rires sonores, des gestes familiers. On ne s'entendait plus sous les hauts plafonds entortillés de stuc ; le langage se laissait aller. Jamais encore réunion parisienne, dans ce milieu, n'avait pris pareille tournure de fête foraine. Ce n'était peut-être pas « très bon genre », mais on s'amusait bien.

Le géant voyait venir tout le monde à lui, et faisait largement profiter ses hôtes de ses impressions et de ses expériences, avec une faconde d'explorateur. Il donnait aux parlementaires présents des leçons de politique extérieure, conseillait à un jeune peintre d'exposer à New York, s'apitoyait devant les industriels sur la misérable organisation de la production française. « Ils ont là-bas ce qu'ils appellent le système Taylor... » En même temps, il interrogeait chacun comme s'il eût été absent depuis deux ans.

On disait de lui :

« Il est étonnant, Schoudler. On ne croirait jamais qu'il a soixante-six ans ! C'est un roc. »

À neuf heures et demie du soir, il restait encore cinquante personnes qui semblaient avoir oublié d'aller dîner. Lorsqu'elles furent parties, Noël fit le tour du grand jardin, regarda la façade de l'hôtel, toutes les fenêtres éclairées. La nuit était douce, le printemps, aux bourgeons éclatés, donnait à l'air une saveur de gomme.

« C'est tout de même bon de retrouver son pays », affirma-t-il.

Et il embrassa sa femme qui en eut les larmes aux yeux.

« Tu m'as beaucoup trompée ? » murmura-t-elle.

Le lendemain, il se remettait au travail.

Le premier de ses collaborateurs qui lui dit : « Pour cette question, je la réglerai avec M. François », lui porta un coup. Jusque-là, c'était lui, Noël, qui conseillait : « Voyez donc cela avec M. François. » Vainement d'ailleurs, car par une vieille habitude, les dossiers, les problèmes, refluaient automatiquement vers son bureau.

Mais pendant ces deux mois, les choses avaient changé. Noël s'aperçut qu'à la banque on appelait François « le baron Schoudler, le jeune », et, qu'au journal, les membres du personnel qui avaient moins de trente-cinq ans avaient pris le pli, tout naturellement, de s'adresser à François en lui disant « patron ».

Dans la salle de rédaction, il y avait au mur une caricature de François éteignant son allumette du geste large qui lui était habituel. Noël Schoudler dit :

« Ce n'est pas très remarquable. »

Et il constata que quelques rédacteurs paraissaient mécontents de sa réflexion.

Sa situation de propriétaire d'une grande banque privée et de régent de la Banque de France interdisait à Noël Schoudler d'être en nom dans le journal autrement que comme principal commanditaire. Mais en fait, il y assumait les fonctions de directeur, y passait plusieurs heures chaque jour, s'occupait de tout. Les autres banquiers jugeaient avec quelque dédain cette manie du journalisme et la considéraient comme un violon d'Ingres un peu trop sonore. Pour Noël, le journal était sa création, sa joie, l'expression manifeste et quotidienne de sa puissance, sa machine à faire saluer les ministres.

Pendant son absence, *L'Écho du Matin* avait monté de seize mille numéros à la vente. François avait fait introduire des modifications dans la mise en page, dans la disposition des rubriques, dans la présentation de la publicité.

Fier de lui, et certain de recueillir les félicitations paternelles, il expliqua :

« J'ai voulu faire une expérience partielle. Je suis sûr qu'avec un léger effort, nous pourrions monter de plus de trente mille.

— C'est une erreur, c'est une erreur ! répondit Noël. On ne fait pas d'expérience avec un vieux journal. Tes trente mille nouveaux lecteurs risquent, dans les six mois, de nous en enlever soixante mille de notre ancienne clientèle. »

Se rendant compte, tout de même, que François avait raison, il ajouta :

« Laissons ce que tu as décidé, il ne faut pas changer tout le temps ; mais ça suffit comme cela. »

Tout le bel esprit novateur qu'il avait rapporté d'Amérique était déjà tombé. Il n'était plus question de système Taylor, et il semblait que ce fût François qui, sans avoir bougé, fût allé dans le « Nouveau Monde ».

Les amis, les subordonnés, les clients, pensant flatter Noël, le complimentaient sans arrêt sur son fils.

« Oui, oui, il est très bien, François, j'en suis très fier, répondit-il. D'ailleurs, je l'ai formé à mon école, comme mon père avait fait pour moi. Je lui ai passé les principes des Schoudler. »

Et son regard se faisait plus mince sous les paupières grasses, et on avait l'impression de s'adresser à une forteresse.

Le géant devenait plus morose de jour en jour, plus sombre, plus brutal ; il s'en apercevait et ne comprenait pas pourquoi. « Ce voyage a dû me fatiguer », pensait-il. Il avait sans cesse l'impression qu'on le respectait moins ; il se regardait dans les glaces.

Le conflit éclata au journal, et pour une raison très secondaire, pour Simon Lachaume. Le principal chroniqueur de politique étrangère étant mort, François en profita pour proposer Simon.

« D'abord, quelle nuance politique a-t-il, ton Lachaume ? demanda Noël, aussitôt mal disposé. Avec Rousseau ? Oui, bon ! Et quel âge ?... Trente-trois ans ? »

Sa main s'abattit sur le bureau. Il cria :

« Un gamin ! encore un gamin ! Si je te laisse faire, cette maison va devenir une nursery !

— Mais quel âge avait le père Bonnétang quand tu lui as donné la rubrique ? répliqua François vexé.

— Le père Bonnétang, comme tu dis, avait mon âge, c'est-à-dire, à ce moment-là... »

Noël Schoudler sentit qu'il glissait sur un mauvais terrain, car Bonnétang écrivait à *L'Écho du Matin* depuis près de trente ans. Le géant se rattrapa d'un énorme coup de gueule.

« Et puis, Bonnétang connaissait son métier ! Et puis d'abord, c'est encore moi le patron, ici, nom de Dieu ! et quand je dis non, c'est non !

— Mais naturellement, c'est toi le patron, dit François avec calme.

— Ce n'est pas si évident que cela ! cria Noël. "Monsieur François" par ci, "Monsieur François" par là... "Monsieur François" a un plan pour le journal ; "Monsieur François" a un plan pour les sucreries de Sonchelles ; "Monsieur François" voudrait faire reconstruire l'immeuble de la banque ! "Monsieur François" a un père et un grand-père qui travaillent, qui luttent, qui se battent comme des chiens depuis soixante-dix ans pour le faire ce qu'il est... »

Il perdait son contrôle. Ses paroles sortaient comme des mouchoirs noirs de la bouche d'un prestidigitateur. Il négligeait la présence du rédacteur en chef, ou plutôt il s'en servait pour nuire à son fils, dût-il en même temps se nuire à lui-même. Il devenait grossier de sentiment et de ton...

« ... et "Monsieur François" qui ne connaît rien à rien, car tu ne connais rien à rien tu comprends ! sous prétexte qu'il a été un foutriquet de petit capitaine de cavalerie, avec ses bottes payées par papa, avec sa Croix de guerre payée par papa, comme le reste...

— Ah ! ça non ! Je ne permettrai pas ! s'écria François. Ma blessure aussi tu l'as payée, peut-être ? Nous ne nous sommes pas fait démolir la peau pendant que vous foutiez tous le camp à Bordeaux pour...

— Tais-toi ! » hurla le géant.

Il avait les paupières relevées, les yeux striés de fibrilles rouges. Sa voix traversait les portes capitonnées et s'entendait jusque dans le bureau des secrétaires.

Le rédacteur en chef, fort gêné d'assister à cette scène, fit une timide intervention.

« Écoutez, patron, dit-il.

— Ah ! vous, Muller, fermez-la ! cria Noël Schoudler... Sinon je vous fais sauter aussi ! J'interdis dorénavant que mon fils donne aucun ordre dans le journal ; vous m'entendez bien ? aucun ! Il n'a plus rien à y faire. Il n'a qu'à aller s'amuser à ses régates ou à ses chasses à courre, avec l'argent que moi, que vous, Muller, que le journal tout entier lui gagne. Mais le journal n'est pas un jouet et je ne suis pas encore gâteux. Qu'on attende que je sois mort pour foutre toute mon œuvre par terre ! »

Il entendait son cœur battre avec un bruit de machinerie de bateau. Il se souvint de son angine de poitrine, s'arrêta net de crier.

« On n'aura d'ailleurs peut-être pas longtemps à attendre, dit-il d'une voix subitement sourde... Allez !... allez-vous-en ! Va-t'en, François. Va-t'en... Je te demande de t'en aller. »

Il haletait après la fureur, économisait ses mots, se comprimait le torse avec la main.

« Voilà... voilà tout le beau résultat... », ajouta-t-il.

Il s'allongea, énorme, sur le canapé de cuir, dégrafa son col, fit venir Lartois qui lui déclara, après l'avoir ausculté, qu'il avait un cœur de jeune homme et que ce n'était qu'un peu de surmenage.

V

Les fureurs de Noël Schoudler étaient toujours des charges de pachyderme qu'on a effrayé, et il ne pardonnait jamais au buisson qui avait bougé. Le lendemain matin, après une conversation d'une heure avec l'aïeul, dans le bureau aux murs de cuir vert, il fit venir François.

« Mon petit, j'ai beaucoup réfléchi depuis hier, dit-il. Je crois qu'il nous faut prendre une autre organisation de travail. »

Il était calme et quelque peu solennel.

« Si c'est pour que recommence souvent ce qui s'est passé devant Muller, dit François froidement, je préfère, papa, qu'il n'y ait pas d'organisation du tout, et entrer dans d'autres affaires que les tiennes.

— Voyons, ne nous vexons pas, ne disons pas de bêtises. D'abord, il n'y a pas *mes* affaires ; il y a les affaires Schoudler, répondit Noël englobant d'un même geste et son père et son fils. Et un baron Schoudler ne va pas aller se placer. Surtout au moment où les années, pour moi, se font de plus en plus lourdes. Quoi que prétende Lartois, je commence à être usé, je le sens. Ma colère d'hier en est une preuve. Il ne faut pas m'en vouloir. Je ne savais plus ce que je disais ; je te demande, mon petit François, d'oublier cela. »

Si injustifiées fussent-elles, Noël Schoudler n'avait pas coutume de s'excuser de ses colères. François crut réellement que son père était fatigué. Cette marque d'affaiblissement, de vieillissement, cette fissure dans le monolithe lui furent pénibles. Le géant, jouant bien sa comédie, se tenait un peu ployé dans son fauteuil, ses larges mains tendues dans un geste de paix.

« Ne parlons plus de ça, papa, ça n'a pas d'importance », dit François.

Et pour dissimuler son émotion, il prit une cigarette et éteignit l'allumette de son grand geste large.

L'aïeul, posé sur son siège curule, se taisait et regardait François de son air soupçonneux de vieux sphinx.

« Alors, François, voici, reprit Noël. Je crois qu'il faut nous partager la tâche. Comme cela il n'y aura pas de heurts entre nous. Je continuerai à m'occuper de la banque.

— Et tu vas me passer le journal? dit vivement François.

— Non », répliqua Noël, dont le regard devint dur.

François comprit que son père lui eût plus volontiers cédé une maîtresse que de lui abandonner la direction de l'*Écho*.

« En tout cas, pas tout de suite, reprit Noël plus doucement. Ce que je voudrais que tu prennes maintenant, ce sont les sucreries de Sonchelles. Tu me l'as dit toi-même, c'est une très belle affaire, mais qui a besoin d'être complètement modernisée. Je n'ai plus le ressort d'entreprendre cela. Alors nous te donnons blanc-seing. Désormais, c'est toi le patron de Sonchelles. J'ai convaincu ton grand-père qui est complètement d'accord. À la prochaine réunion du conseil, tu recevras les mêmes pouvoirs que ceux que j'ai reçus il y a... »

Il alla ouvrir un des classeurs d'acajou, sortit un gros dossier marqué « *Sucreries* », fouilla parmi les papiers, les plans d'usine, les projets de titres à dessins de l'époque Napoléon III, les coupures de journaux financiers.

« Pourquoi bon-papa me regarde-t-il de cette façon? » se demandait François en sentant l'œil pourpre constamment dirigé sur lui.

« ... il y a, tu vois, exactement vingt-neuf ans, reprit Noël. Trois ans après ta naissance. »

Cela semblait hier à Noël Schoudler. Et pourtant ces vingt-neuf années avaient fait, d'un enfant en jupes, l'homme qui se trouvait en face de lui, avec la racine de la barbe bleuissant légèrement les joues rasées, et ce geste important, agaçant, pour éteindre son allumette ; un étranger avec lequel il était forcé de compter pour la seule raison que cet étranger était de son sang.

François feuilletait le dossier, voyait apparaître la signature longue et pâlie de son grand-père, terminée d'un paraphe tortillé d'homme prudent, et l'épaisse signature de son père, au prénom bien détaché du nom, auxquelles allait s'ajouter désormais sa propre signature.

L'aïeul enfin ouvrit la bouche.

« C'est important, tu sais, les sucres ! dit-il. Celui-là... »

Et sa patte veineuse montrait le portrait du premier baron Schoudler en manteau de cour.

« ... auprès duquel !... han... nous ne monterons jamais à la cheville, me l'avait prédit, avant mille huit cent cinquante... *"Die Banken, der Zucker und die Presse..."* han... *"das ist die Zukunft*[1]*"*... Nous nous sommes toujours trouvés bien de son conseil. »

Noël referma le gros dossier et le tendit à François.

« Tiens, mon petit, emporte ça, dit-il, et commence à travailler. Blanc-seing, tu as blanc-seing.

— Merci, papa », dit François.

Les sucreries n'étaient pas son rêve, mais le fait d'avoir une activité autonome le consolait. Il s'étonnait surtout que son père lui eût consenti si spontanément et si simplement ce premier abandon.

« Il a compris qu'il vieillissait, pensa-t-il, et que c'était moi, désormais, la force de la famille... »

---

1. La banque, le sucre et la presse, c'est l'avenir.

Quand il eut laissé retomber les portes capitonnées, le géant et l'aïeul se regardèrent longuement. Ils avaient oublié le temps, qui avait duré plusieurs années, où ils se traitaient en adversaires, tout en travaillant côte à côte, rivés à la même chaîne de richesse. Ils étaient maintenant deux alliés contre l'impatience de leur descendance.

« Je l'attends au moment de l'augmentation de capital, notre François, dit Noël. Nous lui avons fait l'existence trop facile. Il a besoin d'une bonne leçon. Il vaut mieux que ce soit nous qui la lui donnions, plutôt que la vie ne s'en charge. »

VI

Mariée en 1913, un peu contre le gré des La Monnerie qui ne trouvaient pas cette union, si riche fût-elle, aussi brillante et indiscutablement aristocratique qu'ils l'eussent souhaitée... « ce sont des Juifs, mon enfant ; anoblis, convertis, c'est entendu ; mais enfin, il ne faut pas gratter très loin pour trouver le comptoir du prêteur sur gages »... Jacqueline Schoudler, enceinte presque aussitôt de Marie-Ange, puis séparée de François par la guerre, sauf pendant les rares permissions et le temps d'une convalescence, et vivant le reste de ces années-là dans les affres, Jacqueline n'avait eu de réel bonheur conjugal que depuis la fin des hostilités, c'est-à-dire en gros trois ans. Et chaque jour de ces trois ans, elle s'était félicitée de son choix, et de l'avoir imposé.

Ceux qui prétendaient qu'elle avait épousé un sac, ou bien que le fils Schoudler avait voulu donner quelque patine à l'or bancaire de son blason autrichien, faisaient également erreur. Ce mariage avait été un mariage d'amour et continuait de l'être.

Jacqueline aimait tout en François, son aspect un peu massif, son courage physique, son sens de l'honneur, ses grandes crises d'enthousiasme chaque fois qu'il entreprenait quelque chose, ses désespoirs soudains à la moindre anicroche, qui prouvaient qu'il prenait la vie à cœur; elle aimait jusqu'à quelques mauvaises manières chez lui, un laisser-aller, parfois, de geste ou de parole, où elle voyait, souriante, l'affirmation d'un tempérament entièrement masculin.

Elle regretta que François fût devenu déjà un homme d'affaires; elle était d'un milieu où la possession d'une grande fortune ne paraissait pas requérir tant de soins.

François avait reçu son pouvoir d'administrateur général des Sucreries de Sonchelles et s'était immédiatement attaqué à sa tâche. Il était sans cesse en chemin entre Paris et le Pas-de-Calais, convoquait les ingénieurs, les architectes, faisait établir les plans des nouveaux bâtiments, commandait des machines en Amérique, étudiait l'histoire de la production betteravière depuis le milieu du siècle précédent. En même temps, il mettait en branle les journalistes financiers et s'estimait très habile d'avoir fait monter les Sonchelles de plusieurs points en Bourse. Jamais les raffineries n'avaient connu un administrateur aussi entreprenant.

« Je suis en train de faire construire des douches et un terrain de football, pour le personnel, disait François

à Jacqueline. Je suis très aimé là-bas, vous savez. J'aimerais vous montrer tout ça, mon chéri. J'ai réuni l'autre
jour tous les ouvriers ; j'ai pris la parole… »

Jacqueline était habituée à ces perpétuels « Je…
J'ai dit… Je vais faire… » ; mais elle songeait que
le voyage en Écosse, projeté pour l'été, devenait
chaque jour plus incertain, et qu'elle irait sans doute
à Deauville avec les enfants, parce que ce serait plus
pratique pour François. Comme il paraissait heureux,
elle s'en consolait. Elle craignait simplement qu'il ne
se fatiguât trop. Leurs chambres étaient contiguës,
et la porte de communication restait constamment
ouverte. François se levait parfois au milieu de la nuit
pour noter une idée. Puis il chuchotait :

« Vous dormez ? »

Si Jacqueline répondait, il venait lui exposer sa dernière trouvaille. Il avait besoin de mettre sa pensée au
point en parlant.

Il allait constituer un trust vertical, acheter une usine
de papier pour ses boîtages, avoir sa propre imprimerie, sortir son hebdomadaire, se présenter à la députation, proposer un train de réformes publiques…
Dans ses dossiers de bristol bleu s'accumulaient assez
de projets pour remplir quatre existences, et il lui
arrivait de penser de lui-même : « Je suis l'un des premiers hommes de ma génération. »

À chaque initiative de son fils, touchant les sucreries, Noël Schoudler répétait :

« Blanc-seing, mon petit, tu as blanc-seing. Je te fais
confiance. »

Et il était en partie sincère. La technique industrielle
ne l'intéressait pas. Il n'aimait de livrer ses combats

que sur le terrain financier. Pourtant il souffrait ; il lui tardait de reprendre effectivement la part d'autorité dont il avait fait mine de se dessaisir.

Vint le moment de l'augmentation de capital, prévue depuis longtemps, et que les dépenses engagées par François rendaient urgente.

Noël déclara simplement qu'il ne pouvait pas souscrire, sinon pour une part infime.

François fut stupéfait.

« Mais enfin, nous n'allons pas perdre le contrôle de Sonchelles au moment où cette affaire est en plein essor ! s'écria-t-il. Le rendement va doubler.

— Alors ne faisons pas d'augmentation, dit tranquillement Noël.

— Mais c'est impossible. Les travaux sont entrepris !

— Ah ! mon ami, si tu as été imprudent, dit Noël, c'est plus grave. Une grosse affaire, tu sais, c'est aussi simple que le livre du maître d'hôtel. On ne va pas au marché avant de savoir où prendre l'argent.

— Mais j'avais toujours cru que cette augmentation était chose acquise, entendue.

— En affaires, déclara sentencieusement Noël, tu apprendras qu'il ne faut pas croire, il faut être sûr. Les traites sur l'horizon, ça ne pardonne pas. »

Et il s'obstina, buté, les paupières presque closes, invoquant la dévaluation, la crise économique, la fuite de l'argent, la confiance dont ses clients l'avaient investi ; des raisons de banquier.

François fut pris d'inquiétude. La trésorerie de Sonchelles permettait de faire face aux paiements courants, sans plus. « Je me suis mis dans une impasse », pensa François. Il commença de s'accuser tout haut. En effet, il était allé un peu vite en besogne. Mais il pensait être soutenu. Ne lui avait-on pas donné blanc-seing ?

« Raison de plus pour faire attention ! cria Noël Schoudler, avec une fureur simulée. D'ailleurs, c'est ma faute. Tu voulais être patron, je t'ai cédé ; je croyais que tu étais capable de conduire seul une grosse boîte. Tu as agi comme un gamin, comme mon dernier employé de banque n'aurait pas fait. C'est de la folie, de la folie de ma part ! »

À mesure qu'il parlait, sa colère prenait corps.

« Mais si nous perdons Sonchelles à cause de toi, hurla-t-il, tu pourras être fier. C'est une histoire à nous faire crever du même coup, ton grand-père et moi. Et je te vois joli, après ! Je ne te donne pas cinq ans pour être sur la paille... C'est encore moi, une fois de plus, qui vais être forcé de rattraper tes gaffes. Nous pouvons y aller, n'est-ce pas ? Papa est derrière, papa arrangera cela !... Eh bien, je ne sais pas comment je vais m'y prendre ! Je vais être forcé de vendre, à perte. Vendre quoi ? Nous n'avons pas de millions qui dorment pour attendre tes coups de génie. Il va falloir que je trouve un groupe pour sous-crire avec nous. Voilà tout ce que je peux faire... Ah ! c'est du beau travail ! »

François était atterré.

« Au fond, tu n'aurais pas dû me confier les sucre-ries, dit-il. Je ne suis pas fait pour l'industrie.

— La première parole sensée que tu aies pronon-cée depuis ta naissance. Allez ! je ne veux plus te voir. Fous-moi le camp ! »

234   *Les Grandes Familles*

Lorsqu'il se retrouva seul, Noël pensa : « Et si c'était vrai, si nous allions réellement perdre Sonchelles… »

Il fut persuadé du bien-fondé de ses griefs envers son fils. Heureusement, il avait prévu tout cela dès le jour où il avait décidé la séparation de leurs activités. Il se félicitait d'avoir gardé une intuition si claire.

« Je savais bien qu'il n'était pas de taille… », se dit-il.

Et il fit venir Lucien Maublanc.

VII

La baronne Schoudler, Adèle, en tailleur gris perle et voilette sur le nez, se disposait à sortir lorsqu'elle se trouva dans le vestibule face à son premier mari, Lucien Maublanc. Il y avait cinq ans qu'elle ne l'avait pas aperçu, dix ans qu'ils ne s'étaient pas adressé la parole ; leur annulation remontait maintenant à trente-cinq années. C'était un mort qui s'avançait vers elle, et de la pire espèce de morts, ceux que l'on a inhumés au fond de soi-même.

« Votre nouvel époux m'a demandé de passer le voir », dit-il en inclinant ses tempes difformes vers la main qu'elle lui tendait.

Le temps avait en partie dissous les souvenirs que la baronne Schoudler pouvait garder de ses six mois de mariage avec Maublanc ; mais un vieux squelette de haine restait, tenace, dans le linceul d'une ignoble nuit de noces.

Cette voix engorgée, pâteuse, qui sortait par le coin des dents, avec toujours une intention sardonique, lui parvenait de dessous la pierre de l'oubli volontaire ; et elle eut vraiment l'impression d'effleurer les doigts, les lèvres d'un cadavre décomposé.

« Vous avez toujours de fines chevilles, reprit-il. Êtes-vous heureuse, ma chère ?

— Très ! » répliqua-t-elle sèchement.

Et elle gagna la porte vitrée. « Pourquoi Noël l'a-t-il fait venir ici ? » se demanda-t-elle.

Et elle s'en alla, tourmentée de pressentiments funestes, comme si la face du malheur était entrée dans la maison.

Noël Schoudler attendait Maublanc dans le bureau vert. Ils se connaissaient depuis leur jeunesse et se détestaient.

Le géant, cet après-midi-là, portait encore plus beau que de coutume, avait le geste large, la parole confiante.

« Il me dégoûte, pensa Lulu. Il a six ans de plus que moi, et il ne vieillit pas, ce salaud-là. »

L'aïeul était présent, installé par extraordinaire dans un fauteuil Louis XIII à dossier de tapisserie.

« Tu te rappelles mon ami Maublanc, père ? dit à voix forte Noël.

— Oui, oui... très bien, répondit l'aïeul. Le premier mari de ta femme... han... C'était en mille huit cent cinquante... non... je veux dire en mille huit cent... han... quatre-vingt-sept. Vous voyez... j'ai bonne mémoire ! »

Noël avança un siège à son visiteur, lui offrit un café odorant et très noir, une fine champagne centenaire, un cigare moelleux bagué à La Havane. L'aïeul lapait à petits coups un verre de chartreuse jaune ; l'alcool lui faisait un peu gonfler les chairs de la face, comme une vieille éponge qui s'humecte.

Lulu se demandait ce que signifiaient ces prépara-tifs et se tenait sur ses gardes.

« Tu ne connais pas mes petits-enfants… qui sont d'ailleurs tes petits-neveux ? demanda Noël souli-gnant la parenté qui existait entre Lulu et la femme de François.

— Non, je n'ai pas ce plaisir », dit Lulu.

Noël réclama, par le téléphone intérieur, Jean-Noël et Marie-Ange. Ils arrivèrent. Noël les força d'embras-ser l'homme au vilain crâne et à la grosse cravate. Le désagrément fut aussi grand pour l'impuissant que pour les enfants.

« Bonjour, bonjour, disait Lulu. Ils sont gentils, oui, bien gentils. Et qu'est-ce que tu veux être quand tu seras grand ? demanda-t-il à Jean-Noël.

— Un conducteur d'automobiles, répondit sérieu-sement le petit garçon.

— Ce sera un Schoudler, voilà ce que ce sera », dit le géant en lui tapotant la nuque.

Soudain Marie-Ange fit un petit signe à son frère et tous deux, plutôt prêts à la frayeur qu'au rire, obser-vèrent l'aïeul. Le vieux Siegfried finissait sa chartreuse, et comme il avait le nez énorme et que le petit verre gravé d'or était fort étroit, il ne pouvait pas parvenir à se verser la fin de la liqueur dans le gosier ; il sortait, pour lécher ce qui restait au fond, une langue violette, recourbée, épaisse, qui se mouvait lentement dans le cône transparent et l'obstruait, comme une espèce de sangsue bien pleine de sang et prête à crever.

Quand Noël jugea avoir suffisamment ulcéré Lulu avec l'étalage de sa descendance, lorsqu'il le sentit aussi mal disposé que possible, il renvoya les enfants.

« Je voulais te parler des sucreries de Sonchelles », dit-il.

« Ah ! nous y voilà, pensa Lulu. Attention à nous ! Où va être le piège ? »

« C'est ton fils qui est administrateur, maintenant », dit-il.

Noël se mit à vanter les mérites de François, « garçon remarquable plein d'activité, de conceptions modernes ». François était en train de transformer l'affaire, il avait entrepris des travaux énormes, le rendement allait doubler.

« Oui, c'est très bien, disait Lulu, le cigare coincé dans les dents.

— Tu as un paquet de Sonchelles, je crois, dit Noël, et tes neveux de la banque Leroy également ? »

« Qu'est-ce qu'il veut ? Les chiffres ? Il les a, se dit Lulu en buvant une gorgée pour se donner le temps de réfléchir. Il prépare une combinaison et il voudrait que je lui cède mes actions. Rien à faire. Ça l'empoisonne trop que je les aie. »

« Oui, nous en avons un peu, répondit-il en reposant son verre.

— Nous devons procéder incessamment à une augmentation de capital, annonça Noël.

— Oui… bien… »

Comme chaque fois qu'il pressentait qu'on voulait obtenir quelque chose de lui, Lulu ne répondait que par monosyllabes, laissait venir l'interlocuteur, jouait le monsieur qui ne comprenait pas, et prenait son plaisir, qu'il s'agît des dix louis d'une fille aussi bien que des combinaisons d'un financier, à observer la gêne qu'ont toujours les gens en exprimant une requête.

En fait, aujourd'hui, il n'arrivait pas à débrouiller la manœuvre ni l'objet. Pour essayer de percer la pensée de Noël, il demanda :

« Ça se passe comment, au juste, une augmentation de capital ? »

« Ah ! tu veux faire l'âne, mon bonhomme ? se dit Noël Schoudler. Eh bien, on va te donner du foin ! » Et feignant d'entrer dans le jeu il exposa le mécanisme de l'opération que Lulu connaissait parfaitement.

Le capital nominal de Sonchelles, tel qu'il avait été constitué à la création de la société, en 1857, était de cinquante millions, chiffre jugé énorme à l'époque, et réparti en cinq cent mille actions de cent francs.

« Sonchelles cote aujourd'hui... tu as sûrement vu le cours d'ouverture ? dit Noël.

— Non, je ne l'ai pas vu, répondit Lulu.

— Deux mille vingt-cinq, reprit Noël. Prenons deux mille pour simplifier. L'affaire vaut donc aujourd'hui, en gros, un milliard. Nous décidons de porter le capital nominal de cinquante à soixante-quinze millions, en offrant une nouvelle action à tout porteur de deux actions anciennes. »

Le taux de souscription de cette nouvelle action étant fixé à cinq cents francs, c'était en réalité non pas vingt-cinq, mais cent vingt-cinq millions qui allaient entrer dans les caisses de la société.

« Si tu as toi-même en portefeuille... je prends un chiffre au hasard... deux mille Sonchelles... » continua Noël.

« Douze mille, et tu le sais très bien », pensa Lulu qui avait déjà fait son calcul et savait que la souscription correspondant à ses parts représentait une somme d'à peu près trois millions.

« … on t'en offre à souscrire mille. Or, chaque nouvelle action, que tu vas payer cinq cents francs, vaut théoriquement, le jour de l'émission, le prix moyen des trois actions ; les deux anciennes à deux mille, soit quatre mille, plus la nouvelle à cinq cents, quatre mille cinq divisé par trois, quinze cents francs. Tu m'as suivi ?

— Oui… très bien. »

Mais Lulu ne voyait toujours pas où l'autre voulait en venir. Jusqu'au moment où le géant laissa comprendre, avec des détours et des réticences, qu'il était en difficulté pour souscrire lui-même.

Sur le premier instant, Lulu Maublanc n'y crut pas. Schoudler, décidant une augmentation de capital, sans avoir de quoi y faire face ? Ce n'était pas vrai. Et puis, le géant commença à fournir les mêmes raisons qu'il avait données à François, mais sur un autre ton. Et Lulu entendit monter en lui une musique qu'il reconnut pour être un motif de la « valse hongroise ». Le motif revenait, recommençait, de plus en plus fort, de plus en plus haut ; un chant de triomphe. Ce fut tout juste s'il ne se mit pas à fredonner pendant que Noël parlait.

Il y avait un tiers de siècle que Lulu espérait, guettait ce moment-là, un tiers de siècle qu'il répétait que « ces bandits de Schoudler, ces salauds de Schoudler » marchaient trop fort, qu'ils se lançaient toujours dans des opérations hasardeuses, et que leur train de mai-

son, leurs réceptions, les ruineraient, et qu'ils fini-
raient « par se casser la gueule », et que ce jour-là, lui,
Lucien Maublanc, serait présent pour les attendre.
Maintes fois, pendant les trente ans passés, Lulu, qui
jouait à la Bourse, avec d'énormes moyens, avait tenté
de faire des crocs-en-jambe à Schoudler. Au moment
de l'affolement de Panama, il avait bien cru y réussir.
Et chaque fois, il devait en convenir, il y avait, selon sa
propre expression, « laissé des plumes ».

L'heure de la revanche semblait arrivée. Si Noël en
était amené à avouer ce qu'il avouait en ce moment,
il fallait que la situation fût quatre fois plus grave.
Alors tout s'expliquait, ce verbe faussement assuré,
l'attendrissement sur les petits-enfants que l'on avait
fait participer à la comédie, pour rappeler à Lulu qu'il
appartenait vaguement à la famille, et la fine 1811,
et la présence de l'ancêtre, dont c'était l'heure de la
sieste et qui dormait, momifié, dans son fauteuil.

Noël, surveillant la montée de la joie sur le visage
de Maublanc, expliquait qu'il tenait évidemment à ce
que ce fût un groupe ami qui souscrivît à sa place,
pour une part à définir.

« L'imbécile, qui vient se coller dans la gueule du
loup, se disait Lulu. Ou bien, c'est qu'ils n'ont déjà
plus de recours ailleurs. C'est ça. Le fils a fait des
bêtises ; ils ont tous fait des bêtises. Sonchelles est en
déconfiture et eux réduits *a quia*. »

« Enfin, est-ce que toi, par exemple, tu serais prêt à
prendre une portion ? finit par demander Noël.

— Combien en laisserais-tu ? » dit Lulu.

Il avait besoin de cette précision pour étayer sa certitude. Comme dans beaucoup de vieilles affaires aux

titres très diffusés, le contrôle appartenait aux pos-
sesseurs d'une fraction assez faible du capital total,
treize pour cent en l'occurrence. Si les Schoudler
étaient ramenés au-dessous de douze pour cent, ils
perdraient vraisemblablement le contrôle des sucreries ; et cela tournait autour d'un chiffre de dix mille
actions. Noël répondit :

« Quatorze mille. »

Lulu regarda la pointe de ses souliers pour dissimuler son plaisir. Et il laissa une bonne minute s'écouler.
Il n'en avait pas espéré tant.

« Tu m'aurais proposé cela voici deux mois, c'eût
été facile, dit-il en se redressant. Mais les cailloux
viennent de faire un sérieux plouf ; j'en suis pour très
cher... »

C'était le mensonge grossier, visible. Les diamants,
du fait de l'inflation, étaient au contraire en hausse.

« Et tes neveux de la banque Leroy ? dit encore
Noël.

— Il faudrait que tu leur demandes. »

Lorsque Lulu fut parti, Noël se frotta les mains. « Si
tout se passe comme je le prévois, c'est un des plus
beaux coups de ma carrière, se dit-il. Cette affaire-là
va lui coûter des millions. Et si les Leroy commettent
la bêtise de s'en mêler... »

Il se reversa un peu de fine 1811, fit claquer sa
langue. À ce petit bruit, l'aïeul se réveilla et ouvrit ses
paupières pourpres.

« Ça s'est passé comme tu voulais ? demanda-t-il.

— Exactement », répondit Noël.

« Quand je raconterai cela dans quelques semaines
à François, pensait-il, quelle leçon ! Il comprendra,

j'espère, que la vie c'est autre chose que d'installer des douches pour les ouvriers. »

Pendant ce temps, Lulu Maublanc descendait l'avenue de Messine, sifflotait faux la valse hongroise, et faisait tournoyer sa canne à pommeau d'or.

VIII

Ses cheveux gris bien plaqués, le menton haut, la voix dans le masque, l'académicien Émile Lartois lisait son discours de réception. Sur le drap noir qui lui moulait le torse, les larges broderies luisaient de leur vert tout neuf barré des décorations alignées. Du coude gauche, Lartois touchait le pommeau de son épée.

Assis de part et d'autre du récipiendaire, sur les banquettes mal rembourrées, se tenaient ses parrains, l'historien Barère et le maréchal Joffre.

Quoiqu'il fît dehors une grande clarté de fin juin, il régnait sous la Coupole une lumière de chapelle. Un long rayon de soleil, tombant comme une épée d'archange des hauteurs poussiéreuses, touchait la robe d'un prélat ou la nudité chauve d'un crâne somnolent.

L'affluence était honorable, sans toutefois atteindre à la presse, à l'étouffement des grands jours. D'abord, la saison était un peu avancée. Et puis il y a, à l'intérieur même de la gloire, autant de degrés que de l'obscurité au succès. Simplement, on est moins nombreux sur les marches.

Le public parisien n'attendait pas qu'il jaillît des bouquets d'étincelles du discours d'Émile Lartois, non plus que de la réponse du doux Albert Moyau.

Passé un certain âge, les gens de grande réputation sont obligés de répondre à l'opinion qu'on se fait d'eux, le pamphlétaire par un pamphlet, et l'homme courtois par une courtoisie ; il n'est jusqu'à la fantaisie qui ne devienne servitude au fantaisiste, quand il vieillit.

C'est pourquoi Émile Lartois, justifiant son personnage à la fois scientifique et mondain, distillait de sa voix quelque peu suffisante des phrases bien faites, émaillées de loin en loin d'une expression empruntée au langage médical, et dont il s'empressait de s'excuser. Et l'assistance, satisfaite, gloussait poliment.

Jérôme Barère, la barbe aussi emmêlée que de coutume, son habit brodé couvert de taches, se curait tranquillement avec le pouce droit les ongles de la main gauche.

Au premier rang d'une tribune où chacun le pouvait voir, un jeune homme à grosse tête, vêtu d'une jaquette, semblait aussi content d'être à cette place que le nouvel académicien à la sienne. C'était Simon Lachaume, qui représentait son ministre retenu devant la Commission de la Chambre. Car, bien que le ministère n'eût pas été renversé depuis le début de l'année, un remaniement, dû à quelques démissions provoquées, avait permis à Anatole Rousseau de recevoir son neuvième portefeuille, celui, pour la quatrième fois, de l'Instruction publique. Simon, ayant perçu le prix de sa fidélité, se trouvait maintenant chef-adjoint du cabinet ; il était devenu un personnage très officiel, avait remplacé ses lunettes de métal par des lunettes à monture d'écaille. On commençait à parler de lui dans Paris.

Les dames formaient la majorité du public que truffaient des candidats battus à deux et parfois trois reprises, mais qui ne se décourageaient point, et, à force de défaites, finissaient par se sentir un peu de la maison. On remarquait aussi des écrivains qui paraissaient jeunes de n'avoir pas plus d'un demi-siècle d'âge, les mêmes hommes qui juraient, dix ans auparavant, de ne jamais briguer cette inutile, cette désuète institution, et qui venaient maintenant humer l'atmosphère poussiéreuse de l'immortalité, flairer les obstacles et les chances.

Ces candidats futurs ou persévérants étudiaient avec soin les visages des académiciens présents, et cherchaient à deviner quels sièges, à brève échéance, allaient se libérer.

« Ce pauvre Loti a une mine affreuse, vous ne trouvez pas ? » chuchotait à sa voisine un romancier, avec un apitoiement heureux.

Cependant, les trente et quelques illustres, tout en écoutant le discours de leur nouveau collègue, apercevant en face d'eux ces visages de cadets, pensaient : « Tiens, tiens, ils y viennent, les gamins. On leur montrera que ce n'est pas si commode que ça. » Car avant de céder la place, ces vieillards voulaient profiter de leur plaisir favori qui était de voir le peloton de la génération suivante, les tempes déjà grisonnantes, se ranger en ligne et courir vers l'Académie, à travers Paris, comme des chevaux de steeple sur un hippodrome.

Assise en compagnie de sa fille, la jeune baronne Schoudler, et de sa nièce Isabelle sur les mauvais bancs de bois réservés aux familles, tout en bas, au milieu de la petite arène, et qu'occupaient aussi la veuve

Daumières et les intimes du récipiendaire, Mme de La Monnerie avait un air réprobateur et mécontent parce que Lartois, à son avis, parlait trop bas et qu'on ne pouvait pas saisir la moitié de son discours.

« *Or, cet homme comblé par l'existence,* lisait-il, *cet époux, ce père, ce frère, cet ami heureux, cet écrivain environné d'admirations, chargé chaque année d'honneurs nouveaux, fut, malgré tout, un poète triste parce que triste lui apparaissait la vie en son essence. La fuite du temps est à Jean de La Monnerie un sujet permanent de mélancolie; la croissance et surtout la décroissance de l'être sont pour lui le perpétuel mystère. La jeunesse et la joie sont décevantes qui ne sont qu'éphémères, et Dieu n'a donné que des biens mineurs à sa créature puisqu'il ne lui a pas donné, ou qu'il lui a ôté, l'éternité pour en jouir.*

« *Pour votre illustre confrère, comme pour Alphonse de Lamartine, auquel son œuvre l'apparente à plus d'un titre — un ouvrage de pénétrante critique ne nous présentait-il pas récemment Jean de La Monnerie comme la quatrième génération du romantisme?...* »

Simon Lachaume se sentit rougir de plaisir car c'était à sa thèse qu'il venait d'être fait allusion; Lartois lui rendait la monnaie de l'article nécrologique. Isabelle leva le front vers Simon, qui ne la vit pas.

« *... pour votre illustre confrère aussi l'homme est un ange déchu. Mais la déchéance, à ses yeux, n'est point seulement originelle et spécifique; elle est également quotidienne. Avec quelle amertume et quelle précise acuité le poète en suit les étapes dans l'affaissement visible des tissus corporels comme dans l'invisible dégradation des sentiments et comme dans l'amenuisement* *de l'espérance ! Pendant cinquante années Jean de La Monnerie a regardé en lui l'homme vieillir. »*

Lartois tourna son feuillet sans se hâter, et toussota.

« *Mais la hantise de la vieillesse, ou, si je puis dire, sa psychose,* lança-t-il d'une voix plus claire, *est encore un bonheur pour ceux qui la subissent, car elle leur masque la hantise de la mort qui accable les autres.* »

Lartois prit un temps, attendant des murmures approbateurs et quelques « très bien... très bien » pour saluer ce trait qu'il jugeait de fine psychologie.

La salle ne répondit que par un silence terrible. Non point d'indifférence, mais de réprobation. Un silence sans une toux, sans un froissement d'étoffe ; un silence où chacun pouvait entendre son cœur battre. Lartois se sentit le point de convergence de nombreux regards durs ; même son parrain, l'historien aux ongles sales, avait levé vers lui un œil sévère.

Pourtant, lors de la lecture préalable devant la commission, sa phrase avait passé inaperçue. Mais là, prononcée de façon à produire un effet sur cette large assistance, elle venait de tinter de manière imprévisible et dépassait singulièrement le but.

Ah ! Lartois eût-il parlé de stoïcisme, d'impavidité, de noble équanimité devant l'inéluctable fin, une fois la tâche accomplie, c'eût été bien différent !

Il est des choses qu'on ne dit pas, ou en tout cas qu'on ne nomme pas par leur nom ; et mettre l'accent sur la peur de la mort, au sein d'une assemblée de vieillards voûtés, effondrés, semblait une provocation, une incongruité de carabin aussi déplacée qu'une obscénité.

Ils le savaient assez, qu'ils avaient peur ! L'essayiste soi-disant voltairien qui ne s'endormait jamais sans avoir récité ses prières d'enfance, et le philosophe, au col poudré de pellicules, qui prenait sa température tous les soirs, et Maurice Barrès, qui se promenait en caleçon long des heures entières, pour chasser l'angoisse nocturne, et tel dramaturge, qui tâtait sans cesse, dans ses poches, ses flacons de pharmacie, bien sûr, ils la connaissaient, la psychose, la hantise ! Et leur hâte à tous pour fermer une fenêtre dès qu'il y avait menace de courant d'air, et leur crainte, lorsqu'ils se promenaient, de rencontrer des soutanes, des pies ou des corbillards vides, et leur envie de pleurer soudain, devant le jardin des Tuileries, devant un enfant jouant au cerceau, devant une péniche descendant la Seine, devant une fourmi traînant sa brindille, devant n'importe quoi, cet étranglement lorsqu'ils pensaient : « Bientôt je ne verrai plus tout ça ! », pourquoi le leur rappeler ? Et pourquoi juste en cet instant, l'un des rares instants où ils parvenaient à oublier ? Car le roulement de tambour qui avait salué leur entrée, la déférence, l'envie dont ils se sentaient entourés, le fait de se trouver, en ce lieu de perpétuation, parmi les quarante illustrations du peuple qu'ils croyaient encore le premier et le plus intelligent du monde, tout cela tissait pour eux un voile au-dessus du néant. Quand le temps des joies d'amour est passé, seules les joies d'orgueil rassurent l'homme, ou tout au moins occupent son attention.

Non ! Personne n'avoue jamais sa hantise de la mort ; et cette retenue n'est point, comme on le prétend, dignité ; elle est souci surtout de ne pas effaroucher l'aide d'autrui. L'enfant qui appréhende l'instant où la lumière va s'éteindre persuade à sa mère que c'est par tendresse qu'il attend un baiser ; le soldat, à la portière du wagon, qui vocifère une chanson grivoise, étouffe l'angoisse qui hurle en lui, sans arrêt, comme une sirène détraquée ; la femme qui se pelotonne contre la moiteur de l'amant et le vieux ménage qui continue de faire lit commun nomment amour leur frayeur. Personne, personne n'avoue, redoutant que son aveu ne l'isole comme un pestiféré, parce que la mère, l'amant, le capitaine, eux aussi, ont peur ! Tout, les civilisations, les cités, les sentiments, les arts, les lois et les armées, tout est enfant de la peur et de sa forme suprême, totale, la peur de la mort.

Tel était à peu près le lieu géométrique où se rencontraient, se croisaient les pensées des vieillards présents, presque tous professionnels de l'observation humaine. Et ils n'écoutaient qu'à peine la suite du discours.

Lartois lui-même, lisant les mots qu'il avait écrits, ne s'entendait plus les prononcer. Cette assemblée muette lui renvoyait le malaise qu'il lui avait causé. À deux ou trois reprises, il bafouilla, car il était en train de songer : « À quoi tout cela sert-il ? Et que suis-je en train de faire ici ? Pourquoi, pourquoi ? Était-ce cela que je désirais tant. Eh bien, voilà ; j'y suis ! Que c'est donc vain ! Toutes ces maladies, tant de maladies… » Un tel désarroi, alors qu'il arrivait au terme de son long espoir, qu'il occupait enfin la place si ardemment souhaitée, était inexplicable.

La fin de son discours fut saluée par les applaudissements rituels ; mais l'assemblée ne se détendit réellement que lorsque le doux Albert Moyau, assis derrière le haut bureau de marbre, ajusta son pince-nez et commença :

« *Monsieur,*

« *Le vicomte de Chateaubriand, qui occupa le siège où nous nous flattons de vous accueillir, écrit dans ses Mémoires : "Du vivant d'Hippocrate, il y avait, affirme l'épigramme, disette aux enfers ; grâce à nos Hippocrates modernes, il y a aujourd'hui abondance." Si monsieur de Chateaubriand vous avait connu, aurait-il révisé son jugement ? Pour ma part, monsieur, je le crois... »*

Alors les tribunes se remirent à glousser. Tout le monde se sentait mieux. Et Lartois lui-même, d'entendre l'éloge de ses talents, reprenait assurance.

Albert Moyau, la voix chevrotante, vantait comme une œuvre exceptionnelle une vie de Laënnec dont Lartois était l'auteur ; il n'était jusqu'à la thèse de doctorat sur les affections du pylore qui ne fût exhumée pour la circonstance, et qualifiée de « *contribution importante à la haute science de guérir* ».

Lartois, de sa main soignée, lissait ses cheveux gris.

IX

À regret, il ôta son épée et son costume. Il se serait bien promené ainsi toute la vie. Il calcula, pour se consoler, qu'à dix cérémonies par an en moyenne, il porterait son habit vert au moins une centaine de fois, et plutôt cent vingt et peut-être même cent cinquante. Son père était mort à soixante-quinze ans, sa mère à soixante-dix-neuf...

« Vous comprenez… », expliqua-t-il, en commençant de dîner, à la douzaine d'amis qu'il avait réunis dans un salon de l'hôtel Ritz et qui le complimentaient une nouvelle fois sur l'élégance de sa mise.

N'était-ce pas là-dessus, d'ailleurs, qu'insistaient le plus volontiers les comptes rendus des journaux du soir ? « Le Professeur Lartois semble le Brummell de l'Académie… »

« … vous comprenez, j'avais deux solutions. Ou bien racheter l'habit d'un confrère défunt… »

Avec quel plaisir il employait maintenant ce terme de confrère pour toutes les gloires de la France, depuis Richelieu !

« … ou bien m'en commander un neuf. Il n'est jamais très agréable de porter le vêtement de quelqu'un d'autre, sauf d'un ami intime. Ah ! évidemment, c'eût été le costume de ce pauvre Jean… continua-t-il en se tournant vers Mme Eterlin. Mais vraiment Jean et moi n'étions pas de même gabarit… Alors je me suis dit : "Au diable l'avarice ! En avant pour le neuf." »

Il parlait un peu plus haut qu'il n'était nécessaire, ne pouvant se défaire du ton d'orateur qu'il avait pris l'après-midi. Et pour désigner son prédécesseur, il n'usait plus que du prénom.

Les dîners, au soir d'événements heureux, ressemblent assez aux repas d'anniversaires ou de Premier de l'An, en ceci qu'on les partage rarement avec qui l'on voudrait. Celui qui vient d'obtenir un prix au Conservatoire, de gagner une coupe de tennis, d'être reçu à la Conférence du stage, élu au Parlement ou à l'Institut, doit toujours choisir entre des affections, des amours, des amitiés également exigeantes et exclusives. Et parce qu'il a cédé, généralement, aux plus autoritaires, le triomphateur boit son champagne avec des pensées de regrets, de remords ou de nostalgie.

Ou bien il décide de rassembler tout le monde, parents, belle-famille, femme, vieux amis, maîtresse, mari de maîtresse, nouveaux camarades, et c'est encore pire ! Il y a autour de lui une tablée de marbre.

Pour Lartois, aucun problème de cette sorte ne s'était posé. Sa famille se résumait à une sœur, vieille fille qui habitait Provins et n'avait pas jugé bon de se déranger. Il n'était chargé ni d'épouse ni d'enfant, et la mort l'avait déjà débarrassé de la plupart de ses amis de jeunesse. Quant à ses maîtresses des années récentes, elles n'occupaient en ses sentiments qu'une place secondaire, loin en arrière de la passion académique.

Il avait donc toutes raisons pour goûter son succès dans une félicité simple. On ne parlait que de lui, de son discours, de la réponse ; et lui-même se sentait autorisé à n'avoir d'autre sujet de conversation que sa propre personne.

Jérôme Barère, son plastron amidonné bombant sous la barbe, et les lèvres luisantes de sauce béarnaise, cria :

« Et savez-vous ce qu'il fera, ce soir, après une telle journée ? Il va lire les Évangiles, en grec !

— Si cela s'était dit plus tôt... renchérit Mme Barère, personne chevaline qui découvrait en parlant de grandes gencives anémiques, si cela s'était dit plus tôt, je suis sûre, Émile, que vous auriez été élu au premier tour. »

Et Lartois sentit une fêlure dans sa joie. « Oui, pensa-t-il, tout à l'heure, je prendrai les Évangiles, parce que lire le grec m'empêche de penser à rien d'autre. »

Le bras noir du maître d'hôtel passa devant ses yeux, versant le bourgogne. Lartois entendait la voix solide de Simon Lachaume, le susurrement aérien de Marie-Hélène Eterlin, et les intonations appuyées de la duchesse di Salvimonte, richissime quinquagénaire, plâtrée, qui témoignait aux hommes une avidité gênante. Tout ce monde se disperserait, tout à l'heure, le laisserait seul.

Lartois se mit à redouter l'instant où il se retrouverait, entre ses murs tapissés de reliures, avenue d'Iéna, les portes de son isolement closes au milieu de l'immense ruche assoupie des familles et des couples. Les jours ordinaires, cela était sans importance, et souvent même il ne lui déplaisait pas de rester sans autre compagnon que son reflet dans la glace. Mais ce soir, brusquement, la perspective lui en était insupportable. Cette cloche de solitude qui était tombée sur lui, l'après-midi, pendant le lourd silence de la Coupole, l'emprisonnait à nouveau au milieu de ses invités ; et la journée qu'il venait de vivre lui avait trop tendu les nerfs pour que les mets et les vins lui procurassent un effet d'euphorie. « Désormais, je serai toujours placé à la droite de la maîtresse de maison, mes articles me seront payés le double, j'aurai mon nom dans le Larousse… Et puis après… On m'oubliera quand même… et je serai tout de même seul ce soir… Tâchons d'être brillant. »

Il usa du procédé des hommes vieillissants et se lança dans l'anecdote, jonglant avec ses souvenirs, mêlant le grivois au tragique, faisant miroiter le mot.

Les autres se murmuraient : « Vraiment, quand il est
en forme, Lartois est extraordinaire ! »

« Oh ! Cher, raconte-nous l'histoire du train !
demanda la Salvimonte, roulant les « r » comme si elle
leur trouvait une saveur.

— Quelle histoire du train ? répondit Lartois qui
savait parfaitement de quoi il s'agissait.

— Tu sais bien… les deux lesbiennes en wagon…

— Ah ! oui… »

Mais, quoi qu'il fît, le dîner s'acheva, le café laissa
une petite tache noire au fond des tasses, et plus personne ne voulut reprendre du champagne. Barère
commençait à somnoler. L'éditeur Marcellin partit le
premier et les Barère profitèrent de sa voiture. Puis
un autre couple se retira. Il était minuit quand, au sortir de l'hôtel Ritz, Lartois fut sur le trottoir en compagnie de la duchesse di Salvimonte, de Mme Eterlin,
de Simon et de Michel Neudecker, un long opiomane
d'une quarantaine d'années, mince et voûté, silencieux, déjà chauve, qu'entretenait la duchesse.

La lune, une belle lune d'été, éclairait les façades de
la place Vendôme et verdissait la colonne de bronze.

« On ne va pas se quitter déjà ? dit Lartois. Si on
allait prendre une dernière bouteille, à Montmartre ?

— Comment, vous, un membre de l'Académie française, dans un cabaret ? s'écria Mme Eterlin.

— Et pourquoi pas ? répliqua Lartois en riant.
C'est ça, la vie ! Des oppositions, ma chère ! Au diable
le conformisme ! Voilà deux ans que je me surveille
à cause de cette satanée élection ; j'ai bien le droit de
recommencer à faire ce qu'il me plaît.

— Bravo ! Voilà un homme ! Allons au *Carnaval* ! cria la Salvimonte. C'est la meilleure boîte de Paris. »

Alors, la prenant à part, Michel Neudecker, qui donnait depuis un moment des signes d'impatience, parla, pour la première fois, depuis deux heures. D'une voix basse, coléreuse et angoissée, il fit une scène ; il voulait rentrer.

« Nous ne resterons qu'un quart d'heure. Tu peux bien attendre un quart d'heure, tout de même ? lui chuchota la Salvimonte.

— Je les connais, Lydia, tes quarts d'heure, ils me sont mortels, dit Neudecker en regardant droit devant lui. Tu aimes que je souffre. »

Et il monta tout de même dans la voiture.

X

Simon n'avait aucune habitude des établissements de nuit. À peine s'y était-il aventuré deux fois auparavant, en témoin peu indulgent. Mais il venait de boire pas mal au dîner de Lartois. La longue salle du *Carnaval*, où une épaisse fumée roulait dans l'atmosphère bleutée, lui plut ; il regardait les couples danser, revenait à la conversation, riait avec la duchesse comme avec une vieille connaissance ; les petites bulles glacées du champagne lui fondaient dans la gorge, verre après verre, et la musique contribuait à son bien-être. « Au fond, c'est ça, disait-il ; les boîtes de nuit, ça rapproche les gens, ça abat les cloisons conventionnelles... une certaine liberté... »

Il se sentait animé d'une universelle bienveillance, sauf peut-être à l'égard de Mme Eterlin envers laquelle il se découvrait un soudain grief pour l'émotion insistante qu'elle avait témoignée l'après-midi à l'Académie, pendant le discours de Lartois, et la manière dont elle semblait prendre la cérémonie pour une commémoration de sa liaison avec Jean de La Monnerie.

Il ne se rendit pas compte de l'instant où la réalité des choses se retourna complètement en lui, où l'univers changea de densité. Ce fut au moment où Lucien Maublanc, déjà bien soûl lui-même, vint s'abattre à la table entre l'illustre médecin et l'infatigable duchesse. Lulu n'avait pas souvent la chance de rencontrer dans un cabaret des compagnons de sa génération.

« Comment ? tu n'es pas venu en bicorne, Esculape ? » s'écria-t-il en frappant l'épaule de Lartois.

Et tout de suite, il lui annonça la grande nouvelle qu'il était en train de fêter.

« Ruiné, tu entends, ton ami Schoudler ; lessivé, raclé, plus rien ! Dans huit jours, sur la porte de l'avenue de Messine, il y aura un grand panneau : "À vendre." Et on dira : "C'est la vengeance de Maublanc." Oh ! je serai terrible. Ils n'ont plus un sou. Ils en sont à chercher quelques millions pour renflouer leurs sucreries. Et ils sont venus me les demander, à moi, les imbéciles. Raclés, finis ! »

« Extraordinaire, extraordinaire, pensait Simon. Si j'allais téléphoner tout de suite à Rousseau ? Où l'ai-je vu, ce personnage ? Ah oui ! à l'enterrement de La Monnerie. » Et machinalement il tendait son verre vide au serveur.

« Monsieur ! continua Lulu en s'adressant brusquement à Michel Neudecker, si vous avez des Sonchelles, des actions Schoudler, vendez, vendez dès demain ; c'est un bon conseil que je vous donne. Ça va faire un plouf inimaginable. »

Michel Neudecker, la face grise et crispée, la prunelle noyée, regarda Lulu avec méchanceté et ne répondit rien. « J'aimerais lui cracher des pois chiches à la tête », pensait l'intoxiqué, se souvenant d'une sarbacane qu'il avait eue pendant son enfance.

Lulu goûta au champagne, fit un signe au maître d'hôtel.

« Enlevez-moi cette tisane ! dit-il. C'est infect, Mumm Cordon Rouge, tout de suite. J'invite tes amis, Lartois, tous tes amis ! Ce soir, je me sens royal. Alors ? comment vas-tu ? Et ton bicorne ?

— Ah ! vous me plaisez, vous ! » lui cria soudain Simon d'une voix changée qui fit tressaillir Mme Eterlin.

Et il étendit la main à travers la table pour serrer les longues phalanges courbes de Lulu Maublanc.

« Et à moi aussi, vous êtes très sympathique, jeune homme, répondit celui-ci. D'abord, vous avez une grosse tête, pas faite comme tout le monde, ça me fait plaisir. Prenez un cigare. On se découvre des amis !

— C'est ça ! c'est ça ! cria Simon. Nous sommes des *grosses têtes*... et nous avons l'intelligence du cœur ! »

Ses yeux brillaient derrière les lunettes à bord d'écaille ; il avait les cheveux en désordre, le cou moite.

« Simon, vous êtes ivre, dit à mi-voix Mme Eterlin.

— Mais non, mais non, je ne suis jamais ivre, je ne l'ai jamais été. Je suis heureux, voilà tout. Ah ! évidemment, cela surprend de voir quelqu'un heureux ! L'humanité refuse d'être heureuse ! Ivre ? Je sais ce que c'est que les gens ivres, allez, je sais ce que c'est. Toute mon enfance... toute mon enfance... »

Il pensa, ce qui ne lui arrivait pas une fois par mois, à son père. Il n'y avait rien de commun entre les fureurs de cet alcoolique de village, braillant pendant des heures devant une table poisseuse ou titubant dans les rues, et le sentiment de plaisir luxueux, d'indépendance d'esprit, qu'il éprouvait en ce moment. « Je suis un civilisé qui a l'intuition des vérités. » Et cette vérité l'éblouit.

Il avançait la main vers le seau à champagne pour se resservir lui-même.

« Je vous assure, Simon, vous feriez mieux de rentrer...

— Mais laissez-le donc, intervint la Salvimonte, de sa voix tout ensemble ardente et fêlée. C'est si bon d'être soûl ! C'est pour cela qu'on boit ! Les gens qui s'arrêtent lorsqu'ils se sentent partir sont des pauvres, pauvres petits êtres misérables, méprisables. Il faut aller au bout de tous les plaisirs, de tous. »

Elle souriait à Simon d'une large bouche qu'elle croyait tentatrice. Son fard fondait, se craquelait le long des rides. À sept heures du soir, sortant de son bain, et après un plâtrage savant, elle pouvait encore faire illusion, rappeler que pendant vingt ans elle avait été belle. À présent, toutes les crevasses de l'âge s'ouvraient dans ce visage usé par la sensualité.

Mais Simon n'y voyait plus clair. Il continuait de déborder d'une générale et miraculeuse fraternité dont seule, décidément, était exclue Mme Eterlin.

« Vous aussi vous me plaisez, dit-il en se retournant vers la duchesse. Vous comprenez un tas de choses, n'est-ce pas ? »

Pour le remercier, elle lui révéla, en lui pétrissant le genou, qu'elle était veuve d'un Roumain, qu'elle avait du sang slave, et qu'elle n'aimait vivre qu'à Paris. Auprès d'eux, Lulu Maublanc disait à Lartois :

« Une future grande actrice, tu sais. Et c'est moi qui l'ai découverte, parfaitement. Oh ! une petite fille sage... tout ce qu'il y a de bien, très bonne famille. Elle m'accompagne, tu vas la voir dans une minute. »

Il s'agissait de Sylvaine Dual. Restée en arrière pour se donner un coup de peigne, elle bavardait avec Anny Féret, près de la portière de velours, à l'entrée de la salle. Anny Féret lui désignait les personnalités présentes.

« ... et celui qui a des lunettes, le plus jeune, qui gesticule tellement, on vient de me dire que c'est un grand manitou de l'Instruction publique. Ils n'ont pas de pudeur, de venir dans des endroits comme ici, ces gens-là. Et après, ça va éduquer les gosses ! Et puis, quelles femmes ils sortent, non mais quels tableaux, regarde-moi ça ! »

La rouquine tourna machinalement le bracelet d'or et de perles qui glissait sur son poignet maigre. Ses cheveux rutilaient. Elle n'était plus la petite Dual, logeant dans un fond de cour sordide du faubourg Montmartre. Lulu, comme il l'avait annoncé à leur première ren-

contre, l'avait lancée. Le nom de Sylvaine Dual figurait
à l'affiche d'une nouvelle pièce des boulevards, grâce à
la commandite fournie par l'impuissant Lulu. Le plus
étonnant était que Sylvaine y fît preuve, dans un rôle
d'ingénue, d'un certain talent de comédie.

« *Cette nouvelle venue, par son charme aigrelet et sa
jeunesse authentique*, avait écrit le critique dramatique
du *Figaro, a seule sauvé la soirée d'un ennui total.* »
Et cela avait suffi pour lui faire une petite réputation
dans le monde étroit du théâtre, et lui susciter déjà des
jalousies. Sa photographie, en robe du soir, paraissait
dans les magazines de mode.

« Enfin, on peut dire que tu as su y faire avec
Lulu. Qu'est-ce que tu lui bouffes comme fric ! reprit
Anny. Un appartement rue de Naples, une femme de
chambre, un théâtre où tu fais ce que tu veux ! Moi,
tu vois, je suis toujours dans cette sale boîte. Tu as été
plus habile que moi. Mais tu peux dire que ta vieille
Anny a tout de même été une bonne copine, le jour où
tu crevais de faim. Sans moi, où serais-tu ?

— Oui, oui ; oh ! je n'oublie pas, répondit Sylvaine
sans plaisir. Mais si ce n'avait pas été celui-là, tu sais,
ç'aurait été un autre. D'abord, quand on a du talent, il
faut bien que ça sorte à un moment quelconque.

— Chipie ! » murmura Anny Féret en la voyant
s'éloigner.

On se leva, à la table de Lartois, pour faire place
à Sylvaine. Presque aussitôt, tandis que l'orchestre
jouait en sourdine, le gros Hongrois s'avança, le ventre
en avant, le violon à la main.

« Oh ! que de jolies femmes, que de jolies femmes !
s'écria-t-il. Un bouquet de fleurs ! Que désirent

entendre ces dames ?... Alors, valse hongroise, très spéciale ! »

La lumière de la salle s'éteignit presque, le projecteur saisit la table dans son cône éblouissant, l'archet commença de voleter sur les cordes.

« Merveilleux, merveilleux ! » murmurait Simon.

Dans ce lieu velouté, doré, luxueux, fait pour le divertissement ou les rencontres amoureuses d'une jeunesse fortunée, seule en ce moment émergeait cette tablée composée en majorité d'êtres déclinants. Durement, le projecteur révélait les fatigues de leur chair, les présentait à toute la salle sur un grand plateau rond de clarté. Ils étaient là, immobiles, figés dans leurs allégories, comme une scène de cire du Musée Grévin. Ils semblaient n'avoir plus d'âme, mais simplement derrière les yeux un miroir d'argent oxydé. Leurs faces révélaient non seulement la fatigue d'une veille que leurs tissus ne pouvaient plus supporter, mais encore les marques des déchéances internes.

Les joues de Marie-Hélène Eterlin s'affaissaient, comme amollies sous la chaleur électrique ; Neudecker, au milieu de cette touffeur, était de temps en temps secoué d'un frisson.

« Et dire que ce garçon-là a été un héros, pendant la guerre ! » pensait Lartois qui, contre son espérance, restait lucide et jugeait sans pitié. « C'est fini, c'est fini... et tout ça ne m'amuse plus. »

Même Simon, qui allait atteindre trente-cinq ans, avait cessé d'être un jeune homme et, l'ivresse aidant, portait déjà les premiers stigmates du vieillissement.

Seule, Sylvaine avait vingt ans. Encore, pour bien montrer qu'elle était une actrice, avait-elle gardé son maquillage de scène ; mais, pas plus le fard n'effaçait les rides de la Salvimonte, pas plus il ne masquait, sur Sylvaine, la jeunesse. Et la poitrine adolescente, que laissait apercevoir un corsage échancré, triomphait sans peine auprès de seins soutenus, sanglés, menteurs. La tignasse flamboyait d'un cuivre naturel, entre des chevelures teintes ou ternes. Certes, Sylvaine était déjà pourrie intérieurement ; mais cela ne se voyait pas encore ; pour l'instant ce n'était que l'âme qui était attaquée. Et dans le regard de Lartois s'allumèrent les petites lumières fixes, métalliques.

À ce moment Simon dit à Sylvaine, d'une voix dont il ne pouvait plus maîtriser la force :

« Vous êtes belle, très belle, trop belle pour nous tous ! C'est vous qui avez la réponse, la seule réponse. »

Le violoniste, avec une dignité imprévue de grand artiste, arrêta net de jouer et dit :

« Que monsieur parle tout son temps ; je continuerai après.

— Vous jouez très bien, vous jouez très bien, mais ça aussi, c'est de la musique, et plus belle encore que tout le Liszt et le Chopin que vous voudrez ! cria Simon en montrant le visage de Sylvaine.

— Simon ! dit Mme Eterlin.

— Quoi ? Quoi ? On n'a plus le droit de dire ce que l'on pense, alors ? La franchise est bannie de la terre ! Il faut lui dire qu'elle est jolie, il faut qu'elle le sache ! Mais vous êtes jalouse. Seulement, vous, vous avez vos souvenirs pour vous consoler ! »

Il criait au milieu du silence, et il ne lui déplaisait pas de sentir l'attention de la salle se tourner vers lui.

« Simon, taisez-vous, je vous prie ! insista Mme Eterlin.

— Bon, bon, je me tais, puisque vous ne voulez pas comprendre. D'abord, il n'y a que les femmes qu'on ne connaît pas encore qui comprennent quelque chose. »

Un pourboire tendu par Lulu calma l'orgueil du violoniste et la valse hongroise s'acheva.

Dès que la lumière redevint normale et que de nouvelles bouteilles eurent été apportées, la table du Musée Grévin se remit à vivre, et il y régna une grande confusion.

Neudecker s'obstinait à vouloir rentrer. Sylvaine disait à Simon :

« Vous n'avez pas vu ma pièce ? Venez m'applaudir quand vous voudrez. Je mettrai ma loge à votre disposition. »

Se sentant au centre de plusieurs convoitises, elle riait haut, secouait ses cheveux, lançait devant elle de longs jets de fumée. Mme Eterlin avait les yeux humides.

Lulu Maublanc, pâteux, demanda soudain :

« Émile, toi le grand médecin, dis-moi la vérité. Est-ce qu'à soixante ans un homme peut encore avoir un enfant ?

— Qu'est-ce que tu veux dire ? Si c'est raisonnable ?

— Non, pas si c'est raisonnable ; si on *peut* ?

— Évidemment, répondit Lartois ; et même beaucoup plus tard. »

Il ne cessait de fixer Sylvaine.

Mais celle-ci chantonnait la rengaine que jouait l'orchestre, en penchant la tête vers Simon.

« Sylvaine, tu entends, dit Lulu. Lartois vient d'affirmer que je pouvais avoir un enfant. Il dit même que c'est le bon âge. Ma petite fille, je veux un enfant de toi ! »

Sylvaine interrogea le médecin du regard, puis se mit à rire de façon aigre.

« Quoi ? Qu'est-ce qu'il y a de drôle ? demanda Lulu. C'est une grande preuve d'amour que je te donne.

— Allons, mon Lulu, ne dis pas de bêtises, dit-elle.

— Comment des bêtises ? Pourquoi donc ? »

Il avait pris un ton méchant et coléreux ; elle sentit que les choses allaient se gâter.

« Mais bien sûr, mon Lulu, bien sûr que tu peux avoir des enfants, dit-elle. Mais c'est moi qui n'en veux pas. Qu'est-ce que je ferais avec un enfant ? Pense à ma carrière. Et puis, ça coûte très cher, un enfant ! »

Elle lui avait passé le bras autour du cou, regagnait ses bonnes grâces.

« Eh bien, rien que pour faire rager le Schoudler. Il me dégoûte avec sa marmaille. Rien que pour ça ! dit-il. Écoute, ma petite fille, si tu as un enfant de moi, je te donne un million ! »

Sylvaine tressaillit, le regarda de façon bizarre.

« Non, non, je ne suis pas soûl, insista Lulu ; j'ai bien dit : un million, cinquante mille louis ; comme ça, liquide, le jour de la naissance. »

Et prenant la table à témoin :

« Écoutez-moi tous ! cria-t-il. Je donne un million à cette petite si elle a un enfant de moi. »

Les cris, les exclamations, les rires se croisèrent.

« Bravo !

— Alors ! c'est pour quand ?

— Qui sera le parrain ? »

Lulu, fier de lui, bombait le torse et riait en découvrant le coin de ses longues dents jaunes.

« Signe-moi ça sur un papier, dit Sylvaine d'une voix froide, au milieu du tumulte.

— C'est ça, un papier, note de service pour les archives ! cria Simon. Voilà un homme qui me plaît ! »

Il sortit une feuille de sa poche. Lulu Maublanc écrivit sa promesse, en bonne et due forme.

L'atmosphère devant Simon tremblait comme une vapeur bouillante. Les visages environnants flottaient, changeaient brusquement d'altitude. D'ailleurs, aucun ne lui importait plus désormais que celui de Sylvaine. Simon en était arrivé à ce point où l'ivresse engendre des désirs fixes, en même temps que des calculs démoniaques pour les assouvir. Il voulait cette fille, cette nuit même, et était décidé à s'accrocher au couple aussi longtemps qu'il serait nécessaire. Seuls un supplément d'alcool le terrassant sur place, ou une porte qu'on lui claquerait au nez, pourraient avoir raison de lui.

Sylvaine, ayant rangé le papier dans son sac, eut un rire strident, mit un morceau de glace dans le cou de Simon, lui secoua les cheveux à pleine main.

Simon n'était pas seul à construire autour de Sylvaine des plans sordides. La Salvimonte chuchotait à l'oreille de son amant.

« Je te l'offre, je *nous* l'offre, veux-tu ? C'est possible.

— Non, répondit Neudecker. je veux rentrer, c'est tout.

— Allons, ne sois pas impatient, puisque, de toute manière, je serai à toi tout à l'heure.

— Ce n'est pas de ça que j'ai envie, tu le sais bien.

— Mufle ! Tu me le paieras.

— Et toi, je te plaquerai, tu entends, je te plaquerai ; je n'en peux plus de cet esclavage ! »

À une table voisine, Anny Féret, surveillant Sylvaine, se disait : « Je la ramènerais bien chez moi, la petite garce. Oh ! elle finira par me revenir un jour. »

Et Lartois cherchait comment, selon sa vieille technique de célibataire, il organiserait l'itinéraire de retour afin si possible de raccompagner Sylvaine en dernier. « Et puis, non, ça ne marchera pas. Les couples sont faits ; c'est une mauvaise nuit, c'est fichu... »

Il savait que dans trois jours il trouverait un écho de cette soirée dans *Le Cri de Paris*, et se disait : « C'est idiot, c'est idiot d'avoir voulu venir ici. Je me sens encore plus seul que tout à l'heure. » Ces êtres autour de lui qui avaient à moitié ou complètement perdu le sens commun, bredouillant, riant, criant, discutant, semblaient se comprendre hors de toute logique. Et lui était exclu de cet entendement.

Sylvaine et Simon choquèrent leurs verres si fort que celui de Simon éclata dans ses doigts. Un peu de sang parut, auquel Simon ne prit même pas garde. Pour ne pas demeurer en reste, Sylvaine brisa son verre sur la table. Un serveur, l'épaule courbée, la serviette à la main, vint ramasser les débris et étancher le champagne.

« M. Neudecker et moi, nous voudrions rentrer, dit Marie-Hélène Eterlin d'un ton larmoyant.

— Pourquoi rentrer ? La vie commence ! cria Simon. Eh bien, partez, partez ! Au fond, je ne demande que ça. J'ai soif, j'ai soif !

« — Oui, je crois qu'il est temps », dit Lartois en se levant.

Il appela le maître d'hôtel, mais Lulu s'interposa.

« Non, non, tout pour moi, dit-il. Mais je ne te pardonnerai jamais d'être venu sans ton bicorne. »

En gagnant la sortie, Simon accrocha les tables, ce qui le surprit fort, car de vastes espaces dégagés lui paraissaient s'ouvrir devant ses pas. Lulu et lui venaient de décider de se tutoyer.

« Je ne te quitte plus, disait Simon, en le prenant par le bras ; j'ai enfin découvert un homme, je ne te quitte plus !

— Mais je te dis que je vais lui faire un enfant ! répondait Lulu entourant la taille de Sylvaine.

— Ça ne fait rien. Je serai témoin, je serai témoin. »

Des taxis attendaient, le long du trottoir.

Sans dire bonsoir à personne, Neudecker s'engouffra dans le premier, entraînant par le poignet sa tortionnaire italo-slave, et tandis que la voiture démarrait, on les entendit qui déjà s'injuriaient.

Toujours accroché à Lulu et à Sylvaine, Simon affirmait, d'une voix enrouée, qu'il n'avait plus d'adresse au monde, ni d'autres amis, et s'obstinait à monter dans leur taxi.

« Simon, je vous en prie ! Si vous vous voyiez, vous vous feriez horreur ! dit Mme Eterlin.

— Mais nous le raccompagnerons, soyez tranquille », dit l'actrice qui pour sa part s'agrippait à Simon et semblait bien décidée à ne pas le lâcher.

Lartois, voyant comment les choses tournaient, et saisissant l'occasion, dit à Mme Eterlin :

« Allez, allez, Marie-Hélène, je vous raccompagne.

— Mais on ne peut pas le laisser ainsi ?

— Mais si, mais si. Il ne lui arrivera rien. Quand un homme est ivre, le mieux, c'est de ne pas le contrarier, croyez-moi. »

Et il la fit monter dans un troisième taxi.

Simon n'apprécia pas le temps que dura le trajet. Sylvaine avait la tête sur la poitrine de Lulu, mais dans l'ombre, elle glissait sa main sous le plastron dégrafé de Simon et fourrageait dans la toison.

Simon se retrouva dans un appartement inconnu dont il ne vit rien, perçut seulement qu'on lui donnait un œuf dur à manger, ce qui lui fit grand plaisir. Il était effondré dans un fauteuil, une pluie d'or devant les yeux, au milieu d'un vaste tournoiement de murs blancs.

Deux formes nues s'agitaient sur un lit, très loin de lui ; des sons vagues lui parvenaient. Il aurait voulu un autre œuf dur, et puis boire encore.

Une voix dit :

« Eh bien, après ça, mon Lulu adoré, je suis sûrement enceinte. »

Puis Simon, qui somnolait, se sentit tiré par le bras, tandis que la voix lui chuchotait :

« Viens, il dort. Il est encore plus soûl que toi. »

Il reconnut Sylvaine, sans soutien-gorge, qui l'entraînait vers la pièce voisine, l'étendait sur un canapé, l'aidait à se déshabiller.

Elle murmurait des choses incompréhensibles.

« S'il a des doutes, je dirai que tu étais là, que tu as tout vu. Tu lui diras aussi, hein ! Faut qu'il le croie. »

Il acquiesçait par grognements.

Soudain, il la mordit à l'épaule, à la poitrine, et il lui sembla que l'univers et lui-même sombraient dans le feu.

Des ongles pointus s'enfoncèrent dans ses reins, tandis qu'une voix, sous lui, criait :

« Reste ! »

Et puis le sommeil recouvrit tout.

XI

Le taxi qu'avait pris le professeur Lartois roulait vers Boulogne.

« Simon m'a fait beaucoup de peine, ce soir, dit Mme Eterlin. Il a été d'une grossièreté incroyable. Et puis il a eu une façon de me compromettre ! C'est trop stupide, mais j'ai envie de pleurer. Vous êtes sûr qu'il ne va rien lui arriver ?

— Mais non, mais non, ma chère amie, répondit Lartois. Tranquillisez-vous. Tout cela n'a aucune importance. Il est charmant, Simon.

— Ah ! je ne trouve plus. La manière qu'il a eue de se jeter à la tête de cette fille !... Je suis trop vieille, n'est-ce pas ? demanda-t-elle.

— Mais non, Marie-Hélène, comment pouvez-vous penser cela ? Vous avez une fraîcheur que j'ai admirée toute la soirée, je vous assure.

— Vous êtes bon, Émile, très bon ; mais, je le sens bien, je devrais rompre avec Simon. Je me suis attachée à ce garçon, et la vie va me devenir un enfer. »

Une voiture déboucha d'une rue transversale ; le chauffeur freina brutalement. Mme Eterlin poussa un cri et se trouva à demi projetée contre Lartois. Il la réinstalla dans le fond en lui passant le bras autour des épaules.

« Évidemment, dit-il, il a les bons et les mauvais côtés de la jeunesse. Peut-être avez-vous besoin auprès de vous de quelqu'un de plus assis, de plus fort... Et puis, vous vous confinez un peu en ce moment, il me semble. Il faut sortir, voir des gens, reprendre des contacts humains. »

En même temps, il rapprochait ses lèvres de son visage.

« Non, Émile, non, je vous en prie, dit-elle en le repoussant. Je ne me sens pas très bien, j'ai mal à la tête.

— Voulez-vous que nous passions chez moi un instant ? Je vous donnerai un cachet.

— Non, merci ; je voudrais rentrer, vraiment. »

Ils se turent un moment. La voiture suivait une allée du Bois. Lartois revint à l'attaque de façon plus précise.

« Non, mon cher, je vous en prie. Ne vous croyez pas obligé de soutenir votre réputation, dit Mme Eterlin en croisant les genoux... Je suis très flattée de retenir votre intérêt, ne fût-ce qu'un soir ; mais tenez-vous-en là.

— Mais ce n'est pas un soir, Marie-Hélène ; il y a très longtemps que vous occupez ma pensée... très longtemps que je vous désire.

— Allons, allons, ne dites pas ce que vous ne pensez pas, répondit-elle en lui tapotant la main. Nous sommes d'assez vieux amis ; vous n'auriez pas attendu aujourd'hui pour cela. C'est de la politesse. »

Puis il y eut un nouveau temps de silence et le chauffeur entendit :

« Non, Émile… »

Et quelques instants après, d'une voix plus précise :

« Cessez, voyons, Émile ! Ou je fais arrêter la voiture !… Non ! »

Elle ouvrit la glace de la portière et une bouffée d'air frais entra dans le taxi. Puis, Mme Eterlin se cala dans le fond du véhicule, repliée sur la défensive.

« Vous êtes vraiment odieux, dit-elle. Je vous dis que j'ai mal à la tête, et que je n'en ai aucune envie. Et qui croyez-vous que je sois ? Une femme qui cède ainsi, en trois minutes, affaire de passer le temps en taxi ? Vous attachez vraiment trop de prix à vos hommages, ou trop peu. Allons, calmez-vous ! »

Il changea de tactique, et, tandis qu'ils longeaient la Seine, il lui parlait de grands sentiments toujours tus, de son besoin d'une affection durable, de sa recherche d'un amour unique, toutes choses en partie vraies, mais qui devenaient fausses du fait qu'elles s'adressaient à elle.

La voiture s'arrêta dans la rue Tissandre.

Lartois descendit, accompagna Mme Eterlin jusqu'à la porte du jardin.

« J'aimerais bavarder encore un peu avec vous, dit-il.

— Mais non, je vous répète…

— Alors, même le jour de ma réception à l'Académie, cela ne vous touche pas ? Vous allez me laisser seul… »

Il avait dit cela d'un tel ton qu'en effet elle en fut touchée. Mais elle avait trop mal à la tête.

« Un autre soir, venez, nous bavarderons. Mais vraiment, maintenant, je suis si lasse, je serais capable de vous croire. Merci encore pour ce merveilleux dîner. »

Et elle referma la porte.

« Je suis un imbécile, se disait-il durant le chemin de retour, un imbécile. Je vais être forcé de lui envoyer des fleurs demain, et elle va s'imaginer que je suis amoureux d'elle. Qui a bien pu me tirer par la langue, pour lui raconter tout ça ! Et maintenant... »

Sur le trottoir de l'avenue d'Iéna, une fois le taxi payé, il ne pouvait encore se décider à rentrer chez lui. Il regarda sa montre ; quatre heures du matin. Une vague pâleur commençait à monter dans le ciel et luttait avec les étoiles. L'air était frais, vivifiant, et les rares sons avaient une qualité cristalline. L'irréalité de l'aube environnait la ville. Soutenu par l'alcool, Lartois n'éprouvait aucun désir de sommeil, et la perspective de parcourir son appartement pendant une heure, deux heures peut-être, en se demandant ce que l'existence pourrait bien lui apporter désormais, lui était insupportable.

« J'ai tout, tout ce que j'ai souhaité ; j'ai tout ce que je voulais ; des milliers d'écrivains, des milliers de médecins m'ont envié aujourd'hui, et je suis malheureux... La vérité, c'est que j'ai encore trop de jeunesse pour mon âge. Voilà le drame. Que pourrais-je entreprendre maintenant ?... Et dire qu'il y a dans cette ville des centaines de femmes jolies, solitaires, qui seraient si contentes d'avoir cette nuit un compagnon, et je ne les connais pas ! D'ailleurs, elles dorment maintenant, tout le monde dort. »

Tout en songeant, il s'était mis à marcher et descendait les Champs-Élysées, dans la vague espérance d'une improbable rencontre. L'avenue était déserte. Il croisa un couple de jeunes gens qui avançaient vite, serrés l'un contre l'autre. Un ivrogne rasait le mur en titubant. Un chiffonnier crochetait une poubelle. Une femme seule, visiblement une prostituée, descendait l'avenue devant Lartois. Il accéléra le pas, le cœur un peu battant, pour la rejoindre. Qu'importait, après tout, que ce fût une fille publique ? N'était-elle pas une présence, comme une autre ? Il lui poserait des questions. Mais la femme tourna dans la rue du Colisée, disparut sous une porte cochère. C'était l'heure où même les prostituées rentraient. Il continua de marcher. Il arriva place de la Concorde sans avoir vu personne qu'un autre couple enlacé sur un banc.

Devant lui, la place aux centaines de réverbères, les fontaines miroitantes avec des reflets de mercure, les façades de l'hôtel de Crillon et du ministère de la Marine ; et, par-delà le pont, la masse sombre du Palais-Bourbon... un travail de bronze plutôt que de pierre, et d'ouvriers de Jupiter plutôt que de simples hommes.

« La plus belle ville du monde », se murmura-t-il.

Un taxi passait à vide, brimbalant dans le silence. Il le héla.

« À l'hôpital des Enfants Malades », dit-il.

L'interne de service, somnolent, et qui croyait qu'on venait l'appeler pour un accident, resta complètement ahuri de voir apparaître « le grand patron », en smoking, à près de cinq heures du matin.

« Comment va le petit Corvol ? demanda Lartois.

— Dans le coma depuis neuf heures du soir, monsieur, répondit l'interne.

— Je m'en doutais, je voulais passer à la fin de la journée. Je n'ai pas pu. La réception a duré plus longtemps que je ne croyais, et puis le dîner, puis des amis qui voulaient absolument m'entraîner. »

Il avait ôté son veston de soirée, se lavait les mains, passait une blouse blanche. Il avait le visage fatigué, mais le regard, la parole gardaient leur netteté.

« Montons, dit-il. Je vous avais dit d'ailleurs, il y a trois jours, que nous ne pourrions le sauver. »

Lartois et l'interne parcoururent les longs couloirs éclairés en veilleuse et emplis d'une forte odeur d'éther et de formol.

L'infirmière d'étage se joignit à eux.

Lartois poussa une porte vitrée, pénétra dans une petite chambre blanche.

Sur le lit, un enfant de neuf ans environ, la peau bleutée, les cheveux collés de fièvre, râlait faiblement, la tête renversée. Il avait un grain de beauté au milieu du front.

Lartois lui prit le pouls, lui releva la paupière sous laquelle le globe de l'œil était révulsé, rabattit le drap ; les petits membres amaigris par la déshydratation offraient à la palpation une dureté anormale, sous l'apparence un peu métallique de l'épiderme.

« Quand lui a-t-on fait le dernier sérum ? demanda Lartois.

— À six heures, monsieur le professeur, dit l'infirmière.

— Bon, on va lui en refaire un. Et puis, préparez-moi tout pour une intracardiaque. On va en avoir besoin d'une minute à l'autre.

— Croyez-vous, monsieur... dit l'interne.

— Je ne crois pas, répliqua Lartois. Je suis même sûr que ça ne servira à rien. Mais il faut tenter, mon petit, toujours tenter, même après la mort. »

L'infirmière suspendit le ballon de sérum glucosé à une potence de métal, chercha sur la petite cuisse bleuâtre une place qui ne fût pas indurée par les injections précédentes, régla la descente du sérum dans le tube de caoutchouc, goutte à goutte.

« S'il peut encore assimiler... » dit Lartois.

L'enfant moribond était toujours sans mouvement, sans réaction, les yeux blancs.

« Il paraît que ça a été très beau, votre réception, dit l'interne. J'ai vu les photos dans les journaux.

— Oui, ça s'est très bien passé, répondit Lartois, vraiment très bien. La Coupole comble, un public enthousiaste... Ça vous arrivera peut-être un jour, Morant.

— Oh ! non ; moi, je sais bien que je ne suis pas fait pour ça », dit l'interne avec un sourire modeste.

Ils restèrent un moment silencieux, observant le petit Corvol. Le sérum ne descendait plus dans le ballon. Lartois déplaça légèrement l'aiguille sous la peau. Une boursouflure témoignait de la stagnation du liquide.

« Retournez donc vous reposer, Morant, et vous aussi, mademoiselle Payer, dit Lartois. Cela ne sert à rien que nous soyons trois.

— Mais non, monsieur le professeur, je vais rester, dit l'infirmière.

— Non, je tiens à suivre l'évolution moi-même. Enfin, évolution, si l'on peut dire... Je n'ai vraiment besoin de personne pour l'intracardiaque; je vous assure, je préfère rester seul. »

Et Lartois demeura assis auprès de l'enfant, l'œil attiré par le petit grain de beauté, par cette goutte d'ambre sur le front moite. Il n'avait plus rien à apprendre de la méningite tuberculeuse, plus rien qu'à recevoir la confirmation de constatations cinquante fois faites. Mais ce clinicien couvert d'honneurs, et qui n'avait, par égoïsme, jamais connu la paternité, continuait d'éprouver devant l'agonie des enfants une pitié que la mort des adultes avait depuis longtemps cessé de lui inspirer. Et c'était cela qu'il était venu chercher, cette dernière lueur en lui de solidarité humaine, cette dernière place en son propre miroir qui ne fût pas encore ternie et pût réfléchir autre chose que lui-même. « Pauvre gosse, qui ne reverra pas se lever le soleil. »

L'enfant soudain s'anima, se débattit, gémit, entra en convulsions avec des gestes grotesques de petit pendu. Les prunelles étaient complètement retournées vers le front; les genoux trop gros s'entrechoquaient, la peau se violaçait; un peu d'écume moussait au coin des lèvres. Le tuyau de caoutchouc et son aiguille avaient volé par-dessus les draps rejetés. Lartois ferma le robinet sous le ballon de sérum, revint à l'enfant, maintint aux épaules ce petit corps qui ne voyait plus, qui n'entendait plus, qui ne percevait même peut-être plus la souffrance, qui n'était plus qu'une dernière torsion de nerfs et de muscles sous le pied d'ogre qui l'étouffait.

« Calme-toi, petit, calme-toi », murmurait Lartois machinalement, sachant très bien que la parole était inutile.

La crise s'apaisait. Lartois caressait doucement le front de l'enfant, passait et repassait le doigt sur le petit grain d'ambre. Maintenant le corps avait repris son immobilité. Le pouls augmentait de vitesse jusqu'à devenir incomptable, et diminuait de force ; plus une vibration électrique le long d'un fil qu'un vrai battement d'artère. Lartois, les branches de son stéthoscope aux oreilles, interrogeait maintenant directement ce cœur, et c'était effrayant ce qu'il entendait, tout cet avenir en train de s'anéantir dans un muscle gros comme un poing. À l'exact instant où le stéthoscope se tut et où un infime affaissement du corps lui fut perceptible, Lartois dénuda plus largement la petite poitrine, saisit la longue aiguille d'acier préparée sur un plateau, et avec une vitesse, une précision surprenantes chez un homme de soixante et un ans qui n'avait pris aucun repos depuis tant d'heures, il l'enfonça entre deux côtes, d'un seul coup, la plongea jusque dans le cœur de l'enfant. Puis, du pouce, il appuya sur le pilon de verre, expulsa l'adrénaline de la seringue, ôta d'un geste droit la longue aiguille, en examina la pointe, reprit son stéthoscope, attendit. Au bout d'un moment, il leva des yeux tristes vers la fenêtre où les rayons filtraient par la fente des volets, et ramena le drap sur le petit cadavre.

Quand Lartois sortit de l'hôpital, il faisait grand jour. Les « Sita » ramassaient les poubelles ; les ouvriers qui se rendaient au travail regardaient Lartois d'un air goguenard, le prenant pour un vieux fêtard. Ils ne se trompaient qu'à demi.

Ce matin-là, il ne manquait pas de gens pour se demander, en parcourant leur journal, quels mérites avaient valu à ce M. Lartois, jusque-là inconnu d'eux, d'être reçu à l'Académie avec tant de pompe et de faste ?

Pouvaient-ils savoir que ce qui justifiait cet excès de gloire, c'était, beaucoup plus qu'une œuvre, la personnalité peu commune d'un homme capable à la fois de lire les Évangiles en grec et de violer les femmes en voiture, de traîner dans les cabarets et de venir, en fin de nuit, aider un enfant à mourir ?

XII

Les choses se passèrent exactement comme Noël Schoudler les avait prévues.

Quelques jours après sa conversation avec Lucien Maublanc, une forte quantité d'actions de Sonchelles fut lancée sur le marché. Les Sonchelles étant des valeurs réputées très sûres, elles tinrent le cours à l'ouverture. Mais l'offre sans cesse croissante commença de faire fléchir la cote. Entre midi et deux heures, les Sonchelles effectuaient une chute de soixante points. Albéric Canet, l'agent de change des Schoudler, ayant téléphoné à plusieurs reprises au banquier, n'obtint de lui que cette réponse :

« Laissez filer ! Et passez à mon bureau dès la fermeture. »

François, également averti, chercha à joindre son père, mais sans succès. Noël ne se laissa approcher qu'en extrême fin d'après-midi, après être resté longtemps enfermé avec son agent de change et un coulissier.

« Alors ? qu'est-ce que tu dis de tout cela ? demanda-t-il à François.

— Mais enfin, papa, je ne comprends pas… Qu'est-ce qu'il se passe ?

— Il se passe… il se passe, dit le géant, que l'on sait dans quelle situation tu nous as mis avec Sonchelles et que les gens prudents se débarrassent, à commencer par la banque Leroy qui s'est délestée aujourd'hui d'un énorme paquet. Et ce n'est pas fini. Tu vas voir, tu vas voir les conséquences. »

Il avait un regard méchant que François ne se sentait plus en droit de soutenir.

Le lendemain, une atmosphère singulière entourait les transactions sur les Sonchelles. Des spéculateurs, flairant une opération montée, achetaient ; mais l'offre les débordait. Beaucoup de gens sérieux, attentifs aux bruits qui circulaient, passaient des ordres de vente. L'agent de change des Leroy menait l'offensive sans répit. Ce jour-là, les Sonchelles, faisant une différence de près de cent points, finirent à 1840. Par contrecoup, les autres affaires Schoudler qui étaient cotées, la banque, les mines de Zoa, reculèrent. De façon générale, toute la Bourse clôtura en baisse.

Dans l'après-midi, Noël Schoudler reçut un coup de téléphone d'Anatole Rousseau, qui lui faisait part d'une certaine inquiétude dans les milieux politiques.

« Rassurez vos amis, mon cher ministre, rassurez-les, répondit Noël. Et ne croyez rien de ce qu'on peut vous raconter. Mon fils François a commis un pas de clerc à propos d'une augmentation de capital. Là-dessus les gens brodent. Ils en seront pour leurs frais. Ça n'affecte en rien notre position et le papa Schoudler est là, derrière, soyez tranquille. Vous voulez une preuve ? Je passe ordre pour vous de deux cents Sonchelles demain, en fin de Bourse. Si elles baissent, elles sont à mon compte. Si elles montent, je les tiens à votre disposition. »

Il avait proposé cela d'un ton de camarade, comme il aurait pu dire, aux courses : « Je mets cinquante louis pour vous sur Ginger Boy. »

« Ah ! À propos, mon cher ministre, reprit-il, il y a bien longtemps que je suis officier de la Légion d'honneur. Vous ne croyez pas qu'il serait temps pour moi de songer à la cravate ? Et puis justement, étant donné ce qui se passe... Ah ! c'est en route pour François, vous êtes sûr ? Ah ! oui, en effet, le père et le fils dans la même promotion, ça ne paraît pas possible... Eh bien, retardez donc la croix de François. Il est jeune : il a le temps. »

« Est-ce un bluff ? » se demanda Rousseau en raccrochant.

Schoudler montrait-il le calme du personnage vraiment sûr de soi, ou bien le faux calme de celui qui veut dissimuler son angoisse ? Comme disait Albéric Canet, qui pourtant pendant ces journées était le seul à qui le géant se confiât un peu, « on ne pouvait jamais savoir ce que ce bougre d'homme avait dans le ventre ».

En vérité, l'opération se déroulait jusqu'à présent selon les prévisions et les volontés de Noël. Demain (les ordres étaient déjà donnés), Noël faisait soutenir, sur le marché au comptant, les actions de la Banque Schoudler et des mines de Zoa, et laissait encore tomber le cours des Sonchelles. Et puis en fin de séance, ou à la séance suivante, il rachetait ces dernières en bloc, au point le plus bas, grâce à de larges disponibilités qu'on ne lui supposait plus. Tout tenait là-dessus, sur cette masse de manœuvre. Comme d'autres, quand ils n'ont plus rien, s'efforcent de faire circuler la confiance, lui, solidement étayé, avait fait circuler la défiance. Et pour l'aider à cela, il lui avait fallu un ennemi aussi aveuglé que l'était Maublanc. D'ici une semaine, Schoudler rétablirait le cours habituel. Mais il aurait alors sur Sonchelles un contrôle non plus à douze, mais à seize ou dix-sept pour cent; il pourrait recéder ce qui lui plairait et consacrer son gain à l'augmentation de capital, dont, pour la part qui le concernait, le groupe Maublanc-Leroy aurait fait pratiquement les frais.

En même temps, preuve serait largement donnée de la légèreté de François, lequel n'aurait plus qu'à remettre sa démission au prochain Conseil. Et toute la gloire d'avoir sauvé les sucreries reviendrait à Noël, qui reprendrait tout en main.

« Mais comme j'ai eu raison de garder mes réserves en cas de coup dur; nous serions dans de beaux draps si j'avais suivi François ! » se disait-il, oubliant qu'il était lui-même le seul et volontaire ingénieur de sa machinerie. « Ce gamin, avec cette histoire, m'aura fait vieillir de dix ans ! » Et il se soutenait le cœur avec la main.

Or, Noël avait tout prévu, sauf l'entrevue que son fils décida d'avoir avec Lucien Maublanc.

François venait de fournir plusieurs mois d'un travail intense. Il n'avait pas jusque-là senti sa fatigue. Elle fondit sur lui d'un seul coup. En quelques jours, il était passé de l'enthousiasme à un état de dépression profonde. Noël n'avait pas eu de peine à le convaincre qu'il portait, lui, François, toute la responsabilité des bruits de déroute qui couraient. D'ailleurs, les deux hommes ne s'adressaient pour ainsi dire plus la parole, et Noël, voyant l'air soucieux de son fils, pensait : « Je le laisse mariner ; ça lui fait du bien. » François se taisait, avait les traits tirés et durcis. Il s'était renseigné ; il avait appris que l'impuissant menait le jeu.

François croyait à la vertu de la franchise et des explications claires.

« C'est à moi de tenter quelque chose, pensa-t-il. D'ailleurs, papa ne semble pas réaliser que nous sommes dans une situation tragique. Il vieillit ; il n'a plus le ressort qu'il aurait eu autrefois... »

Lucien Maublanc fixa le rendez-vous à son cercle, boulevard Haussmann, afin que cinquante personnes pussent bien voir que le fils Schoudler venait faire une démarche auprès de lui.

En face de François, il eut le triomphe indécent, cynique. Il était tellement sûr de lui qu'il ne craignit pas de découvrir ses batteries. Lui aussi avait son mécanisme, monté, réglé, et qui allait tout broyer.

La cigarette coincée entre les dents, et ses gros yeux laiteux fixant une gravure anglaise, il dit :

« Raclés, finis ; vous êtes ruinés, c'est mathématique. Vous ne pouvez plus soutenir Sonchelles ;

or, Sonchelles soutenait le reste. Vous vendrez vos
mines ? Bien. Voyez donc où en sera Zoa demain ! Je
vous ferai tomber au-dessous du pair, si c'est nécessaire, au-dessous du pair. Et vous lâcherez ; vous serez
forcés ! vous lâcherez tout, pour sauver la banque, et
vous ne la sauverez pas, je vais vous dire pourquoi…
Voulez-vous du porto ?

— Non, merci », dit François.

Le sang lui battait aux oreilles. Il était venu chercher de la franchise ; il ne s'attendait pas à en trouver
autant.

« Ce sont les retraits de dépôts qui vont vous tuer,
disait Maublanc. Vous serez paralysés par les retraits.
Vous serez non seulement ruinés, mais en plus vous
aurez la honte. Vous serez forcés de fermer les guichets de votre banque. Ah ! ça va vite, vous savez,
quand ça commence, la débâcle. »

François n'avait pas songé encore à cette consé-
quence qui, en effet, dès qu'elle eut été exprimée, lui
parut fatale.

« Mais enfin, quel intérêt avez-vous à cela ? s'écria-
t-il. Vous y perdez vous-même ! Que voulez-vous ?
Avoir Sonchelles ? »

Il s'engageait, au nom de son père, à céder entièrement le contrôle des sucreries pour préserver le reste,
pour que Maublanc consentît à arrêter le désastre.

« Je me fous de Sonchelles, répondit Maublanc.
Votre père m'a pris ma femme, il y a trente-cinq ans ;
vous auriez dû être mon fils, vous comprenez ? En
plus, il a dit de moi des choses affreuses qui m'ont fait
montrer au doigt toute ma vie ; et il a trouvé moyen
de me rouler chaque fois qu'il a pu. Il m'a coûté des

millions, votre père ! Vous croyez que je peux oublier tout cela ?

— Mais il ne s'agit pas seulement de mon père. Je ne vous ai rien fait, moi ! Et ma femme est votre demi-nièce…

— Si elle s'était conduite comme ma nièce, elle n'aurait jamais épousé un Schoudler. Je mets les La Monnerie dans le même sac. »

François était blanc d'une rage inutile. Il parla encore de Jean-Noël et de Marie-Ange, sans espoir, rien que pour lui-même, parce que les noms de ses enfants lui semblaient des porte-bonheur. Lulu Maublanc eut un ricanement satisfait.

« Vous annoncerez à votre père que moi aussi j'attends sans doute un enfant, dit-il. Je ne peux plus me permettre d'être philanthrope. »

Et devant le regard étonné de François, il ajouta :

« Ça vous étonne, n'est-ce pas ? Vous aussi vous avez cru aux racontars qui circulent dans votre famille ! Dites-vous bien que je ne m'attendrirai sur les Schoudler que quand je les verrai morts. »

François sortit du cercle, les tempes douloureuses, la poitrine oppressée, la vue troublée. Il avait tout essayé, tout tenté, la tractation, l'intimidation, la supplication. Il n'avait même pas pu obtenir un délai de quelques jours. Demain, par la volonté butée, vindicative, de ce vieux clubman qui tenait le destin dans ses paumes molles, Sonchelles, Zoa, la banque, toute la fortune Schoudler s'écroulerait sur le marché. Maublanc avait prononcé le mot de « krach » en disant :

« J'attends le moment où je vous reprendrai tout pour votre passif. »

« Et tout cela, c'est ma faute, pensait François. C'est moi le responsable ! »

Et il ne songeait pas à rentrer avenue de Messine, mais marchait au hasard des rues, enfermé dans son malheur comme dans une cuirasse de verre qui le séparait du monde.

XIII

À la même heure, dans le grand jardin de l'hôtel Schoudler, une dizaine d'enfants, conviés pour Jean-Noël et Marie-Ange, se demandaient à quoi ils allaient jouer. Ils avaient fini de goûter ; un peu de mousse au chocolat leur restait au coin des lèvres, et les miettes du biscuit de Savoie saupoudraient leurs robes et leurs costumes marins. L'estomac lourd de sucreries, ils dodelinaient légèrement.

Les nurses tricotaient à l'ombre.

Le petit Raoul Sandoval, maigre, les oreilles écartées, reniflait par manie en se tordant le nez et suivait Marie-Ange, pas à pas, comme un fiancé malheureux.

« Si on jouait à parler », dit-il en la regardant d'un air suppliant.

Jean-Noël bondit ; il avait trouvé : on allait jouer à « faire le bien ». Il expliqua en quoi cela consistait. La cousine Cendrine, qui portait un appareil pour lui rapprocher les dents, déclara en zozotant qu'elle refusait de se déguiser en mendigote.

« Alors, si on jouait au mariage », proposa le petit Sandoval.

Et il passa le bras autour du cou de Marie-Ange.

« Laisse ma sœur tranquille », dit Jean-Noël en l'écartant d'une bourrade.

Marie-Ange décida ; on jouerait à « l'enterrement ». Cela se passait aussi à l'église et c'était beaucoup plus amusant. Le petit Sandoval eut à s'étendre sur un banc de pierre ; on le recouvrit d'une lourde nappe, et il lui fut interdit de remuer. Il étouffait de chaleur sous l'étoffe ; le chocolat avalé lui brouillait le cœur ; il entendait les autres enfants s'agiter autour de lui, et il ne pouvait pas les voir, et il ne pouvait rien leur dire. Ce devait être ainsi lorsqu'on était mort « pour de vrai ». Est-ce que Marie-Ange aurait du chagrin s'il mourait ? Et des larmes silencieuses lui coulaient le long des tempes.

Cependant, autour de la nappe, Marie-Ange se dépensait, distribuait les rôles, désignait le suisse, voilait la veuve, faisait le prêtre, faisait tout. Elle balançait un encensoir imaginaire, secouait le goupillon, le passait à la cousine Cendrine, qui le passait à Jean-Noël.

Et soudain le mort reçut un choc au front, et sa nuque rebondit sur la pierre ; il se dressa en hurlant dans son suaire.

C'était Jean-Noël qui, avec une animosité calculée, venait de lui assener un bon coup de poing à travers la nappe.

Les nurses accoururent, délivrèrent le petit Sandoval et dispersèrent ce jeu macabre.

« *It's really a shame*[1]… » glapit Miss Mabel.

---

1. C'est une honte, vraiment…

D'ailleurs, il était l'heure de rentrer; on ajusta les
nœuds de ruban, on défripa les cols. Dans le petit
salon, les mères achevaient leur bridge, et les enfants
entendirent une voix légère prononcer :

« Alors, c'est vous qui êtes le mort, cette fois,
Jacqueline. »

Et ils furent convaincus, une fois de plus, qu'on
les brimait en leur interdisant les amusements des
grandes personnes.

Tandis qu'ils s'en allaient, traînant les pieds, les
doigts emprisonnés dans les doigts de leurs Anglaises,
François Schoudler continuait d'avancer à travers les
avenues poussiéreuses, les trompes d'autos, l'embouteillage des carrefours.

« Je vais trouver en marchant, je vais trouver. Cela
doit se régler avant demain matin. Sûrement, les
autres banques vont nous soutenir; elles sont toutes
solidaires. Et puis papa est régent de la Banque de
France. Ils ne vont pas laisser tomber un régent. Et
pourtant... Ils ont laissé tomber Boutémy, ils ont
laissé tomber... »

Il avait eu son enfance bercée par l'histoire du krach
de l'Universelle, que l'aïeul racontait tous les huit jours.
« Et nous sommes cinquante fois moins importants
que ne l'était l'Universelle... Qu'est-ce que ça changera en France? Une famille qui saute, c'est tout. »

Sans arrêt se présentait à lui, comme collée à sa
rétine, la ligne, en petits caractères d'imprimerie, de la
cote boursière : « *Cours de la veille... cours du jour...
Sucreries de Sonchelles* ». Quel serait le cours du lendemain? Est-ce que Sonchelles serait coté? Les retraits
à la banque commenceraient-ils demain?

Autour de lui s'agitait un monde lointain, indifférent : une arpette avec un carton de couturier à la main, un ouvrier qui roulait une cigarette, un couple de badauds à une devanture de fleuriste, un livreur dressé sur ses pédales et poussant un triporteur, en zigzag, dans une rue montante…

Tous ces gens, et les arbres, et les façades des maisons ne lui apparaissaient que comme à travers une vitre brouillée. Les rumeurs même avaient une sonorité différente, étrangère. En revanche, il réentendait avec précision la voix de Maublanc : « Je ne m'attendrirai sur les Schoudler que quand je les verrai morts. »

Le livreur, le fond de culotte en l'air, rapetissait, allait atteindre le haut de la rue.

« Il faut que je voie papa, il faut qu'on s'enferme tous les deux, qu'on examine ce qu'on peut faire », pensa François.

Et en même temps, il savait qu'il avait perdu tout crédit auprès de son père, que le géant ne tiendrait aucun compte de ses paroles, qu'il refuserait même de l'écouter.

« Peux pas te garer, eh ! ballot ! » cria un chauffeur de taxi.

François s'aperçut qu'il se tenait arrêté au milieu de la chaussée.

Heureux, le chauffeur, puisqu'il pouvait songer à insulter autrui !

Cet homme-là, et tous les autres passants, vivaient dans un univers facile, protégé, dont lui, François, se sentait exclu. Et si le taxi l'avait renversé ? Voilà qui aurait mis fin à son intolérable angoisse. Il y a de telles situations où seul le pire est libératoire. Bien sûr, François ne manquait pas de se rappeler ces titans de finance dont on cite l'exemple, qui, après un écroulement total, à force de labeur et d'acharnement, se relèvent en dix ans, payent tout le monde, resurgissent au-dessus de Paris, finissent entourés d'estime et de prestige. Mais il se les rappelait pour se dire qu'il n'était pas de cette race-là. Ayant Sonchelles et tous les atouts en main, voilà à quoi il était arrivé. À présent, ruiné et déshonoré, que serait-il capable d'entreprendre ? Les portes fermées devant lui... un homme rayé. Son père jadis aurait pu ; pas lui... Et Jacqueline... et l'avenir des enfants... « Je n'ai plus qu'à me foutre une balle dans la peau. »

Cette idée lui traversa d'abord l'esprit sans s'incruster ; il venait de penser cela comme des milliers de gens le pensent ou le disent quotidiennement quand quelque chose ne va pas dans leurs amours, leurs affaires ou leur santé, et que se détraque un instant la balance des valeurs profondes. Lorsque, quatre rues plus loin, il y songea de nouveau, ce n'était déjà plus « une balle dans la peau », mais « une balle dans la tête ». La notion de la mort se localisait.

« J'ai pourtant eu du courage à la guerre ! » Mais ce courage-là ne servait à rien contre la Bourse, contre Lucien Maublanc, contre la ruine. Il ne servait justement qu'à mourir. D'ailleurs le courage, en fin de compte, ne sert jamais qu'à ça.

Et les deux termes de son obsession se reformaient : *Sucreries de Sonchelles, cours du jour... cours de la veille...* « Les Schoudler... lorsque je les verrai morts. » Les couteaux de la balance commençaient à s'émousser ; l'instinct de conservation se mettait à peser moins lourd que le drame.

François ruisselait sous son veston, sentait ses membres trembler de fatigue.

Un ami qu'il rencontra soudain, Paul de Varnacé, grand et fort gaillard, arborant un œillet sombre à la boutonnière, lui demanda, en guise de bonjour, ce qu'il faisait là.

Ceci se passait au coin de l'avenue d'Iéna, et François fut incapable de répondre. Par deux fois, le grand Varnacé l'interrogea pour savoir « si ça allait bien ».

« Très bien, très bien », dit François avec un regard arrêté à mi-chemin de l'interlocuteur.

L'autre le laissa. François l'envia, comme il avait envié le chauffeur de taxi, comme il enviait chaque passant. Il avait perdu le contact avec les autres humains, avec tous ceux qui étaient occupés à se conserver, tranquillement.

Varnacé passait dans le monde pour un imbécile qui ne savait quoi faire de son argent.

« Pas plus bête que moi, en tout cas, pensa François, qui mets toute ma famille, quatre générations, sur le sable... Jacqueline serait libre ; elle pourrait se remarier avec un garçon comme celui-ci. C'est le minimum d'honnêteté de ma part. Quand on ne peut pas faire face à ses responsabilités... »

Son amour pour Jacqueline se transformait en une sorte de dette d'honneur.

« Je lui dois cela. Je ne peux pas faire moins... Deux lettres à écrire : une pour Maublanc, une pour Jacqueline... »

La nécessité de son suicide lui apparaissait maintenant indiscutable, pour vingt raisons qui en lui, vertigineusement vite, s'entrecroisaient, s'étayaient, s'imbriquaient et canalisaient sa pensée vers l'unique issue. « Payer de sa personne. » Il n'avait jamais pris garde au sens véritable de cette expression usée. Tout à coup, de se l'être murmurée, il se sentait comme traversé de lumière. Il ne possédait plus que cela, sa personne, pour payer, s'acquitter, rembourser. L'acte spectaculaire, dramatique, qui allait frapper les esprits. « Je meurs, je paie. » Il avait échoué le bateau ; il devait couler. Son échec lui interdisait de demeurer parmi les vivants, lui prouvait qu'il n'avait plus rien à y faire, sinon que de disparaître.

Vivant, il ne lui fallait rien attendre de quiconque, aucun secours, aucune excuse. Mort, tout le monde serait pour lui, avec lui, et surtout ceux qu'il laissait. C'était la seule manière d'agir dignement, et même la seule capacité d'action qui lui restât. Se jeter de tout son corps en travers du malheur emballé. Le rachat. Maublanc serait satisfait, et, à supposer qu'il ne le fût pas, il devrait reculer devant l'opinion avertie et indignée ; il n'oserait pas poursuivre son entreprise de destruction. François aurait ainsi sauvé de la ruine et de la honte son père, sa mère, sa femme, ses enfants...

Se répétant : « le rachat... je dois payer... », il retraversa la place de l'Étoile, coupant au plus court, se faufilant entre les voitures. Il était pressé à présent, et avançait rapidement dans un air qui lui semblait un peu raréfié. Les caractères d'imprimerie s'étaient comme décollés de sa rétine. Plus de Sonchelles, plus rien. « Ça va être fini, ça va aller tout seul. »

En passant devant la tombe du Soldat Inconnu, où la petite flamme dansait sous la grande arche de pierre, il se découvrit par habitude. Un couchant de cuivre incendiait les toits jusqu'à Neuilly. Un tourbillon de pigeons s'envola. François replongea dans le flot de voitures. « Si je n'avais pas rencontré Varnacé, je n'aurais peut-être pas compris. Qu'est-ce qu'il m'a dit ? je ne sais plus. Il ne faut plus que je parle à personne. Qui ai-je connu qui se soit suicidé ? »

Il se souvint, il s'étonna de se souvenir, avec une soudaine exactitude et une étrange proximité, de quelques paroles prononcées par le professeur Lartois, pendant la guerre, dans un hôpital voisin du Grand Quartier Général, un jour que lui, François, venait de conduire là un camarade qui s'était tiré une balle, à un retour de permission.

« La plupart des gens se ratent, avait expliqué Lartois, parce qu'ils ne savent pas que les régions mortelles sont de dimensions restreintes. Et puis ils s'affolent en tirant. Au cœur, neuf fois sur dix, ils passent à côté. À la tempe, ils se sectionnent le nerf optique et restent aveugles. Dans la bouche, ils tirent toujours trop bas et ne parviennent qu'à se mettre une vertèbre en bouillie. Il faut tirer très haut pour toucher le bulbe. »

Le camarade de François ne s'était pas raté. Il avait succombé deux heures plus tard, sans avoir repris connaissance. On avait dit de ce garçon qu'il était un lâche, qu'il se dérobait à son devoir. Est-ce qu'on pouvait savoir ? Il avait peut-être quelqu'un à libérer, lui aussi, et qui devait dans son acte recueillir une certitude, une certitude que la mort au combat ne donne pas. « Comme si en ce moment j'étais écrasé par une auto, à quoi cela servirait-il ? C'est toujours pour un motif incompréhensible... aux autres. Est-ce que ceux-là peuvent comprendre... », ceux-là qui passaient à côté de lui, marchant calmement de leurs pas de gens bien assurés d'exister.

Pour la première fois, François ne jugeait plus l'acte de son camarade. Au contraire, il se sentait en grande fraternité avec ce garçon qui s'était tué au milieu des risques de la guerre, pour un motif resté inconnu. Il le rejoignait dans cette région lointaine, à l'extrême frontière de l'univers mental, où s'élaborent les trépas volontaires.

Une pendule marquait neuf heures moins le quart.

« Ils sont à table, avenue de Messine », se dit-il.

Songeant à son couvert vide, à gauche de sa mère, il fut saisi d'une grande faiblesse. « C'est en entrant que ça va être dur de ne pas aller à la salle à manger, de monter directement dans ma chambre. »

XIV

Le dîner se déroulait, avenue de Messine, dans une atmosphère pesante. Noël, sachant déjà par Albéric Canet qu'on avait vu François au cercle, en discussion avec Maublanc, se taisait et ruminait sa colère.

« De quoi est-il allé se mêler, ce gamin stupide ! Il n'avait pas fait assez de bêtises comme ça ? Je vais l'expédier à l'étranger, celui-là, ou bien le reprendre en main, avec moi, à côté de moi ! Plus un geste sans mon contrôle, et le faire crever de travail. En tout cas, qu'est-ce qu'il va prendre, tout à l'heure ! Il va m'entendre ! »

La baronne Schoudler, quoique de tout temps tenue par son mari en dehors des questions d'affaires, sentait bien qu'un mauvais vent passait, d'autant plus que Noël avait donné ordre depuis la veille de cacher *L'Information financière* à l'aïeul. Les connaissances boursières de la baronne se limitaient à ce grand principe : « On achète à la baisse et on vend à la hausse. » Elle appartenait à une génération où les femmes étaient laissées dans l'ignorance du montant de leurs propres revenus.

Pourtant, elle avait regardé la cote, elle aussi, dans l'après-midi, et s'était permis de dire à Noël :

« Mais, mon ami, puisque les Sonchelles baissent, est-ce que ce n'est pas le moment d'acheter ? »

Le géant lui avait jeté un regard méchant, et répliqué :

« Vous pourriez garder, Adèle, vos bons conseils pour votre fils. Il en a plus besoin que moi. »

Jacqueline était nerveuse. Partiellement au courant des difficultés, sans toutefois les bien comprendre, elle s'inquiétait de la santé de son mari, et, plus immédiatement, de son absence. « Pourvu qu'il ne soit rien arrivé à François. Il ne se sentait pas bien... C'est invraisemblable qu'il n'ait pas téléphoné. »

Cette nervosité aidant, elle demanda que dorénavant « on » n'emmenât plus Jean-Noël à la distribution aux pauvres. Miss Mabel avait trouvé une puce sur l'enfant ce matin-là. Un tel genre de charité était malsain, à tous points de vue.

Jacqueline savait que le moment des repas était peu choisi pour contrarier les volontés de l'aïeul ; la mise en marche de l'appareil digestif, dans ce vieil organisme, exigeait tout un travail pénible de la circulation sanguine.

Mais, quoique parfaitement respectueuse envers sa belle-famille, Jacqueline n'aimait pas à garder longtemps ce qu'elle avait sur le cœur ; lorsqu'une vérité lui semblait donc bonne à dire, elle l'exprimait avec tout à la fois la vivacité des d'Huisnes et la hauteur des La Monnerie.

Toutefois, par manque d'âge et aussi d'assurance physique, elle ne pouvait pas encore se dispenser, quand elle prononçait une parole désagréable à quelqu'un, de se tourner vers une tierce personne, cherchant du regard témoignage, sinon approbation.

Comme à l'accoutumée, ce fut de sa belle-mère que l'aide lui vint.

« Vous avez parfaitement raison, ma chère petite. Cet enfant risquerait d'attraper là toutes les… »

La baronne Schoudler n'acheva pas sa phrase. L'aïeul était devenu violet. D'énormes veines se gonflaient sur son front. La colère étincelait dans l'eau qui emplissait ses paupières affaissées.

« Je suis encore le chef de cette famille… han… et ce n'est pas… han… cette gamine, ni vous, Adèle !… »

Et il lança sur sa belle-fille, à toute volée, la tranche de pain grillé qu'il tenait à la main. Son dentier claquait, entre ses rauques aspirations.

« Rien… rien… rien », cria-t-il sans aucune association apparente avec ses précédentes paroles.

Le maître d'hôtel en livrée à la française restait immobile, tenant en équilibre, sur l'avant-bras, un long plat d'argent où s'inclinaient les tranches du roast-beef au milieu d'une verte garniture de cresson.

Alors, la paume de Noël s'abattit sur la nappe.

« Est-ce qu'on ne pourrait pas laisser mon père prendre ses repas calmement, et moi aussi par surcroît ? Est-ce que vous croyez que nous n'avons pas d'autres soucis ? dit-il sans ménager sa violence. Si c'est nécessaire, j'exigerai qu'on se taise pendant que mon père mange. »

Sa respiration était bruyante et il avait déjà les doigts à son faux col.

Jacqueline allait répondre avec verdeur qu'il serait encore beaucoup plus simple qu'elle prît désormais ses repas au-dehors ; mais sa belle-mère eut vers elle une expression douloureuse. Prises entre la vie vacillante de l'ancêtre et la prétendue maladie de cœur du géant, les deux femmes se turent.

« Et d'abord, pourquoi François n'est-il pas là ? demanda le vieux Siegfried au bout de quelques instants.

— Il pourrait avoir la décence de prévenir, renchérit Noël. Cette maison n'est pas un restaurant. »

Jacqueline, décidée à ne plus intervenir, donna à son silence un air de réprobation. Elle venait de saisir le regard échangé entre le maître d'hôtel et le valet de pied qui servait les légumes ; elle se disait que chez les La Monnerie, jamais scènes semblables ne se fussent déroulées en présence des serviteurs. « Nous, nous tenons aussi à la considération de nos domestiques. » Décidément, François était le seul Schoudler qui eût de la dignité, le seul qui montrât un caractère et des manières de gentilhomme. Mais que pouvait-il faire à cette heure ?

La grande porte d'entrée claqua.

« Ce doit être lui », dit la baronne.

Jacqueline tendit l'oreille, crut reconnaître le pas de son mari dans le grand escalier, puis pensa s'être trompée.

Le dîner se poursuivait dans un silence rompu seulement par le bruit des couverts. Jacqueline mangeait à peine. Un mot innocent de la baronne Schoudler sur un juif de leurs relations fit repartir la colère de l'ancêtre qui avait mal entendu.

« Mon père était déjà converti, et j'ai été… han… baptisé à ma naissance, cria-t-il. Mais nous n'avons jamais renié nos origines… han… quoique nous ayons toujours depuis épousé des femmes catholiques ! »

Un fracas se produisit à ce moment quelque part dans la maison aux murs épais et aux pièces nombreuses.

« Qu'est-ce qu'il se passe ? demanda Noël. C'est encore à la cuisine… »

Quelques instants après, Jérémie, le vieux valet de chambre, entra, blanc et les mains tremblantes. Il alla droit à Noël et lui parla à l'oreille.

Le géant blêmit, jeta sa serviette et s'élança hors de la pièce.

Une angoisse irréfléchie traversa Jacqueline, comme une barre de métal se tordant dans sa poitrine ; elle courut derrière son beau-père, aussitôt suivie de la baronne Schoudler.

« Alors quoi ! on me laisse seul ? » demanda l'aïeul.

À la porte de la chambre de François, Noël Schoudler, les bras écartés, cria :

« Non, n'entrez pas, ma petite, je vous en supplie ! Toi non plus, Adèle ! »

Jacqueline bouscula le géant.

Le corps de François était affaissé contre le pied du lit, la tête renversée, la bouche ouverte et sanglante. La balle, en ressortant, était allée crever un tableau au mur. François avait tiré très haut. Il y avait deux lettres cachetées sur la table. Jacqueline entendit un hurlement de bête, qui était son propre cri.

XV

Des deux lettres laissées par François, Noël Schoudler subtilisa celle adressée à Lucien Maublanc et, en ayant pris connaissance, la brûla aussitôt. Il affirma toujours par la suite que son fils n'avait écrit qu'une seule lettre, pour Jacqueline.

Quelque soin qu'ait pris Noël d'organiser la conspiration du silence, la nouvelle, par indiscrétion des domestiques, filtra, d'abord dans le quartier, puis à travers la ville, dès les premières heures de la matinée. Les financiers commençaient d'agiter leurs téléphones, de telle sorte qu'à la Bourse, et avant même que s'ouvrît le marché, l'atmosphère était aussi dramatique que si la dissolution des Chambres avait été décidée dans la nuit. On ne parlait que du suicide du fils Schoudler. On l'attribuait à des causes diverses : spéculation malheureuse sur les sucres, jeu massif sur les marchés étrangers, irrégularités de gestion pour masquer une situation compromise. Tout ce qui s'était chuchoté les jours précédents recevait une confirmation tragique et les pires pronostics étaient autorisés ; on allait sans doute assister au krach le plus considérable depuis la fin de la guerre.

« Mais c'était sûr ! affirmaient ceux qui veulent avoir toujours prévu les désastres. Les Leroy ne sont pas des fous. S'ils vendent à perte depuis plusieurs séances, ils ont leurs raisons. D'ailleurs, il y avait un tas d'indices depuis longtemps. Qu'est-ce que le père est allé fabriquer en Amérique, hein ? Voulez-vous me le dire ? »

Les principaux agents de change et les représentants des grandes banques privées se contentaient de hocher la tête sans répondre, ne se confiant à voix basse qu'à quelques rares intimes, et préparaient leur plan de bataille.

La panique avait également gagné les milieux d'affaires. Les métallurgistes, qui formaient la principale clientèle de la banque Schoudler, faisaient effectuer aux guichets de la rue des Petits-Champs des retraits massifs qui commençaient de gêner la trésorerie de la banque.

C'est alors que sur le grand escalier de la Bourse, quelques instants avant midi, on vit paraître Noël Schoudler. Il gravissait les marches, immense, un peu courbé, s'appuyant d'une main sur sa canne et de l'autre sur le bras de son agent de change, Albéric Canet, petit homme mince et sec qui avait l'air découpé dans une feuille de papier.

Du péristyle grouillant où se tenait le marché de la coulisse, montait déjà, dans l'attente énervée du coup de cloche d'ouverture, un brouhaha d'émeute qui tout à l'heure allait grandir, se gonfler, retentir à travers tout le quartier.

Un chuchotement courut à travers ce vacarme. Les boursiers se poussaient du coude.

« C'est Schoudler ! Voilà Schoudler ! Schoudler ! »

Il était blême, ses grosses paupières rougies par une nuit de chagrin et d'insomnie ; sa cravate noire s'enfonçait dans l'échancrure d'un gilet à dépassant blanc.

Il n'eut pas de peine à fendre la presse ; on s'écarta devant lui avec le respect qu'inspirent les grandes catastrophes. Il pénétra dans le vaste hall qui, avec ses fresques pisseuses, ses écussons des capitales boursières pareils à des réclames de tourisme, ses colonnes carrées, ses barrières séparant les groupes, ses pupitres érigés en autels, ses tableaux de cotations pendus comme des horaires, sa lumière terne tombant des vitrages sur la foule en veston noir, semblait une ancienne gare affectée à un culte triste.

On n'avait pas vu Noël à la Bourse depuis quinze ans. À beaucoup, il apparut comme un revenant ; à d'autres, plus jeunes, il faisait figure de mythe devenu soudain palpable. Ce vieux géant, portant tous les signes de la richesse et du malheur, qui venait se défendre lui-même et tenir tête, provoquait malgré tout l'admiration.

Noël avançait toujours, lentement. Il leva les yeux vers les tableaux : « *Sonchelles... cours précédent :* 1840. » À combien allait-on ouvrir ?

À un homme d'âge qui l'abordait, il dit simplement :

« Tu me trahis, toi ! »

Il laissa tomber quelques paroles brèves, à droite, à gauche, dans lesquelles chacun cherchait à discerner un sens caché, une menace ou un aveu de défaite.

Comme Albéric Canet allait pénétrer dans la corbeille, cette enceinte circulaire au centre du hall réservée aux seuls agents de change et où se discutait le marché à terme, Noël le prit par la manche.

« Vous me soutenez vraiment jusqu'au bout, Albéric ? » demanda-t-il.

Le petit homme garda le front ferme sous le regard noir du géant.

« Je vous dois tout, Noël, à vous et à votre père, répondit-il. J'irai jusqu'où je pourrai. »

Puis il prit place, le plus petit d'entre ses confrères, contre la balustrade rembourrée de velours rouge, où les agents de change, vêtus de belles étoffes bien repassées, leurs chaînes de montre barrant d'or leurs gilets, étaient accoudés comme au bord d'un puits. Albéric Canet jeta sa cigarette à demi consumée sur le tas conique de sable clair, chaque jour rafraîchi, qui emplissait le fond de la corbeille et qu'un agent de change appelait en plaisantant « le tombeau des syndics », regarda la pendule dont les deux aiguilles étaient presque superposées…

Le coup de cloche retentit.

« J'ai du Sonchelles !… J'ai du Sonchelles !… » lança aussitôt l'agent de change de Maublanc, le buste penché, le bras tendu, la paume ouverte.

Une énorme clameur monta au même instant de tous les points du hall, comme une marée se précipitant dans une grotte profonde. La frénésie quotidienne s'emparait des adeptes du culte triste, répartis à leurs différents autels ; et la coulisse, à l'extérieur, produisait autant de bruit à elle seule que le reste de la Bourse. Partout des bouches ouvertes, violentes, voraces, des poings brandis, des doigts qui suppléaient aux cordes vocales devenues impuissantes, une télégraphie de sourds-muets… Les marqueurs en blouse, au-dessus de cette hystérie, épongeaient les tableaux noirs, traçaient des chiffres à la craie, les effaçaient immédiatement.

Séparés de la plèbe des officiants et paraissant plus calmes d'être moins nombreux, les grands prêtres, le ventre collé à leur margelle de velours rouge, débattaient les chiffres qui allaient se transmettre aux coteurs, se crier dans les téléphones, s'inscrire sur les tableaux à commande électrique.

« J'ai du Sonchelles !… J'ai du Sonchelles… Combien ? »

Le premier cours s'établit à 1550, sur quatre mille titres offerts.

Noël Schoudler, demeuré en deçà du pupitre circulaire qui délimitait l'enceinte de la corbeille, dominait des épaules tout un groupe de commis et de « grouillots » qui partaient en courant à travers la cohue, revenaient avec des papiers, des télégrammes. De temps en temps, appelant un garde, Noël faisait venir Albéric Canet, lui parlait à l'oreille, lui glissait une note. Canet couvrait son carnet de nombres microscopiques, soulevait des fiches par le coin, dans le creux de sa paume, réexpédiait ses commis. On sentait que tout le personnel de sa charge était employé à l'exécution des ordres du géant.

Le suicide de François avait déclenché un affolement que l'offensive Maublanc, seule, n'eût pu causer; et des renseignements funestes arrivaient sur l'importance des retraits rue des Petits-Champs.

Au premier groupe du comptant, la Banque Schoudler baissait; à la « guitare », les Zoa baissaient. C'était là, sur ces deux terrains, que Noël, pour l'instant, se faisait défendre, remontant le cours de cinquante francs, le laissant reglisser, le remontant encore, luttant contre la panique à coups de millions. Jamais il n'aurait pu, de son bureau, un jour pareil, distribuer ses réserves et user du prestige de sa présence massive.

Mais toujours, à la corbeille, les sucreries tombaient, dans un croisement incessant de vociférations.

« J'ai du Sonchelles !... Combien ?... Huit cents... Douze cents... Je prends à 1420... Je prends à 1400 !... Combien ?... Cinq cents, à 1400, envoyez !... Sonchelles ! Combien ? Deux mille... Je prends à 1350... 1350, deux cents, envoyez !... Sonchelles, j'ai du Sonchelles... »

L'offre était écrasante, la demande s'amenuisait. Au tableau électrique, les chiffres viraient dans leurs cases. Certains agents ne s'exprimaient plus que par gestes, paume ouverte, paume rentrée.

« Conduis-moi au box de M. Canet », dit Noël à un grouillot.

Dans la salle carrée attenante au grand hall, une quarantaine de cages minuscules et vitrées, le long des murs, contenaient des hommes de tous âges qui s'égosillaient au téléphone, avec tous le même front barré, les mêmes yeux exorbités et mouvants d'insectes affolés dans leurs alvéoles. Au-dessus d'une de ces cages était gravé dans le cuivre le nom de l'agent de change. Le géant s'y enferma, devint un des insectes noirs, mais plus gros que les autres et comme vu à travers une loupe.

« Gutenberg 46 virgule 2… non, mademoiselle, Gutenberg… Gu-ten-berg… oui, virgule deux », cria Noël Schoudler.

L'énorme clameur continuait à retentir de l'autre côté de la porte vitrée.

« Allô ! C'est vous, Muller, reprit-il en baissant la voix. Il faut tirer une spéciale tout de suite, à toute allure. Sur quoi ? Je m'en fous. Ce qu'il y a aux dépêches… Une émeute à Bombay ? Parfait ! Et puis à la une, le papier sur la mort de mon fils. Je n'ai rien à cacher. Je veux l'annoncer avant les autres. Et puis les premiers crieurs à Bourse. Il faut qu'ils soient là d'ici une heure au maximum, vous m'entendez ; *il faut* ! »

Il regarda sa montre. Les guichets, rue des Petits-Champs, avaient fermé normalement une demi-heure plus tôt. Ils ne rouvriraient qu'à trois heures de l'après-midi. D'ici trois heures… Sa pensée travaillait dans quatre ou cinq directions à la fois.

En sortant du box, il crut qu'un étourdissement le saisissait, car la grande clameur du hall lui parvenait affaiblie, voilée, presque éteinte. Mais non, ce n'était pas lui qui défaillait, c'était pire : c'était la Bourse.

Presque partout les transactions venaient de s'arrêter. Et Noël reconnut cette stupeur des jours de catastrophe, quand les boursiers se regardent en se demandant ce qu'ils viennent de faire, et quelle va être sur chacun d'eux la répercussion. Sans conviction, l'agent de change de Maublanc s'obstinait :

« J'ai du Sonchelles… »

Tout le monde en avait ; ils étaient dix qui venaient d'en offrir, d'en jeter par-dessus la rampe rouge, par-dessus « le tombeau des syndics » maintenant jonché de bouts de cigarettes, dans le puits, dans le néant... Et plus personne ne se déclarait preneur.

Noël Schoudler n'avait pas imaginé qu'on irait jusque-là, que l'on serait forcé de remonter de si bas, si l'on remontait. Il revint contre le pupitre circulaire ; de deux doigts, il fit à Albéric Canet un signe qui voulait dire : « Allez-y ! » Il savait que désormais sa marge de chance était mince.

« À 1270, je prends... Combien ?... Envoyez ! Envoyez ! Envoyez ! »

C'était la voix sèche d'Albéric. En quelques instants il ramassait huit mille titres au cours de 1270 francs.

Le syndic des agents de change, homme d'âge à la peau rosée, aux cheveux blancs et bouclés à la pointe, prit doucement Albéric Canet par le bras et l'attira un peu à l'écart.

« Vous savez, mon cher ami, que toute la Compagnie est solidaire, lui dit-il à mi-voix. Je me permets donc de vous demander très confidentiellement si vous êtes couvert. Parce que sinon je me verrais forcé...

— J'ai réalisé vingt-cinq millions de ma fortune personnelle pour être en parfaite sécurité, répondit Albéric Canet du même ton...

— Ah ! Dans ce cas... »

La fidélité, le dévouement, les inspirations sentimentales ne sont pas le propre des gens de Bourse. Le syndic hocha la tête, avec une expression d'incompréhension admirative devant cet acte à peu près sans exemple. « À moins que ce soit une habileté supérieure… », parut-il penser.

Noël Schoudler, du regard, avait suivi le colloque et en avait deviné le sens.

« Si Albéric me lâche… », se dit-il. Il pensa à cet instant à son fils et ajouta intérieurement, s'adressant à cette âme encore chaude : « Mon petit, mon petit, aide-moi ! »

L'agent de change, lorsqu'il revint à la rampe de velours, avait le visage blanc.

Il était à peine plus d'une heure et demie quand les premiers vendeurs de *L'Écho du Matin*, chemises ouvertes, visières cassées, et les bras noircis d'encre fraîche, gravirent en courant le grand escalier.

« Édition spéciale ! Émeutes à Bombay ! Deux cents morts ! Édition spéciale ! »

Au bas de la première page du journal figurait, entourée d'un large trait noir, la photographie de François Schoudler, accompagnée d'un article en italique : « *Un affreux accident survenu dans la soirée d'hier a coûté la vie…* »

La version officielle, authentifiée par le professeur Lartois, « *membre de l'Académie française, aussitôt appelé* », établissait que le malheureux jeune homme s'était mortellement blessé en nettoyant une arme à feu. Tous les efforts faits pour le rappeler à la vie avaient été vains. Suivaient un long éloge de François, de sa bravoure pendant la guerre, de ses talents d'homme d'entreprise, des qualités qu'il avait déployées comme administrateur des sucreries de Sonchelles, et la stupeur douloureuse de la rédaction de l'*Écho*, et les condoléances.

La bataille avait repris autour des Sonchelles :

« À 1280, je prends !... 1290, je prends ! À 1320, je prends ! »

Noël respira mieux. Albéric Canet avait tenu parole.

Les transactions repartaient. De nouveaux regards interrogateurs s'échangeaient un peu partout. Est-ce que vraiment Schoudler tenait ? Et s'il tenait, alors...

L'agent de change de Maublanc tenta une nouvelle offensive de baisse, vainement. La demande revenant, les autres vendeurs haussaient leurs offres. Certains, vendeurs l'heure précédente, se replaçaient acheteurs. Et Canet continuait à ramasser... 1400... 1430... Les chiffres pivotaient, là-haut, sur le tableau. La défaite passait chez l'adversaire.

L'Écho du Matin circulait de main en main.

À présent que le décès de François était annoncé, les boursiers ne pouvaient faire autrement que de venir à Schoudler et de lui apporter leurs condoléances.

« Nous ne savions pas, disaient-ils... Nous venons de lire... c'est affreux. J'admire votre courage, dans une pareille circonstance...

— Oui, c'est affreux, c'est affreux », répétait le géant.

Et les autres s'éloignaient, perplexes. Après tout, le fils avait très bien pu se tuer pour une histoire de femmes ! Et le renflouement soi-disant refusé par les Leroy, qu'est-ce qu'il y avait de vrai là-dedans ? Est-ce que le vieux requin n'aurait pas joué justement sur la mort de son fils ?

« Allons donc. Il n'aurait pas frisé à plaisir la catastrophe. Il y a autre chose là-dessous.

— À combien est Sonchelles en ce moment ?

« — Quinze cents.

— Qu'est-ce que je vous disais ? En tout cas, il est rudement costaud. C'est de l'autre génération, ça. On n'a plus ce cran-là, aujourd'hui. »

À deux heures et quart, Sonchelles cotait 1550, et c'est à ce cours qu'on clôtura. Les échanges avaient porté sur près de vingt mille titres, et l'agent de change de Lulu Maublanc savait quelle « culotte » avait prise son client.

Quand Noël et Albéric Canet redescendirent le grand escalier, les deux hommes étaient fatigués d'une fatigue lourde, physique, musculaire. L'agent de change avait la voix cassée, les oreilles encore vibrantes d'ordres hurlés. Mais il était fier de lui et aspirait l'air chargé de soleil avec le sentiment, sur cette place pavée, d'être en pleine campagne. Noël s'épongeait le cou avec son mouchoir. On les regardait avec déférence, comme de grands hommes.

Ils confrontèrent leurs chiffres. Ils sortaient bénéficiaires et le seraient doublement quand, dans deux ou trois jours, les actions remonteraient normalement aux alentours de 2 000. L'opération conçue par Noël avait, en dépit de tout, réussi.

« Mais en grande partie grâce à vous, Albéric. Je ne l'ignore pas, dit-il.

— Nous revenons de loin », répondit simplement l'agent de change.

Les balayeurs commençaient à pousser les papiers sur les marches. Les feuilles de *L'Écho du Matin*, froissées, piétinées, jonchaient la pierre, avec le visage de François, dans son cadre de deuil.

« Oui, de loin… dit Noël Schoudler, baissant la tête. Mais à quoi tout cela sert, maintenant, mon pauvre Albéric ? Pour qui est-ce que je viens de travailler ? »

Il se cacha les yeux dans sa lourde main.

« Mais pour vos petits-enfants, pour votre femme, pour votre famille, répondait Albéric Canet. Et puis, pour tout ce qui dépend de vous, tous vos employés, tout ce que vous avez créé… pour vous-même. Vous n'alliez pas vous laisser crouler ?… Oui, évidemment, je comprends bien… ce n'est plus la même chose !

— Non, non ! maintenant ce n'est plus la même chose », répéta Noël en se laissant conduire vers la voiture.

XVI

L'enterrement de François eut lieu le surlendemain. Le premier vicaire de la paroisse vint préalablement trouver Noël Schoudler. Cet ecclésiastique au dos filiforme et aux mains grêles était fort gêné de ce qu'il avait à dire. On avait prétendu que… Une rumeur, fruit sans doute de la malveillance publique, laissait entendre… Pour couper ses phrases, le vicaire, jouant de la pointe de la langue dans l'intervalle de ses dents, produisait un petit bruit de succion.

Noël lui demanda avec froideur s'il jugeait insuffisante la déclaration du professeur Lartois au sujet de la mort accidentelle de François et si la signature de cet éminent académicien était de celles qu'on pouvait mettre en doute. Noël apprit d'autre part au vicaire que l'absoute serait certainement donnée par le père de Granvilage, proche cousin des La Monnerie, et qui officiait toujours pour eux et pour leurs alliés directs.

En entendant nommer le provincial des dominicains, le premier vicaire eut un mouvement plongeant :

« Ah !... dans ce cas... dans ce cas... » fit-il.

Et il se plut à vanter les mérites de cet ordre, « qui a l'esprit si large », ajouta-t-il en regardant de biais le banquier. Évidemment c'était un ordre riche, très riche même !

« Oserais-je dire, monsieur le baron, que l'aristocratie et la haute fortune parisienne semblent concentrer leurs bienfaits sur la compagnie de Jésus et l'ordre de saint Dominique, qui en sont certes infiniment dignes, oh ! infiniment dignes, alors que le clergé séculier, dont le rôle est souvent bien ingrat et qui doit faire face à de très lourdes charges, est aidé surtout par les classes moyennes et pauvres. Non que les dons de ces dernières soient méprisables, loin de moi pareille pensée ! Le Seigneur n'a-t-il pas dit que l'obole de la veuve... »

Noël Schoudler ne s'en tira qu'en promettant à l'église du quartier les fonds pour une statue de sainte Thérèse, en mémoire de François.

« Savez-vous que nous sommes l'une des dernières paroisses de Paris à n'avoir pas encore notre petite rose de Lisieux ? dit le vicaire. M. le doyen du chapitre m'en faisait l'autre jour la remarque. Et je sais que beaucoup de nos paroissiennes s'en affligent. Je suis sûr que cette merveilleuse sainte, si pleine d'amour envers les jeunes êtres, intercédera auprès de Notre-Seigneur pour le repos de votre cher fils. »

Il s'en alla, suçant ses dents, et fort content de sa négociation.

L'assistance à la cérémonie fut très nombreuse; et l'on devait se rappeler cet enterrement comme l'un des plus marquants de l'année. Trois générations de Parisiens s'y côtoyaient. La jeunesse, d'ordinaire si clairsemée en ces circonstances, formait la majorité. Une quantité de garçons, tel Paul de Varnacé, qui n'eussent sans doute pas prêté cinquante mille francs à François pour le tirer d'affaire, avaient des faces sérieuses, barrées d'une peine sincère. Cette irrégularité du destin les affectait à titre personnel et leur semblait absurde, inexplicable. La mort paraît toujours inexplicable quand elle commence à abattre autour de nous des têtes pas encore mûries. Elle venait de faire irruption, le bandeau sur les orbites, parmi la génération des hommes de trente ans.

« Je l'avais rencontré une heure plus tôt, disait Varnacé. Il avait l'air un peu distrait, mais rien ne permettait de penser... »

Chacun cherchait à ce suicide une raison plausible, quelque signe annonciateur et par là même rassurant.

« Il avait été très sonné par sa blessure de guerre, affirmaient certains.

— Même avant cela, je me souviens, disait un camarade de promotion de François, je me souviens d'un steeple à Saumur où son cheval s'est cassé sur un gros obstacle. Vraiment cassé, net; la colonne vertébrale brisée. J'ai été frappé le soir par l'état d'abattement de François. Il n'avait pas les nerfs solides. »

Tous étaient comparables à des enquêteurs penchés sur les débris calcinés d'un avion pour déterminer les causes d'une perte de vitesse.

Ce catafalque dressait sur leur route une borne noire, avec les distances marquées entre la naissance et la fin. Un changement de département… Et nombreux étaient les amis de François rassemblés dans cette église qui songeaient aux premiers fils blancs apparus sur leurs tempes ou à l'échec amoureux qu'ils venaient de subir, ou aux difficultés qui s'amoncelaient dans leur existence ; et chacun disait adieu, en soi-même, à un sentiment d'adolescence illusoirement prolongé.

Leurs compagnes, pour qui François Schoudler, depuis dix ans, avait successivement représenté le danseur disputé, le parti convoité, le héros, enfin l'amant possible, cachaient leurs jolies dents sous des lèvres sérieuses, et, regardant du côté des hommes pour y chercher chacune un visage d'époux, s'identifiaient à Jacqueline et s'efforçaient, s'imaginant veuves, de concevoir son chagrin.

Or, l'état de Jacqueline dépassait toutes leurs imaginations. Elle n'était pas à l'enterrement. Elle était sous la surveillance d'une garde-malade, avenue de Messine, refusant toute nourriture, toute visite, toute parole. Ses yeux brûlants et taris enfouis dans l'oreiller, elle gisait sur son lit et essayait de mourir.

Parfois, elle était saisie d'une crise de nerfs et se mettait à hurler comme un chien écrasé ou une femme en couches. Et c'étaient bien les deux douleurs qu'elle ressentait : l'écrasement d'abord, comme si toute une nuit de marbre s'était écroulée sur elle, et puis l'enfantement de sa propre mort qu'elle s'efforçait sans arrêt de produire dans le fond de son cœur et de ses entrailles.

Jacqueline avait perdu tout sens de l'écoulement du temps ; elle ignorait qu'en ce moment, devant le catafalque de François, le père de Granvilage officiait, la blancheur de sa robe rehaussée par les ornements mortuaires, et environné d'égards épiscopaux, avec le premier vicaire voletant autour de lui comme une mouche autour d'un morceau de sucre. Elle ignorait qu'il y avait maintenant trois jours qu'elle n'avait pas dormi.

Sa pensée ne se formait plus que dans les couches profondes de la subconscience. L'une des rares phrases qu'on l'eût entendue prononcer avait été :

« Il n'est pas possible de ne pas mourir quand on le veut autant. »

Son immense espérance semblait s'accomplir lorsqu'elle sentait son cœur s'arrêter de battre et la nuit totale se faire dans son cerveau. Et puis, une crise de nerfs la rejetait à la vie, et elle hoquetait : « François, François ! », de longs instants, les bras tendus vers un infini qu'elle était seule à entrevoir.

Rarement famille reçut devant la sacristie plus de regrets véritables et d'éloges du disparu que ce matin-là la famille Schoudler. L'aïeul, dans son dernier habit vieux de trente ans, ne reconnaissait personne et inclinait ses longs favoris. Jérémie, le valet de chambre, se tenait en arrière, pour le cas où le vieillard aurait été pris de faiblesse ; mais non, ses muscles séchés, ses artères durcies supportaient encore très convenablement l'épreuve physique de cette station debout ; la distribution quotidienne aux pauvres du quartier lui avait donné de l'endurance.

Il ne ressentait la perte de son petit-fils que d'une façon très atténuée, et même l'appareil funéraire ne lui causait aucun choc émotif.

Cet ancêtre aux paupières sanglantes, en face de ce cercueil de jeune homme, semblait enseigner une vérité inquiétante comme un verset biblique.

Jean-Noël et Marie-Ange avaient également leur serviteur derrière eux en la personne de Miss Mabel, chargée de les surveiller et de les conduire. Marie-Ange portait la robe qui lui avait été faite pour l'enterrement de son grand-père La Monnerie, et dont on avait juste eu à ouvrir l'ourlet.

Les deux enfants étaient plus effrayés que tristes. « C'est papa qui est là-dessous », se disaient-ils en regardant le catafalque.

Noël Schoudler aperçut soudain, parmi les têtes, le crâne de Lucien Maublanc. L'impuissant venait jouir de sa victoire. Elle lui coûtait assez cher – plus de dix millions en quarante-huit heures – pour qu'il s'offrît au moins cette satisfaction.

« Ah ! oui, ils ont mal, bien mal, ces bandits de Schoudler. Voilà. Je porte malheur à ceux qui veulent me nuire », se disait-il en avançant avec la foule lente.

« Je ne peux tout de même pas faire un scandale, pensa Noël Schoudler dans une brusque bouffée de colère. Mais oser... oser venir ici... »

« Toutes mes condoléances, mon pauvre vieux », dit Lulu Maublanc.

Les deux vieux hommes qui avaient écrasé un grand garçon plein de projets et de vie entre leurs machines financières se serrèrent des mains irréconciliables.

« Toi, j'aurai ta peau, je l'aurai… Tu peux être tranquille ! » se dit le géant en regardant Lulu droit dans ses yeux laiteux.

XVII

Le retour du cimetière à l'avenue de Messine fut silencieux. La baronne Schoudler pleurait sous son voile, sans arrêt. L'ancêtre somnolait. Noël semblait empli de pensées qu'il ne voulait pas communiquer, et passait par instants son mouchoir dans son faux col. Les enfants, dont l'effroi continuait, environnés de ces crêpes, ces plastrons glacés, ces sanglots, ce silence, n'osaient même pas se regarder l'un l'autre.

À chacun, aux grands-parents aussi bien qu'aux enfants, l'hôtel parut modifié, comme si l'air y avait pris une autre densité, une autre résonance. Les yeux reprenaient une conscience fraîche de la dimension des pièces, de l'usure du tapis aux endroits souvent piétinés.

« Tiens ! Quand a-t-on changé cette console de place ? demanda Noël.

— Mais elle n'a pas été changée, mon ami », répondit la baronne en levant vers son mari un visage tout bouilli par les larmes.

Elle se sentait une sorte de vieille orpheline qui n'avait plus aucune joie à attendre, et dont le malheur ne pourrait s'atténuer.

« Mais si, elle était sur l'autre panneau, insista Noël.

— Oh ! il y a longtemps. C'était au début de notre mariage. »

La baronne aspira fortement, puis s'écria :

« Mais enfin, comment cela a-t-il pu arriver, Noël, comment ? Est-ce qu'il était malheureux sans nous le dire ? Est-ce que nous n'avons pas fait tout ce que nous pouvions ? »

Le suicide est la forme de mort qui, plus qu'aucune autre, donne à l'entourage le sentiment de culpabilité. Et tout le monde dans l'hôtel, maîtres et serviteurs, avait un air coupable. Même les enfants se demandaient si leur jeu de l'autre jour n'avait pas attiré la punition du Bon Dieu. Noël détourna la tête sans répondre et alla s'enfermer dans le bureau aux murs de cuir vert.

En déchaussant l'ancêtre, Jérémie s'arrêta en contemplation devant le vieux pied difforme, pareil à une racine ; au milieu de ce paquet de veines et de corne, il avait distingué une tache insolite.

« Je crains que monsieur le baron n'ait un cor, dit-il.

— Allons, bon, dit l'ancêtre, il ne manquait plus que cela ! »

Dans la soirée, Lartois vint revoir Jacqueline et sortit de la chambre, le visage soucieux.

« Est-ce donc vrai, lui demanda Noël, qu'il y ait des gens qui meurent de chagrin ?

— Mais oui, mon cher ami, cela arrive, et assez souvent, répondit le médecin. Vous constatez cela même chez certaines espèces animales. Prenez les bouvreuils ; quand l'un des membres du couple meurt, l'autre cesse de chanter, ses plumes se ternissent, il ne s'alimente qu'à peine, et puis, un matin vous le retrouvez les pattes en l'air dans le fond de la cage. Et cette malheureuse Jacqueline m'a l'air d'être de l'espèce bouvreuil. Enfin, j'espère que nous l'en sortirons ; je la fais soutenir par des piqûres. Mais c'est une bataille ! Rien n'est plus difficile à défendre qu'un organisme qui ne veut plus vivre ; on n'a pas de prise. Elle peut nous faire une congestion cérébrale, elle peut… Attendons demain. Et vous, cher ami, comment soutenez-vous ce choc ? Pas de troubles ? »

Noël Schoudler réalisa alors que, durant cette succession de drames, sa maladie de cœur l'avait laissé parfaitement en paix.

« Je vous avouerai, répondit-il, que je n'ai guère eu le temps de songer à moi. Mais je suis étonné tout de même de ma résistance.

— Je vous l'ai toujours affirmé : vous êtes bâti à chaux et à sable », dit Lartois.

Simplement, le soir, le géant fut atteint d'insomnie. Non pas une insomnie douloureuse ; l'état de veille se prolongeait, lucide, indéfiniment. La pensée continuait à tourner. « Normalement, je vais devenir tuteur de mes petits-enfants, se disait-il. Il faut que je tienne le coup jusqu'à ce que Jean-Noël soit en âge d'être initié aux affaires, Marie-Ange d'être mariée. Ça me fera combien ?… quatre-vingt-trois, quatre-vingt-quatre. Ce sera dur d'aller jusque-là ! Et moi qui pensais que François, dès qu'il aurait pris un peu de bouteille, pourrait me remplacer ! Je vais être forcé de tenir le temps d'une génération de plus. »

Déjà en robe de chambre, il se leva de son fauteuil, suivit les grands couloirs de l'hôtel. Il était une heure du matin. Il ouvrit la porte de la chambre de François, tourna le commutateur. Un hurlement partit du côté du lit. Jacqueline était allongée sur le sol, à l'exacte place où l'on avait trouvé François mort, trois soirs auparavant. Elle s'était traînée jusque-là, dans un état de demi-hypnose.

La garde apparut, affolée, dans l'ouverture de la porte de communication.

« Je ne sais pas ce qui s'est passé, dit-elle en bafouillant. J'étais… je… la fatigue… je n'ai pas entendu.

— Oui, eh bien, tâchez de faire attention, dit durement Noël. Allez vous faire du café, si nécessaire. Je ne dors pas, moi, heureusement. »

Il enleva Jacqueline dans ses bras et fut surpris de la trouver si légère. « De l'espèce bouvreuil », avait dit Lartois. Ses cheveux en désordre, mouillés par la fièvre lui revenaient sur les yeux. Agitée d'une nouvelle crise, elle répétait : « François ! François ! Laissez-moi avec François », en secouant les énormes épaules de son beau-père. Celui-ci sentait, à travers la chemise de nuit, le corps mince et nu qui se débattait, le corps de la femme de son fils, et en éprouvait un malaise, comme si, touchant un objet sacré et défendu, il avait été obligé à quelque involontaire profanation.

Quand il eut reposé Jacqueline chez elle, il revint dans la chambre de son fils prendre ce qu'il désirait, c'est-à-dire les dossiers qui chargeaient le battant d'un secrétaire. Il repartit à travers les couloirs, suivi de son ombre immense, en se disant : « C'est Maublanc, c'est ce salaud de Maublanc !… Si j'avais prévenu François, évidemment… Je ne pouvais pas savoir qu'il avait les nerfs si faibles. Il tenait trop du côté de sa mère. »

Rentré chez lui, il étala les dossiers sur sa table, écouta le silence qui s'était établi dans l'hôtel. De l'autre côté de la cloison, où se trouvait l'appartement de la baronne Schoudler, nul bruit ne s'entendait. « Elle dort, cette pauvre Adèle, pensa-t-il. Tant mieux ; elle en a bien besoin. Et Jacqueline a dû s'assoupir, j'espère. La garde a dit qu'elle lui donnerait du gardénal. Et mon vieux père dort. Et les petits dorment. Et moi je vais travailler, seul dans cette grande maison qui tient tout entière sur mon dos. C'est ainsi que cela doit être. Il faut que je trie ces papiers de François, voir ce qu'il faut garder, jeter… »

Longtemps, il feuilleta les chemises de bristol bleu, fronçant parfois le sourcil sur un mot indéchiffrable, *Sonchelles… commandes de machines ; terrains de sports* ; il faudrait achever tout cela… Il se prit le front dans la main et puis repoussa le dossier de Sonchelles. « Je verrai ça plus tard… *Écho du Matin*… Comment envisageait-il les choses pour l'*Écho* ? »

Il lut des notes écrites en tous sens. « *L'information doit être directe, précise, immédiate. Le lecteur doit avoir le sentiment que tout ce qui se passe dans le monde… Faire monter la rédaction littéraire dans la salle du deuxième étage… Toute la dernière page en illustrations photo* ».

« C'était vraiment un garçon remarquable, se dit Noël. Il aurait tenu dans sa génération la place que j'ai tenue dans la mienne. Tout cela est à faire en effet. Je vais rajeunir le journal ; il en a besoin. »

Il s'assimilait les idées de François ; dans quarante-huit heures il les aurait faites siennes, définitivement.

On voit souvent celui qui succède à son père prendre d'un seul coup un comportement de vieil homme. Pour Noël c'était l'ardeur, le goût de l'innovation qui lui repoussaient au cœur.

Déjà il envisageait des réformes, un rajeunissement de ses équipes.

Il se mit à marcher les mains derrière le dos, à travers la pièce. « Lundi prochain, réunion du comité de rédaction. Allez ! c'est décidé. Ils s'endorment tous ; ils ont besoin d'être secoués. Mise à l'étude d'une nouvelle formule. Campagne de publicité pour préparer le lancement. Nous devons prendre vingt-cinq mille lecteurs au *Petit Parisien*, autant au *Journal*. Nous allons arriver en tête de la vente. Si le père Muller rouspète, eh bien, il rouspétera ! Je vais commencer par donner un formidable coup de gueule, ça leur fera du bien. »

Il était reparti dans ses calculs, ses combinaisons, ses manœuvres de force. Il avait l'éternité devant lui pour bâtir, et Paris tout entier pour le servir, avec ses intellectuels, ses gens d'affaires, son Parlement.

« Ah ! j'ai manqué ma vie. Au fond, j'aurais dû être président du Conseil ! Et puis, non, les ministres, ça passe. Je suis bien plus fort qu'eux. »

Un bruit de sanglots, venant de l'appartement de sa femme, traversa la porte et le dérangea dans ses violentes méditations.

« Eh bien quoi ? Qu'est-ce qu'il y a encore ! » cria-t-il d'une voix impatientée qui fit trembler le silence de l'étage.

Et aussitôt, il ajouta :

« Oh ! je vous demande pardon, Adèle ; mais j'étais en train de travailler, pour vous tous. »

CHAPITRE V

Le conseil de famille

I

Chaque matin, entre neuf et dix heures, lorsqu'il n'avait pas trop bu la veille, Lulu Maublanc arrivait rue de Naples, le melon haut sur le crâne et la canne légère.

Sylvaine Dual, au lit, dans une liseuse de satin rose et ses cheveux roux tout emmêlés, le recevait en disant :

« Je viens encore d'avoir des nausées.

— Très, très bien. Ah ! Je suis très content ! » s'écriait Lulu.

Il se frottait le gilet avec la paume, et son sourire découvrait la moitié de ses dents du côté droit. Puis, comme s'il apportait le calmant de toute douleur, il ajoutait :

« Je tiendrai ma promesse, je tiendrai ma promesse. »

Or, Sylvaine était stérile et ne s'en consolait pas.

Depuis la soirée du *Carnaval*, elle s'était jetée sous tous les hommes qu'elle avait pu trouver ; camarades de théâtre, collégiens chasseurs d'autographes, et jusqu'au gros violoniste hongrois, beaucoup avaient bénéficié de ses faveurs passagères. Elle avait été raccompagnée une nuit, en voiture, par le professeur Lartois. À l'auteur dramatique Edouard Wilner, qui l'avait déshabillée dès la première heure de leur rencontre et voulait s'amuser à quelque raffinement, elle avait crié :

« Ah non ! pas ça ; du sérieux, s'il vous plaît ! »

Si cette quête avait satisfait chez la jeune actrice un tempérament qui, maintenant révélé, paraissait tourner à la nymphomanie, le résultat demeurait négatif.

Mystérieusement, Sylvaine s'était fait conduire jusqu'à Nanterre pour baiser l'orteil d'une statue de saint Pierre qui donnait, paraît-il, la fécondité.

Et puis, deux gynécologues consultés avaient été formels : elle n'aurait jamais d'enfant.

Empêtrée dans son hâtif mensonge, elle ne pouvait maintenant, vis-à-vis de Lulu, que continuer à jouer le jeu. Elle en profitait pour avoir de brusques « envies » : une broche, une bague, une cape de vison alors qu'on était en plein été.

« C'est toujours ça de pris, se disait-elle ; mais le jour où il découvrira le pot aux roses, hou là là ! »

Pour Lulu Maublanc, les signes étaient indiscutables. Simplement, il s'étonnait que Sylvaine demeurât si plate.

« Oh ! ça, c'est de famille, répondait-elle. Jusqu'au cinquième mois, chez ma mère, ça ne se voyait pas du tout. »

Bien convaincu désormais d'être parfaitement normal, Lulu décida d'agir comme les hommes normaux qui prennent une remplaçante quand leur maîtresse est enceinte. Il eut une autre « petite dame… très bien… très sage » qu'il allait voir, du côté du parc Montsouris, vers dix heures et demie, en sortant de chez Sylvaine, et à qui il laissait un billet plié après avoir un peu promené ses manchettes sous le drap. Mais cela ne comptait guère ; c'était plutôt affaire de dignité.

Quand Sylvaine l'apprit, elle fit au vieil homme une scène effroyable, affirmant à travers les larmes que c'était une histoire « à avoir un accident ».

Il la calma en lui offrant un nécessaire de voyage garni de flacons à bouchons de vermeil. La possession de la précieuse valise éveilla chez Sylvaine des désirs de déplacement. À quoi bon un nécessaire, si c'était pour ne pas s'en servir ? Elle décida Lulu à partir avec elle pour Deauville.

Lulu détestait tout ce qui était villégiature, campagne, villes d'eaux, stations balnéaires. En août comme en décembre, il n'aimait que les boulevards, son cercle, les cabarets. Depuis dix ans, il n'était pas allé plus loin que Saint-Germain-en-Laye, et encore pour la journée. Il fallait vraiment qu'il tînt beaucoup à la santé de Sylvaine ! « Le changement d'air lui fera du bien, à cette petite », disait-il.

Pour accomplir le trajet, il loua une grosse Hispano-Suiza jaune. Tout le long de la route, il répéta au chauffeur :

« Allez moins vite, allez moins vite ! Madame est dans une situation intéressante. Prenez garde à éviter les cahots. »

Le mois passé à Deauville fut loin de ressembler à ce que Sylvaine avait imaginé. Lulu défendait absolument à la jeune femme de danser, de se baigner, de marcher au soleil. Elle devait rester de longues heures étendue sur le balcon de sa chambre d'hôtel, à regarder les gens parcourir les planches, et les yachts de course se poursuivre sur la mer. Elle n'avait pour se distraire d'autre ressource que de dévisser et de revisser les bouchons de vermeil de son nécessaire.

« Je t'assure, Lulu, que je vais devenir folle ! » lui criait-elle.

Alors, il l'emmenait dans une boutique et lui achetait un sac, une écharpe, persuadé qu'un cadeau arrangeait toujours les choses.

Demeurée seule, Sylvaine se prenait parfois le front dans les mains et se disait : « J'ai tout. J'ai du succès au théâtre, j'ai de l'argent, j'ai un appartement, j'ai une bonne, j'ai des bijoux, et je suis si malheureuse ! »

Quant à Lulu, il restait jusqu'à trois heures du matin au Casino, vissé devant une table de « chemin de fer », mordant haut son cigare, tirant toujours à cinq par principe, et signait en sortant un chèque important sur le pupitre du changeur.

« Vous voyez tout ce que je dépense pour vous, faisait-il remarquer à Sylvaine. Ah ! Elles me coûtent cher, ces vacances ! Enfin ! »

Elle lui parla d'un rôle pour la rentrée.

« Dans ton état ? Mais tu n'y penses pas, ma petite enfant, se récria-t-il. Ce serait de la folie ! »

Le mensonge n'allait pas pouvoir se prolonger indéfiniment, et Sylvaine voyait l'échéance se rapprocher.

Sitôt revenue à Paris, elle alla s'échouer, une nuit, dans le lit d'Anny Féret.

« Un million ! Tu te rends compte, Anny, un million qui me file sous le nez à cause de ce satané môme que je ne peux pas avoir ! gémissait-elle. Promis, signé, c'était sûr ! Après ça, je pouvais balancer le Lulu, et j'étais tranquille pour toute la vie. Tu avoueras qu'il y en a qui n'ont pas de veine ! »

Elle se mit à sangloter.

« Allons, mon petit, allons, calme-toi », dit Anny Féret en attirant, sur son gros sein à large pointe mauve, la chevelure ardente.

Elle avait le saphisme maternel.

« Ah ! la vieille Anny est toujours la copine des mauvais jours, reprit-elle. Quand tout va bien, on ne la connaît plus ; c'est la vie.

— Et puis quand il va s'apercevoir que je me suis fichue de lui, dit Sylvaine, ça va être terrible !

— Oh ! il a cru au gosse ; il croira aussi bien à une fausse couche.

— Oui, mais le million !... »

Elles demeurèrent un moment les jambes enlacées. Anny Féret, un bras sous la nuque, philosophait :

« C'est marrant, tout de même, l'existence, dit-elle. Il y a tellement de femmes qui ont des gosses dont elles ne voudraient pas ; et puis, juste quand il y en a une qui en veut... C'est marrant. »

Soudain, elle se dressa et saisit Sylvaine par ses minces épaules.

« Ça y est, mon petit, j'ai ton affaire ! s'écria-t-elle.

— Quoi donc ?

— J'ai trouvé. La fille qui tient le vestiaire, au *Carnaval*... une nouvelle... tu ne la connais pas...

— Eh bien ?

— Elle est enceinte de trois mois. Ça doit faire ton compte, à peu de chose près. Et elle ne sait pas comment le faire passer. Tu n'as qu'à lui proposer cinquante billets ; c'est inespéré pour elle. Même pour rien, je suis certaine qu'elle marcherait.

— Tu crois que ce serait possible ? dit Sylvaine perplexe. Mais comment veux-tu organiser... que ça ne se sache pas ?

— L'enfance de l'art, fit Anny. Laisse-moi faire. Je vais t'arranger ça en un tournemain.

— Oh ! Anny, Anny ! s'écria Sylvaine ; si tu me sors de là, je te jure, je partage avec toi !

— Ne fais donc pas de promesses que tu ne tiendras pas, mon chou, répondit la chanteuse. Si tu veux, après, me passer cinquante sacs à moi aussi, eh bien ! évidemment, ça mettrait un peu de beurre dans mes plats. Mais, tu sais, elle est plutôt du genre poire, ta vieille Anny. »

Et doucement, elle se tourna vers le ventre désespérément étroit de Sylvaine.

Dix jours plus tard, Sylvaine partait pour le Midi. Le médecin lui avait ordonné le climat méditerranéen, et cela jusqu'à la fin de sa grossesse. Mais il ne fallait pas qu'elle fût directement sur la mer... « mauvais pour les nerfs » ; ni dans une ville non plus. Le repos absolu. Bref, c'était le médecin lui-même qui avait choisi l'endroit, près de Grasse, où il avait un confrère dont il répondait.

« Pourquoi tu ne viendrais pas avec moi ? dit hypocritement Sylvaine à Lulu. Six mois à la campagne, ensemble, rien que nous deux ! Un tout petit village, les bêtes qui se promènent dans les rues. Une bonne odeur de bouse de vache.

— Oh non ! Oh non ! répondit-il épouvanté. Et puis, d'abord, je ne peux pas quitter mes affaires ; il faut que je surveille la Bourse. Non ; vous allez être sérieuse, ma petite enfant, bien sage, et y aller sans moi.

— Alors, au moins tu vas me donner une belle malle, que je sois entourée rien que de choses qui me viennent de toi, mon Lulu.

— Oui… ça, si tu veux. Tiens ! Allons la choisir avenue de l'Opéra. Une malle en parchemin. »

Le lendemain, Sylvaine déclara avoir trouvé, pour l'accompagner, une amie que Lulu s'étonna de ne pas connaître.

« Mais si, tu sais bien… Fernande ! Je t'en ai parlé vingt fois, dit Sylvaine. Il faut avouer aussi que, depuis que je suis avec toi, en dehors du théâtre, je ne vois plus personne. C'est une chance qu'elle soit libre, et qu'elle veuille bien venir. Parce que toute seule, tu sais… »

Lulu conduisit Sylvaine à la gare. Il avait mis un melon gris clair.

« Soyez bien prudente, bien prudente ! » répéta-t-il dix fois.

Il l'aida à gravir le marchepied, revint se placer sous la fenêtre du wagon. Il avait ôté son chapeau, et en tapotait les doigts de Sylvaine, accoudée à la barre nickelée. Discrète, « l'amie » restait dans le fond du compartiment.

« Et quand je reviendrai… » dit Sylvaine.

Elle fit le geste de pouponner un enfant dans le creux de son bras.

Pour la première fois, elle discerna un signe d'émotion sur la face bossuée et cireuse du vieux célibataire ; une condensation, comme sur une vitre froide, se formait dans ses yeux pâles.

Et Sylvaine aussi se sentit émue, inexplicablement.

« Tu m'écriras ? demanda-t-elle.

— Oui, oui, une lettre toutes les semaines ; promis ! »

Elle lui envoya un baiser avec le bout de la main ; il sourit, se redressa et regarda le train partir en agitant son melon.

« Cette petite m'adore », pensa-t-il.

On le bousculait. Il ne s'en apercevait pas.

II

Dijon, Lyon, Valence…

« L'amie » n'était jamais montée en sleeping. Sylvaine non plus, d'ailleurs. Mais le luxe et le confort étaient devenus pour elle choses normales. L'orgueil empêcha Fernande de dormir, et jusqu'à l'aube elle entendit les employés crier les stations.

Toulon… Fernande n'avait jamais vu la mer. Elle poussa des cris en levant le store.

« Eh bien, si on m'avait dit, il y a seulement quinze jours… ah non ! si on m'avait dit !… répétait-elle.

— C'est tout à fait différent de Deauville », constata négligemment Sylvaine.

Nice. Une voiture de louage. Grasse. Un chemin sec, cahoteux, où se levait une poussière jaune... Saint-André-des-Colombes...

En arrivant, les deux voyageuses avaient échangé leurs identités. « L'amie » se déclarait désormais comme Sylvie Duval, dite Sylvaine Dual, artiste dramatique, et Sylvaine était devenue Fernande Métillet, sans profession.

Le village n'avait de joli que le nom. Une campagne sans oiseaux. Ce n'était plus la saison des mimosas ; ce n'était pas la région du jasmin. Une terre sèche, pelée, quelques cyprès, des masures au crépi d'ocre rouge. Dans l'étroit cimetière, les morts devaient conserver leur peau, tant le soleil brûlait la colline. On se demandait où pouvait bien se puiser l'eau. Le bétail ne circulait guère dans les rues, comme l'avait espéré Sylvaine ; en revanche, une étable dans le voisinage empestait l'air à longueur de journée.

La maison, trouvée comme tout le reste par Anny Féret, appartenait à un peintre qui n'y venait jamais. Le bois des portes frottait contre le carrelage. L'installation sanitaire était des plus primitives. Les deux femmes s'aperçurent que les gamins venaient se cacher, le soir, derrière la haie de thuyas, pour regarder, tandis qu'elles se déshabillaient, leurs ombres danser dans les plis des rideaux.

« Après tout, on s'en fout, dit Sylvaine. Si ça les amuse... »

Elle se plaçait de profil, en plein dans le faisceau de la lampe, et faisait pointer ses seins.

Les premiers jours, Sylvaine et Fernande s'amusèrent beaucoup à s'appeler chacune par le prénom de l'autre. Ce jeu perdit vite de son sel.

Au début également, Sylvaine put sans peine éblouir Fernande avec ses histoires de théâtre, sa trousse de voyage, ses dîners dans les grands restaurants, ses relations mondaines. Et puis, le vide des soirées engendrant les confidences, les deux femmes se reconnurent bientôt pour être sorties des mêmes eaux.

Les caractères dévoilèrent leurs mauvaises faces. Sylvaine était autoritaire et désordonnée. Fernande était geignarde, acide et tatillonne. Elle passait sa vie à remettre les objets en place.

« Ah ! on voit bien que tu tenais un vestiaire ! s'écriait Sylvaine. C'est de la manie !

— Et toi, on voit bien que tu es une poule, répliquait l'autre.

— Poule ! Poule ! Dis donc, fais attention à tes mots. Ton gosse, il ne s'est pas fait par l'opération du Saint-Esprit, hein ?

— Oui, eh bien, ne t'en plains pas. Ça t'arrange assez bien, il me semble. Quand on n'est pas fichue d'en faire soi-même... »

Une fois, elles allèrent jusqu'aux gifles.

« Dans mon état ! Si c'est pas honteux. Tu es une salope ! » gémit Fernande.

La chasteté était insupportable à Sylvaine. Elle entreprit, faute d'autres ressources, de convertir sa compagne de claustration aux jeux d'Anny Féret. Mais l'autre n'aimait pas cela.

« Les femmes, ça me répugne, déclarait-elle. Et puis avec une fille enceinte, t'as vraiment du goût !

— Oh! ta main, rien que ta main ! » suppliait Sylvaine.

Et elle geignait de longues minutes, la tête renversée dans ses cheveux roux, sous le regard méprisant de Fernande.

Ensuite, pour un jour ou deux, l'existence devenait plus calme.

Les deux femmes étaient servies par une voisine criarde et ridée, qui venait faire le ménage et leur préparait une lourde cuisine à l'huile.

Le docteur qui passait chaque semaine était un vieux bonhomme à barbiche grise ; il sentait l'ail, portait un col de celluloïd et un chapeau enfoncé sur les yeux. Il auscultait Fernande, puis disait avec un fort accent méridional :

« Tout va bien, tout va bien. Il y a pourtant *quéqueu* chose que je ne comprends pas. C'est bizarre, ce *quéqueu* chose ! Mais c'est sûrement rien. »

Et il ordonnait du phosphate de chaux. Elles l'avaient surnommé « le père Quéqueu Chose ».

À la mi-automne, c'était devenu l'enfer. Sylvaine tyrannisait Fernande comme Lulu l'avait tyrannisée elle-même à Deauville.

« Ne va pas au soleil... Ne mange pas de ça ; ça te ferait du mal... Tu bois trop de vin... Tu n'as pas pris ton litre de lait. »

Par vengeance plutôt que par besoin, Fernande, à mesure que son ventre enflait, en profitait pour accabler d'exigences sa compagne. Il fallait qu'à chaque instant Sylvaine lui passât une cuvette, lui mît une compresse sur le front. La compresse avait mouillé ses boucles ; Sylvaine devait mettre un fer à chauffer pour la refriser. Fernande vivait en peignoir, réclamait dix fois de l'eau de fleur d'oranger.

À tous propos, les deux femmes se menaçaient mutuellement « de tout plaquer » et de rentrer à Paris.

« Et puis tu seras jolie après ! s'écriait l'une.

— Eh bien, et toi ? » répliquait l'autre.

Elles se taisaient.

« Et quand je pense que ça va durer comme ça jusqu'en mars ! » dit Sylvaine en se prenant le front dans les mains.

Elle n'avait jamais haï personne autant que la mère de son futur enfant.

Ce fut cet hiver-là que Sylvaine prit goût à la lecture et se cultiva un peu. Elle absorba tout ce qu'un libraire de Grasse lui expédiait : Maupassant, Barrès, Xavier de Montépin, Balzac, Marcel Prévost, les premiers Proust, *Jean d'Agrève.*

Jean d'Agrève… Elle en rêva longtemps : « C'est un amour comme ça qu'il me faudrait. »

Elle manquait de jugement, mais vivait intensément les personnages féminins de ses lectures. Elle se sentait tour à tour la duchesse de Maufrigneuse, Colette Baudoche et Odette de Crécy. À sa démarche, au ton de sa voix, on eût pu deviner sans erreur le roman qu'elle était en train de lire.

« Je me demande comment tu arrives à te coller tout ça dans le crâne ! » disait Fernande, qui, elle, pouvait user le temps à compter et recompter les grains de beauté qui lui couvraient les bras et la poitrine.

Voulant entretenir son talent, Sylvaine apprenait des rôles et forçait Fernande à lui donner la réplique.

Un jour, elle jouerait la reine dans *Ruy Blas* et aurait tout Paris à ses pieds.

« Fais-moi donc une compresse, geignait Fernande ; ça vaudra mieux. »

Sylvaine feuilletait aussi les poètes. Pour s'être arrêtée, dans une anthologie, sur la *Lune Jaune*, de Régnier, elle déclama six jours durant :

> ... *Et que tout finirait par cette lune jaune*
> *Qui monte lentement entre les peupliers.*

« Oh ! assez, avec ta lune jaune ! disait Fernande. Ce que tu peux être rasante ! L'autre fois, c'était l'oiseau qui tombait dans le lac ; c'était déjà pas marrant ! Mais alors ça !... »

Soudain, Sylvaine était prise de panique. Et si ces mois de torture ne devaient servir à rien, si Lulu ne tenait pas sa promesse ? Avec lui, et ses lubies, tout était possible. Elle écrivait aussitôt une longue lettre à Anny Féret, qui lui répondait : « *Sois tranquille. Je le surveille. Il est toujours dans les mêmes idées à ton sujet. Il est tellement fier qu'il se soûle de joie tous les soirs et qu'il raconte son histoire à qui veut l'entendre, comme s'il allait avoir le fils de Napoléon. Je t'envie bien d'être où tu es, moi qui suis forcée de beugler mes rengaines devant un tas de crétins qui n'ont même pas la politesse de se taire. Je crois qu'avec les cinquante sacs que tu me donneras je m'achèterai une petite maison à la campagne.* »

« Elle ne se doute pas de ce que c'est, la pauvre fille », disait Sylvaine en jetant la feuille sur le buffet à vaisselle.

Fernande se levait avec un air de martyre, repliait la lettre et allait la ranger dans un tiroir.

III

Tandis que Lulu Maublanc, inconscient du ridicule, répandait la nouvelle de sa future paternité parmi tous les vieux célibataires et les garçons de café de la capitale, l'attention des femmes et de la jeunesse se tournait vers son indirecte victime, Jacqueline Schoudler.

Jacqueline, à la suite de son deuil, avait pris dans Paris une importance imprévue. Sans ostentation, avec une sincérité qui déroutait une société avare de sentiments simples, et même de sentiments tout court, elle avait élevé la douleur à une espèce d'apogée, à un paroxysme admiré. Elle était « le grand chagrin » de l'année. On ne la voyait pas, mais il était peu de réunions où l'on ne parlât d'elle.

« Comment va cette pauvre petite Schoudler ?… Avez-vous des nouvelles ?… La malheureuse, c'est trop affreux !

— Notre Jacqueline porte une souffrance de pauvre », avait dit Inès Sandoval, la poétesse, qui se croyait appelée à égaler la comtesse de Noailles.

Jacqueline avait évité de justesse la congestion cérébrale. Elle était demeurée alitée plus de deux mois. On avait cru accélérer sa convalescence en la plaçant dans une maison de santé. Elle s'en était enfuie au bout de quatre jours, chancelante, pour éviter d'y devenir folle. Sa traversée de Paris, sans argent et droguée de gardénal, reparaîtrait longtemps dans ses cauchemars.

L'hôtel de l'avenue de Messine lui rappelant trop de souvenirs intolérables, soit qu'ils fussent heureux, soit qu'ils fussent horribles, Jacqueline alla passer quelque temps chez sa mère, rue de Lübeck.

Alors, autour de cette jeune femme à qui son extrême maigreur donnait une grâce un peu effrayante et qui, assise au coin d'une cheminée, les yeux fixant la flamme, semblait ne pas voir l'interlocuteur, vint tournoyer, croasser, agiter ses crêpes, s'abattre, tout ce qui se nourrit de la douleur d'autrui et prétend consoler en faisant étalage de ses propres deuils.

Jeunes et vieilles veuves avaient trouvé leur nouvelle reine ; à elles se joignaient les mères stoïques, qui avaient perdu un fils à la guerre. Mauglaives, d'Huisnes, La Monnerie, Dirouville, les seize quartiers de la famille se relayaient pour monter une garde lugubre.

« Vois-tu, dans nos maisons, ma pauvre enfant, dit l'une de ces corneilles, à partir de trente ans, on ne se commande plus que des robes noires. »

On vit même arriver un jour, dans son équipage à deux chevaux, la vieille duchesse de Valleroy. Elle était l'une des dernières personnes à posséder encore un attelage. Sa timidité congénitale s'exprimait par des façons sèches et péremptoires.

« Offre ta souffrance à Dieu, ma chère petite, dit-elle à Jacqueline. Tu verras : cela te fera du bien.

— Probablement, ma tante, répondit faiblement Jacqueline.

— Et tes enfants, où sont-ils ?

— Chez mes beaux-parents.

— Eh bien, je veux les voir. »

Elle dépêcha sur-le-champ son cocher avenue de Messine. Marie-Ange et Jean-Noël, accompagnés de Miss Mabel, se rendirent de la plaine Monceau au Trocadéro. Les passants se retournaient sur leur passage, se demandant qui pouvait bien se tenir dans ce carrosse noir, aux portières armoriées, et voyaient apparaître deux petits visages roses et émerveillés.

Cette promenade, dans la voiture de la tante Valleroy, devait fort marquer la mémoire des enfants.

En quittant la rue de Lübeck, la vieille duchesse dit à Mme de La Monnerie :

« Mauvais mariage, Juliette, mauvais mariage ; je t'avais prévenue ! »

Une fois les visites parties, Mme de La Monnerie appelait sa fille dans sa chambre pour converser avec elle, et donnait son opinion sur chacun, tout en pétrissant une boule de pain de seigle. Maintenant, elle modelait des petits nègres.

La surdité de la vieille dame empirait et obligeait Jacqueline à de douloureux efforts vocaux.

« Tu vois, disait Mme de La Monnerie. Tout le monde t'aime, tout le monde s'intéresse à toi ! On a beau être triste, ma petite, il faut tout de même prendre sur soi afin de se rendre supportable à ses semblables. »

Mme Polant, s'estimant promue au rang de dame de compagnie, sévissait dans la maison à durée d'horloge, s'incrustait volontiers au moment des repas, dévorait avec un appétit de pie, courait répondre au téléphone, reconduisait les visites, escortait les promenades, jacassait, jacassait, jacassait…

Jacqueline la laissait faire. Seules lui apportaient une légère distraction les lettres de l'oncle Urbain qui parlait de ses chevaux, de sa chasse à courre, de ses fermages, et terminait invariablement par ces mots : « *Je suis un vieil ours, mais j'imagine ce que peut être la vie pour toi; j'aime mieux ne t'en rien dire.* »

L'hiver venu, Lartois ordonna à Jacqueline un séjour dans une station de montagne; Isabelle accompagna sa cousine.

Chez Isabelle aussi, le goût était né de s'affairer autour du chagrin des autres.

Son âge et son physique ne pouvaient plus guère éveiller d'intérêt que chez des hommes frisant la cinquantaine. Elle-même, d'ailleurs, souhaitait de toutes ses forces susciter l'attention mâle, d'où qu'elle vînt, et les premiers hommages lui brouillaient complètement la tête. Puis, terrifiée, obsédée par son souvenir tragique, elle repoussait brusquement l'amant éventuel, et décommandait le rendez-vous le soir même où l'on croyait qu'elle allait se donner.

« C'est une fille qui ne sait pas ce qu'elle veut », disaient ceux qui lui avaient un moment porté intérêt.

Cette indécision devenait maladive, et s'étendait à tous les domaines de la vie. Isabelle constamment questionnait Jacqueline, sans en attendre à vrai dire de réponse.

« Quelle robe dois-je mettre ?... Est-ce que tu crois... Comment le trouves-tu ? »

Dehors, une nuit claire s'installait sur la neige. À travers les étages montaient, atténués, les sons d'un orchestre.

Et soudain, Jacqueline entendait :

« Nous, les veuves...

— Oh! non, je t'en prie, pas de comparaison! murmurait Jacqueline. Tais-toi, je t'en supplie!

— Je vais te donner tes gouttes », répondait Isabelle.

Et elle descendait danser.

Jacqueline revint de la montagne, toujours aussi pâle, aussi maigre, et se réinstalla avenue de Messine, où, au moins, elle était mieux défendue contre les pleureuses.

On avait l'impression, en s'adressant à elle, de converser avec une absente; son organisme continuait à fonctionner, comme une pendule après un choc peut aller encore au bout de son ressort, mais c'était tout.

Un jour, en fin de soirée, Mme Polant passa voir Mme de La Monnerie.

« J'ai le sentiment, voyez-vous, chère madame la comtesse, dit-elle, que votre fille aurait bien besoin du secours de la religion.

— Ah oui? Vous avez cette impression aussi, Polant? répondit Mme de La Monnerie. Elle ne va plus jamais à la messe, n'est-ce pas?

— Ce n'est pas seulement ça, madame, c'est un ensemble. Même ses enfants ne paraissent plus l'intéresser. Elle les fait venir et puis elle les renvoie tout de suite, comme si ça lui faisait plus de mal que de bien de les voir. J'ai essayé de la raisonner, mais vous savez comment elle est… »

Le lendemain, Mme de La Monnerie planta ses épingles dans son chapeau et s'en fut au couvent des dominicains, faubourg Saint-Honoré, trouver le père de Granvilage.

La vieille dame fut introduite dans un parloir sombre et exigu, aux murs chaulés, meublé de trois chaises de cuisine, d'une table en bois blanc et d'un prie-Dieu à pupitre. Elle attendit dix minutes. Aucun autre ornement qu'un grand crucifix de chêne. Derrière la porte vitrée dépolie à mi-hauteur passaient, silencieuses, des silhouettes de pères.

« Bonjour, ma cousine », dit d'une voix douce, en entrant, le provincial des dominicains.

Haut vieillard imposant et maigre, il montrait bien un air de famille avec les La Monnerie. Son crâne pâle, soigneusement rasé, ne portait qu'une étroite couronne de cheveux blancs coupés au ras des premières rides du front. La face était blanche, du même blanc que la couronne de cheveux et que la longue robe de laine; une couleur uniforme de statue. En même temps, ce visage était plissé non seulement de grands sillons que l'âge avait formés le long des traits majeurs, mais encore d'une infinité de petites stries transversales et croisées, comme sur la surface du lait bouilli et refroidi.

Au milieu de ce grillage serré s'ouvrait un beau regard gris, attentif, plein de secrets. On y pouvait distinguer, très loin, tout au fond, les lueurs de la bonté.

Cet homme qui régnait avec une autorité calme sur les quatre cents religieux des treize monastères de la Province de France, sur les missions d'Écosse, de Suède, de Palestine, et chaque jour répondait longuement à vingt lettres, avait, une fois sa joue appuyée contre ses phalanges déformées par l'arthrite, un pouvoir inlassable d'écouter.

Mme de La Monnerie parla longtemps.

« Voilà, conclut-elle, voilà ce que c'est que d'avoir épousé un garçon qui avait des origines juives. Élisabeth de Valleroy me le disait encore récemment. Résultat : ma fille a perdu la foi, et son mari s'est... »

Le père provincial leva lentement les yeux vers le plafond.

« Nous avons de très bons juifs qui sont venus à nous, dit-il. Quant à l'inspiration qui peut pousser la créature de Dieu à disposer d'elle-même pour s'anéantir, elle ne saurait procéder que d'une démence passagère. D'ailleurs, à la suprême seconde, le malheureux a pu retrouver la lumière au fond de sa conscience, et adresser au Seigneur une contrition dont nous ignorons la force. Nous qui sommes aveugles sur nous-mêmes, pouvons-nous juger de ce qui se passe dans l'âme des autres ? »

La vieille dame devait faire effort pour saisir la voix trop douce du père, où traînaient quelques inflexions italiennes contractées au cours d'un long séjour à Rome.

« Croyez-vous, ma cousine, reprit-il, que votre fille ait perdu la foi du fait de son mariage ou du fait de la mort de son mari ? »

Comme Mme de La Monnerie ne répondait pas :

« Je ferai tout ce que je pourrai, ma cousine, dit-il. J'ai malheureusement trop de rhumatismes ; il ne m'est guère aisé de me déplacer. »

Et il se leva, ses doigts noueux appuyés au prie-Dieu, avec l'air de simplicité courtoise qu'ont les vieux princes pour congédier les dames.

Le surlendemain, Jacqueline reçut une lettre marquée du chiffre de l'Ordre. Le passage essentiel de cette lettre était :

« *... C'est précisément parce que Dieu est Père – Tertullien n'a-t-il pas dit :* nemo tam pater *– que son enfant peut toujours espérer sa miséricorde, peut et doit toujours chercher la perfection. La foi, c'est de savoir justement que Dieu est Père, ce Dieu qui s'est tant approché de nous qu'il s'est fait homme afin que tous les hommes, selon la parole de saint Augustin, puissent devenir des dieux ! Il s'est approché de nous par l'Incarnation ; il s'approche encore de nous par l'Eucharistie. Approchez-vous, je vous le conseille, ma chère enfant, de cette source infinie de consolation...* »

Lorsque Mme de La Monnerie en eut pris connaissance, elle pensa : « Eh bien, il ne s'est pas trop fatigué, le cousin ! S'il pense la réconforter avec Tertullien... »

Mais quelques jours plus tard, envoyé par le provincial, parut le père Boudret.

IV

Ce fut une émouvante cérémonie intime que la remise de la cravate de commandeur de la Légion d'honneur au baron Noël Schoudler, en même temps que de la croix de chevalier de son fils François. Noël avait beaucoup insisté pour la croix de François. « Sa mort ne change rien à ses titres de guerre. Et puis, cela mettra fin à toutes les mauvaises rumeurs. »

« Puisque la décoration du fils est maintenant post-hume, aucun empêchement à les donner ensemble, avait déclaré Anatole Rousseau. Au contraire ! »

Il gardait reconnaissance au banquier pour la confortable opération réalisée sur un paquet de Sonchelles.

La réunion eut lieu dans les bureaux du journal, une fin d'après-midi, en présence de la famille, d'un petit nombre d'amis, parmi lesquels Émile Lartois et Albéric Canet, et du haut personnel de *L'Écho du Matin* et de la banque.

Il y eut quelques allocutions de ton noble, après quoi Anatole Rousseau dut se dresser sur la pointe des pieds pour nouer le large ruban rouge au cou du géant.

« Vous êtes trop haut, mon cher, vous êtes trop haut, dit Rousseau. Vous n'accédez pas aux dignités, ce sont les dignités qui montent à vous. »

Puis, dans un grand silence, un représentant du ministre de la Guerre se pencha pour épingler sur la poitrine du petit Jean-Noël la croix de son père.

L'enfant avait pris instinctivement la position du garde-à-vous. Ce fut la première fois qu'il sentit courir sur sa nuque le frisson que cause, aux instants solennels, la convergence des regards d'une assistance.

Contre ce frisson une main vint se poser. Noël Schoudler plaçait sa large paume derrière la tête de son petit-fils. Ainsi campé, et son filet de regard noir pensivement dirigé vers le sol, il posa pour les photographes parmi les fulgurations crépitantes du magnésium.

Le champagne circula. On remarquait l'absence de Jacqueline. Mais on notait en revanche la présence de l'aîné des frères Leroy, Adrien, et l'on se demandait quelles conclusions tirer de ce rapprochement entre les deux banques rivales.

Un long moment, Noël retint son collègue dans une embrasure de fenêtre.

« Alors, dit Noël, notre cher Maublanc continue à faire des bêtises ?

— Hélas ! répondit Adrien Leroy. Mais la pire de toutes, celle dont je ne me consolerai jamais…

— Ne parlons plus de ça, mon cher, ne parlons plus de ça, voulez-vous ! Et je tiens à vous dire que, contre vous personnellement, je ne nourris aucun grief. En vous ayant convié ce soir, je vous le prouve. Maublanc seul porte à mes yeux toute la responsabilité de cette affaire… Est-ce vrai que Deauville lui a coûté très lourd cette saison ? »

Adrien Leroy fit « oui » de la tête.

« Vous lui en voulez beaucoup, n'est-ce pas ? » demanda-t-il.

Noël étendit la main, la posa sur la manche de Leroy et dit :

« On ne me fait jamais de mal gratuitement. Ça me demandera le temps qu'il faudra, mais je tuerai Maublanc… légalement. »

Simon Lachaume avait accompagné son ministre.

« Ah ! je suis heureux de vous voir, monsieur Lachaume, lui dit le géant. Mon fils avait pour vous une grande amitié. Il parlait de vous avec tant d'estime !

— Ce que vous me dites me touche, monsieur, répondit Simon. Moi aussi je l'aimais beaucoup, et j'avais infiniment d'admiration pour lui. C'est une perte irréparable.

— Irréparable... et dont je ne me console pas. Les jours passent, les jours passent, et j'ai toujours l'impression d'un grand vide à côté de moi !... Alors, et vous ? Vous ne comptez pas revenir un peu au journalisme ? »

Anatole Rousseau, qui s'était approché, dit, avec une amicale menace de la main :

« Ah ! Vous n'allez pas débaucher Lachaume ?

— Non, non, mon cher ami, soyez tranquille, je ne veux pas vous le prendre. D'ailleurs, le voudrais-je, il ne le voudrait sans doute pas. Mais je tiens à lui dire, tout de même, que la France est pauvre en hommes qui ont une pensée et qui savent l'exprimer.

— Ah ! Ce que vous dites-là, mon cher, c'est le drame de toute ma vie ! s'écria Rousseau en abaissant ses paupières de volaille. Seulement, voilà ; on croit qu'on tient les commandes du pays ; ce n'est pas vrai, ce sont elles qui vous accrochent les mains.

— Voulez-vous voir ce qui va faire un coup de tonnerre sur la place ? dit Noël. Tenez, venez donc, et vous aussi, Lartois. J'ai quelque chose à vous montrer, en secret. »

Il poussa les trois hommes dans un bureau voisin, referma la porte, les amena devant une table où étaient étalées des épreuves du journal, selon une nouvelle maquette.

« Voilà comment l'*Écho* sort dans trois jours », dit-il.

Les autres se penchèrent, étudièrent, admirèrent. Deux larges clichés éclairaient la première page ; la dernière était entièrement composée de documents photographiques.

« Ah ! C'est très bien, c'est très bien ! dit Rousseau.

— Et où mettez-vous les grandes signatures, alors ? demanda Lartois.

— Ici, répondit Noël, en ouvrant le journal et en montrant le haut de la seconde page.

— Tiens, c'est curieux ! dit Lartois, un peu vexé.

— Plus de longs textes à la une, reprit Noël ; ce n'est pas une page qu'on lit. À la une, le lecteur doit trouver les quinze informations essentielles de la journée, et l'annonce de ce que contient le corps du journal. C'est une affiche. »

Simon reconnaissait, réalisées, toutes les idées que lui avait naguère exposées François. Ingénument, il allait en faire la remarque, lorsque le géant, se frappant le front de l'index, dit, en atténuant d'un peu de gouaille sa fanfaronnade :

« Il y a encore quelque chose là-dedans, hein, qu'est-ce que vous en dites ? »

Simon baissa les yeux.

« Ou bien vous prenez le marché à vos concurrents, affirma Rousseau, ou bien ils sont forcés de dépenser des millions pour vous suivre.

— C'est bien là-dessus que je compte », répondit Noël.

Simon étudiait la disposition des pages bien cadrées, le relief donné aux rubriques, la grosseur des signatures.

« Évidemment, ça donne envie de se remettre à écrire », dit-il.

Noël posa sa lourde main sur les épreuves, et cet homme de soixante-sept ans, successeur de son fils,

avec sa barbe encore noire et sa large croix d'émail lui
ballottant au cou, déclara en regardant Simon :

« Pensez à ce que je vous ai dit. Voyez-vous, mon
cher, avec ça, nous sommes l'avenir ! »

En sortant du bureau, il prit Simon par le bras et
lui demanda :

« Êtes-vous libre pour déjeuner un jour de cette
semaine ? »

Simon songeait au moment où il avait apporté son
premier article à l'*Écho*. Deux ans déjà... et seulement deux ans !

Peu de jours après, il déjeunait avenue de Messine.
Dans le petit salon, avant de passer à table, Noël le
présenta à Jacqueline en disant :

« Un grand ami de François !

— Ah oui !... » fit-elle.

Elle portait une robe montante noire, avec des
manches étroites.

Et comme Simon, fabriquant une de ces intimités
après coup que le mort ne peut plus contredire, exprimait une nouvelle fois tout son chagrin de la dispari-
tion de François, Jacqueline approuva du front. Simon
la trouvait émouvante dans sa maigreur ; elle avait un
regard pâle et noyé.

Soudain, elle détourna la tête et sortit de la pièce.
Sa femme de chambre vint dire, quelques instants
plus tard, que « madame la baronne François » avait
un malaise et s'excusait de ne pas assister au repas.

Noël et sa femme se regardèrent tristement, et l'on
passa dans la salle à manger.

Adèle Schoudler avait cru nécessaire de prévenir
Simon.

« Le père de mon mari est très, très vieux… »

Or, la conversation pendant le déjeuner se déroula presque uniquement entre le baron Siegfried et Simon. La sympathie du vieillard était allée droit à ce jeune homme qui savait si bien écouter et si bien s'étonner.

« Voulez-vous savoir, monsieur, ce que j'ai dit à l'empereur… han… avant l'expédition du Mexique ? J'étais pour une part, modeste part d'ailleurs… han… dans les soixante-quinze millions de la créance Jecker. Et l'empereur… han…. m'a fait venir aux Tuileries… Je revois tout cela comme si j'y étais… et là je lui ai dit : "Zire…" »

Le vieux Siegfried retrouvait instinctivement, pour conter ces événements de son beau temps, son plus fort accent autrichien.

L'attention de Simon n'était qu'en partie une habileté courtoise. Certes, il savait que les hôtes sont toujours reconnaissants à l'invité qui prodigue ses égards au vieillard de la famille ; mais aussi ces paupières pourpres, qui s'étaient tenues ouvertes sur les visages des maîtres d'une autre Europe, le fascinaient.

« Lorsque mon père m'emmena dîner pour la première fois chez le prince de Metternich…

— Comment ? Vous avez dîné chez Metternich ! s'écria Simon.

— Mais oui, mais oui. Tout cela paraît loin parce que… han… les hommes meurent presque toujours jeunes. Mais vous verrez : quand on arrive à mon âge, on s'aperçoit que c'est très court, l'histoire. Deux existences comme la mienne, bout à bout, et vous voilà… han… reporté au temps de Marie-Thérèse… Après, il y eut bal, et mon père m'avait recommandé… »

Il y avait longtemps que l'ancêtre ne s'était montré si brillant; sans doute parce que depuis longtemps aucun étranger ne lui avait témoigné un si patient intérêt.

Noël regardait Simon avec un mélange de gratitude et de fierté; la baronne, devant ce garçon de l'âge de son fils, avait sur le visage une expression de douceur triste.

« Je me lève tous les jours à sept heures et demie… déclara le vieillard, répondant à une question de Simon. Je prends une tasse de thé… »

Les rares hommes qui atteignent à la neuvième dizaine tirent vanité de leur âge. Tels des pugilistes, ils observent, dans leur combat avec la fin, un entraînement quotidien qu'ils aiment à raconter par le menu. À ce combat, le baron Siegfried se savait champion; l'admiration de Simon le flattait.

En sortant de table, il prit le jeune homme à part et lui souffla :

« Il arrive un temps où la mort des autres commence presque à vous faire plaisir… Je vous souhaite d'arriver jusque-là. »

Il réfléchit un instant, puis, d'une voix qu'il croyait basse, il demanda :

« Vous savez, vous, comment est mort François ? Cette histoire d'accident, est-ce bien vrai ? »

Et il revint au petit salon, appuyant très naturellement son corps cassé au bras de Simon, en disant :

« … et peu de temps avant Sadowa, je suis allé à Schœnbrunn. Je savais les intentions de la France… han… et j'ai dit à l'empereur François-Joseph : "Zire …" »

Il semblait que toute l'existence de Siegfried se fût passée à prévenir les couronnes des catastrophes qui allaient s'abattre sur elles.

Quand le vieillard enfonça la langue dans son verre à liqueur pour lécher la fin de sa chartreuse jaune, Simon ne détourna pas les yeux, comme le faisaient d'ordinaire les visiteurs, pudiquement. Au contraire, il sourit, d'un sourire affectueux et compréhensif.

Il avait conquis la famille.

Siegfried, qui d'ordinaire perdait toute mémoire des événements récents – la mort même de François avait mis plus d'un mois à lui entrer dans la tête, et encore la situait-il imprécisément dans le temps –, répéta plusieurs fois les jours suivants :

« Et ce jeune homme, est-ce qu'il va revenir ? Est-ce que je vais le revoir ? »

Peu de temps après, Simon prenait une chronique hebdomadaire à l'*Écho*. Anatole Rousseau en conçut quelque aigreur et, un jour où Simon venait de publier un article sur la réforme de l'enseignement, il lui dit, d'un air sévère, secouant sa longue mèche argent :

« C'est entendu, mon petit Lachaume, vous avez des choses à dire là-dessus, c'est votre partie, soit ! Mais c'est comme si moi, sous prétexte que je suis inscrit au barreau, je me mettais à écrire sur la réforme de la magistrature. N'oubliez pas que vous avez une position officielle. Il faut que vous choisissiez entre la carrière de journaliste et celle… enfin celle que vous avez. »

Il était incapable de définir au juste cette carrière.

Le lendemain, Simon eut une longue conversation avec Noël Schoudler.

« Mon cher ami, auprès de Rousseau, et je le connais bien, dit le géant, vous resterez toujours un second, mais ne deviendrez jamais un premier. C'est quelqu'un qui n'aime pas pousser les hommes pour eux-mêmes. Et puis, il ne sera pas éternellement ministre. Quand il n'aura plus besoin de vous, il vous donnera quoi ? Et d'abord vous-même, que voulez-vous faire ? De la politique, vous n'avez pas besoin de me le dire. Allez, je vous vois bien ; vous êtes comme mon fils : il voulait se présenter à la députation, et il y aurait d'ailleurs merveilleusement réussi, surtout avec les moyens que je pouvais mettre à sa disposition. Eh bien, ce n'est pas Rousseau qui vous aidera, au contraire ! La presse et les milieux d'affaires vous fourniront beaucoup plus d'appuis. Et indépendamment de cela, sans vous demander combien vous gagnez en ce moment... »

Simon sentit que le vent tournait, et qu'il était temps de changer de protecteur. Il allait passer l'âge où l'on rencontre encore des sollicitudes, et celle d'un homme aussi puissant, qui venait de perdre son seul fils, était une chance à ne pas négliger.

Le soir, Noël put annoncer à l'ancêtre :

« Eh bien, père, tu vas être content ! Je prends ton ami Lachaume avec moi, à l'*Écho*. C'est pratiquement fait. »

V

Lulu Maublanc, seul dans son salon, posa le télégramme, s'avança vers la grande glace à cadre d'or qui décorait le dessus de la cheminée, et éclata de rire.

La glace lui renvoya son regard émerveillé et l'image de ses grandes dents jaunes complètement découvertes.

« Des jumeaux ! Des jumeaux ! dit-il tout haut. Ah ! bravo, mon vieux, bravo ! La gueule qu'ils vont faire, tous ! Des jumeaux ! »

Il resta de longues minutes à s'admirer, à se lisser le crâne, à caresser son gilet, à rire avec le miroir comme s'il avait eu besoin de se dédoubler pour célébrer cette double naissance.

Puis il se fit donner son pardessus, posa un melon marron sur les renflements de ses tempes, et sortit de chez lui en tenant sa canne la pomme en bas.

« Cette petite me donne la plus grande joie de ma vie, pensait-il en avançant à pas légers. D'ailleurs, elle ne m'a procuré que des satisfactions. Elle a réussi au théâtre, elle est sage… Des jumeaux ! Cent louis pour voir la gueule de Schoudler. Oh ! Il ne va pas être longtemps à le savoir… Mais, où est-ce que je vais par là ? »

Il héla le premier taxi qui passa.

« Cercle Excelsior, boulevard Haussmann », criat-il. À tous les amis qu'il put trouver, de salon en salon, il annonça la grande nouvelle.

« Farceur ! » s'écria-t-on en lui tapant sur l'épaule.

Le soir, dès l'heure d'ouverture, il alla au *Carnaval*, pour commenter l'événement avec Anny Féret. Celle-ci joua bien son rôle.

« Oh ! ça ne m'étonne pas, dit-elle. Sylvaine m'avait écrit qu'elle était comme une tour. La pauvre gosse, deux d'un coup ! Eh bien, tu n'y vas pas de main morte, mon Lulu !

— C'était le soir où j'étais si soûl, tu sais bien »,
répondit-il en ayant l'air de s'excuser.

Pendant plusieurs jours, il continua de la sorte à
poser à tout le monde sa devinette.

« Je vous donne en vingt ce qui vient de m'arriver… »

Et il riait plus fort que les rieurs.

La comtesse Sandoval fit un mot facile : « Les
jumeaux-blancs », mais que Lartois colporta assez
pour amuser Paris.

Ceux qui prirent la chose moins plaisamment, ce
furent les neveux Leroy, lorsque Lulu les pria d'ouvrir
à leur banque un compte d'un million au nom de
Mlle Dual.

« Mon cher Lulu, dit Adrien Leroy (il n'avait que
seize mois de moins que Maublanc, et leurs rapports
étaient plutôt de cousins germains que de neveu à
oncle), mon cher Lulu, je me permets de te faire remarquer que ton compte n'est pas inépuisable. N'oublie
pas que ton opération manquée contre Schoudler,
dans laquelle tu as eu la bonne idée de nous entraîner,
a fait un trou plus que sérieux dans ton capital. Tu sais
ce que tu as tiré l'année dernière, en particulier pendant ton séjour à Deauville ; et tu ne me parais guère
t'être modéré depuis le début de celle-ci. N'aie pas
trop d'enfants, mon cher, pas trop ! Je ne t'apprendrai
rien en te disant que tu n'as pas que des amis sur la
place, et si un jour tu devais faire face à des ennuis…

— Quels ennuis ? répondit Maublanc. Quels ennemis ? Schoudler ? Je l'emmerde, moi, maintenant. »

Puis, goguenard :

« Mais, dis-moi, mon cher Adrien, es-tu donc tellement sûr de mourir après moi, que tu prennes tant de souci de mes intérêts ? »

Et quinze jours plus tard, un bouquet de roses à la main, il se rendait à la gare de Lyon, accueillir Sylvaine.

Elle débarqua, suivie de « l'amie » qui portait les poupons dans les bras.

Sylvaine avait une mine superbe.

« J'ai repris très vite, dit-elle.

— Alors, les voilà, ces petits mignons ! s'écria Lulu en grattant de son index courbe la joue des jumeaux. Ah ! Comment ? Il y a une fille et un garçon ? Je n'avais pas compris ; je croyais que c'étaient deux garçons.

— Mais non ! Je t'ai dit dans ma première lettre : la fille s'appelle Lucienne, comme toi, et le garçon Fernand, à cause de Fernande, qui est sa marraine. Tu ne lis pas mes lettres, alors ?

— Mais si, mais si, tu penses, mon tout petit ! Mais comme tu en parlais toujours au pluriel… jumeaux, jumeaux… pour moi, depuis le télégramme, c'étaient des jumeaux… des garçons. Quant à vous, mademoiselle, ajouta Lulu à l'adresse de l'« amie », je vous trouve moins bonne mine que quand vous êtes partie. »

Fernande, malheureuse, la gorge serrée, pressant contre elle les deux petits corps qui, dans quelques minutes, allaient lui être enlevés définitivement, retenait ses larmes et s'efforçait de sourire.

« Oh ! tu sais, s'empressa de dire Sylvaine, elle a été merveilleuse ! Elle m'a soignée, elle s'est donné un mal ! »

Ils traversèrent la gare, Sylvaine au bras de Lulu, et Fernande les suivant. Ils avaient l'air d'un cortège de baptême.

Dans le taxi, Lulu demanda :

« Tu ne les nourris pas toi-même, je pense ?

— Oh non ! Je n'avais pas assez de lait », répondit Sylvaine.

Sur le seuil de la rue de Naples, Sylvaine embrassa Fernande à quatre reprises, lui prit les poupons des mains et dit :

« Merci, ma chérie, pour tout ! Tu as été un ange. Sans toi, je ne sais pas ce que j'aurais fait. Téléphonons-nous demain matin, sans faute. »

La petite domestique, une Bretonne engagée par Anny Féret pour s'occuper des enfants, était déjà arrivée. Dans la matinée, les *Trois Quartiers* avaient livré deux berceaux, un rose et un bleu.

Pendant une heure, Sylvaine s'occupa d'installer les jumeaux, de donner les instructions à la nouvelle bonne, d'indiquer les heures de biberon, tandis que la femme de chambre, qui ne savait plus si elle devait appeler sa patronne « mademoiselle » ou « madame », déballait les valises.

Au milieu de tout ce mouvement, Lulu souriait, se laissait bousculer, se caressait le cou au-dessus du faux col.

Quand enfin les choses furent à peu près en place, Sylvaine s'assit et demanda à la femme de chambre :

« Est-ce qu'il reste du champagne dans la maison ? Oui ? Eh bien, apportez-en. »

Elle servit Lulu, se servit, et dit en élevant son verre :

« Le premier que je prends depuis six mois... Eh bien, tu sais, mon Lulu, ça me semble bon ! Ça n'a pas été drôle tous les jours, je te prie de le croire.

— Tu as beaucoup souffert ?

— Tu penses ! Il paraît que je criais, on m'entendait dans tout le village. Ils sont venus à quatre heures d'intervalle.

— Mon pauvre tout-petit », dit Lulu, sans parvenir à effacer son sourire.

Puis sortant d'une poche intérieure une longue enveloppe, il ajouta :

« Et voilà ma promesse !

— Je l'ai bien méritée, tu sais », dit Sylvaine qui souriait aussi.

Elle prit l'enveloppe, l'ouvrit, regarda le papier de la banque Leroy et le beau carnet de chèque vierge, dans un étui de cuir. Son sourire disparut.

« Comment ? Il n'y en a qu'un ? demanda-t-elle.

— Un quoi ?

— Un million !

— Eh bien oui, fit Lulu.

— Mais, mon Lulu, tu n'y es plus du tout ! s'écria Sylvaine. Tu m'as dit : un million si je te donnais un enfant. Je t'en donne deux ; alors ? »

Lulu se renfrogna, secoua la tête, lança devant lui, par petites bouffées, la fumée de sa cigarette.

« À moins que tu veuilles les reconnaître ? continua-t-elle. Ah ! si tu les reconnais, c'est différent.

— Non... non... enfin pas tout de suite. Je me mettrais toute ma famille à dos. Mais je le ferai sûrement un jour... Il faut laisser un peu de temps.

— Tout ça, ce sont des histoires, dit Sylvaine s'énervant et se mettant à marcher de long en large. Si tu ne les reconnais pas, un million par enfant. Je ne sors pas de là. Nous ne savons pas ce qui peut nous arriver aux uns et aux autres. Moi, je tiens à garantir l'avenir. Ou bien je te les colle dans les bras, et puis tu te débrouilleras. Tu ne te rends pas compte de ce que c'est deux gosses à élever ! Moi j'ai fait ça pour te faire plaisir... »

Il en passa par où elle voulait, se disant : « Après tout, qu'est-ce que ça peut me faire ! Ça me coûte moins cher que la Bourse ou les cartes. Et là, au moins, il me reste quelque chose. Et puis, si j'ai un coup heureux sur les cotons, je rattraperai tout cela. Les cotons vont monter... »

Il tint néanmoins à déclarer :

« Mais après, ma chère petite, il faudra cesser de considérer Lulu comme une vache à lait.

— Mais je ne te demanderai plus rien, mon gros.

— Bon, alors comme ça, c'est très bien. »

Et il fit passer aux Leroy un second ordre d'un million.

Pour l'exécuter, Adrien dut faire vendre une nouvelle fraction du portefeuille de Lulu.

Anny Féret, toujours sage quand il ne s'agissait pas de ses propres affaires, conseilla à Sylvaine de transférer son compte dans une autre banque.

« Il vaut mieux qu'on ne sache pas ce que tu fais de ton argent. Et moi, à ta place, je le mettrais en 3 % ; c'est la seule valeur sûre. »

Mais, pour sa part, dès que Sylvaine, honnête dans sa prospérité, lui eut remis cent mille francs, Anny

Féret s'empressa de se faire installer rue de la Pompe un appartement hideux, avec des murs sang de bœuf, des fauteuils de satin blanc, et sa propre photographie en robe de scène sur chaque coin de meuble.

Quant à la petite maison de campagne dont elle avait rêvé, ce serait pour une autre occasion.

Fernande reçut également cent mille francs. Elle en utilisa les deux tiers pour prendre une sorte de gérance-associée dans un commerce de bonneterie, à Montmartre ; l'affaire n'était point aussi belle qu'on le lui avait fait miroiter. Fernande passa ses journées entières dans la boutique, regardant défiler, dans ce même quartier où elle travaillait depuis cinq ans, une population qu'elle ne connaissait pas.

Deux humanités vivaient à Montmartre sans se rencontrer jamais. Le peuple diurne, besogneux, mi-faubourien et mi-provincial, avait ses concierges sur le pas des portes, ses ménagères mal coiffées qui marchandaient pour un écheveau de quelques centimes. Fernande regretta bientôt l'autre peuple, celui qui ne vivait qu'à la lumière électrique, avait l'air heureux, et avant de s'évanouir dans l'aube, laissait dix francs de pourboire pour un paquet de cigarettes.

Son penchant naturel à la pitié de soi-même s'aggravait. Oubliant que quelques mois plus tôt, terrifiée de perdre son gagne-pain et se voyant acculée à une misère sans issue, elle aurait été prête à tout pour faire disparaître sa grossesse, maintenant le motif de sa désolation lui venait d'avoir dû renoncer à ses enfants. Tout en comptant ses grains de beauté, elle se tenait des raisonnements stupides : « Au fond, avec ces cent mille francs, j'aurais pu les élever moi-même. » Les larmes lui venaient aux yeux quand elle étalait une layette dans la vitrine.

Les premiers temps, elle alla souvent rue de Naples, le soir, pour embrasser les jumeaux. Sylvaine la recevait plutôt mal, lui faisait des « chut ! » et des « dépêche-toi ».

« Mais puisque je suis leur marraine », geignait Fernande.

Bientôt cette consolation amère lui fut retirée.

Sylvaine avait envie de vivre, de s'amuser, de rattraper le temps perdu dans son exil méridional.

Elle se croyait riche pour toute la vie, ou au moins pour quinze ans… dans quinze ans, elle serait devenue une grande actrice, elle aurait fait un beau mariage, et puis surtout elle serait vieille, et peut-être même serait-elle morte.

Sans le sou, elle aurait sans doute couru six mois l'engagement. Avec l'élégance et la désinvolture que lui permettait son compte en banque, avec possibilité de dire : « Venez donc prendre un verre chez moi vers six heures ; nous parlerons de tout ça », elle fut prise dès sa rentrée, dans une pièce qu'on montait aux Variétés. On se souvenait d'elle, de son petit succès de l'an passé.

« Vous aviez fait un excellent départ, lui disait-on. Où vous étiez-vous donc cachée ? »

Les jumeaux la gênaient. L'appartement était trop petit pour les deux berceaux et les deux domestiques. Sylvaine trouva une femme, du côté de la Malmaison, chez qui elle plaça les nourrissons. Elle estimait avoir largement fait son devoir envers ces deux petites créatures sans intérêt. « Grâce à moi, se disait-elle, ils seront élevés comme jamais ils ne l'auraient été par leur mère. » Elle n'était pas loin d'estimer tout cela fort moral, et de penser qu'en cette affaire, elle avait le beau rôle. Elle faisait bénéficier de la fortune d'un vieux riche plusieurs êtres qui en avaient grand besoin. N'est-ce pas ainsi que les choses devaient être ?

Et il était également normal qu'elle songeât à écarter Lulu de son existence.

VI

« Encore un peu de sucre, mon père ? demanda Jacqueline avec une ébauche de sourire sur ses lèvres étroites et blanches.

— Merci, madame, je suis déjà bien servi », répondit le père Boudret.

Il inclina la petite tasse pour montrer les quatre morceaux qu'il y avait mis.

« Ce n'est pas tout à fait de la sainteté, cela, mon père ! dit Jacqueline.

— Mais je ne suis pas un saint, madame, loin de là ! J'aurais pu, peut-être, approcher d'une vie vraiment sainte, si j'étais resté tel que j'étais à vingt ans, ou plutôt si je m'étais amélioré depuis ce temps-là. Mais je pense, voyez-vous, que la plupart des hommes usent leur vie à redescendre des espoirs et des rêves qu'ils avaient aux parages de leur vingtième année. Je n'ai pas l'orgueil de me croire en marge de cette loi commune. »

Comme s'il craignait d'avoir parlé trop sérieusement de lui-même, il ajouta en riant :

« Parce que j'aime trop le sucre. »

Assez étrange personnage, que le dominicain envoyé à Jacqueline par le père de Granvilage, et qui venait la voir depuis huit semaines !

C'était un homme de lourde stature, dans la soixantaine, avec un ventre qui pointait sous la robe blanche. Il ne se carrait pas dans les fauteuils ; il s'y posait droit. Très chauve, presque sans cils et sans sourcils, il avait un lourd visage aux joues vastes et plates, un menton puissant, mais qui se noyait dans la graisse du cou ; une tête sans saillie inutile, bien taillée dans un carré de bois solide.

Il était de naissance paysanne et ne s'en cachait pas.

« On me demande souvent, disait-il, si je suis parent des marquis de Boudret. Mais non ! je n'ai pas de si belles origines. Je suis un pauvre Boudret dont les six frères travaillent la terre en Artois, et qui a cru pouvoir travailler pour le Bon Dieu. »

Rien, chez lui, de la langueur pieuse, de l'aristocratique dévotion du père provincial.

La majesté du père Boudret était d'un genre différent, mais tout aussi réelle.

Il avait prêché le Carême à la Madeleine, l'an précédent ; il le prêchait cette année-là à Notre-Dame et était en voie, dans le monde religieux, d'accéder à la célébrité.

Aucune tâche ne pouvait entamer son énorme santé physique et morale ; que ce fût l'évangélisation des foules, la direction d'un collège, la conversion d'une âme isolée, il se vouait à toute œuvre avec une même et totale attention, parce que tout dans l'univers lui semblait d'une égale importance.

Lorsqu'il était venu la première fois, avenue de Messine, et après qu'on l'eut introduit dans le boudoir de Jacqueline, il avait pensé tout de suite en voyant la jeune femme : « La lutte sera dure. »

Car, tandis qu'il exposait clairement à Jacqueline le motif de sa visite, il n'avait rencontré dans les yeux de l'interlocutrice ni hostilité ni défiance, mais un mépris résigné qui semblait lui signifier : « Eh bien, allez, mon père, faites votre métier ! » comme s'il avait été un infirmier préparant quelque piqûre inopérante.

Alors le père Boudret avait commencé par consacrer dix minutes à examiner les bibelots.

Il interrogeait :

« Qu'est-ce que c'est que cela ?... Et cela ? Oh ! c'est bien joli ! »

Il montrait une prédilection pour les livres aux plats frappés de larges armoiries. Il interrogeait sans hâte, s'étonnait avec compétence, et on pouvait lui supposer en tous domaines une érudition étendue.

« La vie du maréchal de Tavannes. C'était un de vos ancêtres, alors ?... Oui, oui, la bataille de Moncontour... »

Cette attitude dérouta un peu Jacqueline. Et puis, la seule présence de cette corpulence, en robe blanche, modifiait tous les rapports de dimensions dans le petit boudoir. On eût dit qu'on y avait fait entrer le Balzac de Rodin.

Soudain, le dominicain prit sur une table le portrait un peu jauni d'un jeune officier de dragons, en uniforme de 1914, avec, glissée dans le coin du cadre, une autre photographie plus petite, les mêmes portraits qu'avait déjà Jacqueline sur sa table de chevet, à la naissance de Jean-Noël. Il examina bien la double image.

« C'est votre mari, n'est-ce pas ?… Un beau visage, une grande loyauté… Je crois que je vais bien l'aimer, madame », prononça-t-il.

Il avait dit cela comme d'une personne qu'il aurait dû rencontrer le lendemain et pour cheminer de longs jours côte à côte.

Et puis il s'était tourné vers Jacqueline et l'avait regardée.

Comme dans le regard du père de Granvilage, mais plus nettement encore, il semblait qu'il y eût, dans le regard du père Boudret, trois plans en profondeur ; en avant, une attention inlassable, sans fissure ; derrière, les secrets, tous les secrets, les renoncements consentis, les défaillances surmontées, les péchés entendus, la longue stratégie de l'investissement des âmes ; et par-delà encore, une bonté infinie, une volonté d'universelle et permanente compréhension.

À cause du souvenir et à cause du portrait, Jacqueline s'était mise à sangloter.

« Ne vous excusez pas, madame ! Vous n'avez pas à avoir honte de votre chagrin, avait dit le dominicain. Tout amour qui dépasse l'humain est un chemin vers le Bon Dieu. »

Et il était parti, avait repris sa douillette des mains du valet de pied en disant :

« Merci, mon frère. »

Il avait reparu le surlendemain, et puis encore deux jours après, et il avait engagé sa bataille.

Il est une confession plus difficile que celle des péchés, c'est celle des angoisses.

Les jours, les nuits, les rêves de Jacqueline n'étaient qu'une longue suite d'angoisses morales et physiques.

« S'il existe un au-delà, François est damné… Ce n'est pas vrai, il n'y a pas de Dieu, il n'y a pas d'au-delà ; il y a le vide, le noir. Si Dieu existait, il n'aurait pas permis cela. Il y a le noir et je ne le reverrai jamais… Je suis morte, je suis morte et je ne le sais pas, et je cherche François dans le noir et ne le retrouve pas ! J'aime mieux vivre avec le malheur de son souvenir que de risquer de me trouver toute seule devant le néant… Je suis lâche, j'ai peur de mourir. Il m'appelle et je fais semblant de ne pas l'entendre, parce que je n'ai pas le courage de me tuer… »

Cela se terminait par des défaillances physiques, des demi-syncopes, des crises de larmes, des réveils en sursaut avec des pulsations fuyantes et des membres glacés, l'impression de chutes de suie devant le regard, le sentiment d'irréalité du monde et d'étrangeté des perceptions.

Les éléments de son obsession sans cesse se croisaient, se nouaient selon toutes les combinaisons mentales possibles. Elle avait la sensation précise de mailles de filet enserrant son cerveau.

À chaque minute, elle attendait un appel de François, et, cet appel ne venant pas, non seulement elle niait la divinité, mais encore il semblait qu'elle en voulût à Dieu de ne pas exister.

Elle s'acheminait plus sûrement vers la folie que vers le suicide.

Patiemment, visite après visite, le père Boudret travailla à dénouer les mailles et à enfermer Jacqueline dans un plus vaste réseau, celui de l'omnipotence de Dieu.

Il eut du mal. La mort d'un être cher, fauché en plein milieu de la vie, est une arme terrible contre la foi, constitue une négation à peu près irréfutable.

Jacqueline, recroquevillée sur le bout d'un divan Directoire, et tenant ses mains fragiles, où l'alliance devenue trop grande flottait autour du doigt, croisées sur ses genoux maigres, Jacqueline reconnut bientôt que la présence du père lui faisait du bien.

L'impression de chaleur musculaire, de solidité vivante que dispensait le dominicain lui était salutaire. Et puis, au fond du regard, cette bonté qui donnait envie de se confier, de se laisser diriger...

Il était difficile, dans l'état d'anémie et d'égarement où se trouvait Jacqueline, de ne pas céder petit à petit à une telle force, de ne pas se laisser subjuguer par elle. Cette haute robe blanche était pour la malade la seule chose qui émergeât du néant.

D'un geste de ses manches, le père Boudret faisait entrer dans la pièce la multitude des croyants de la terre, les prenait à témoin ; ou bien il suscitait quinze générations d'ancêtres de Jacqueline, tous attachés à l'Église et au dogme ; et surtout, jour après jour, il reconstruisait l'univers de telle façon que François y pût vivre dans sa mort et Jaqueline dans sa vie avec, entre eux, des liens mystérieux.

Il y avait deux mois maintenant que l'œuvre était commencée et le père sentait la victoire proche. Une dernière résistance restait à réduire, après quoi Jacqueline inclinerait devant la toute puissance du Créateur un front malheureux mais délivré.

Le père Boudret, ayant bu son thé sucré comme un sirop, reposa sa tasse, écouta Jacqueline.

« Non, je vous assure, mon père, dit-elle ; je suis beaucoup moins intelligente, beaucoup moins instruite que vous ; je vous admire, et je vous envie d'avoir la foi. Mais la vie éternelle, c'est un rêve pour gens bien portants. Il y a une espèce de grand hasard bête qui nous fait naître, qui nous fait mourir ; il y a le noir avant, il y a le noir après…

— … et les étoiles sont noires, et l'amour est noir, enchaîna le père. Et puis le Bon Dieu est une invention pour apaiser l'angoisse des hommes, n'est-ce pas, et tâcher de réfréner un peu leurs mauvais penchants. »

Le père avait un bon sourire sérieux. Jacqueline ne répondit pas.

« Les grands physiciens, voyez-vous, madame, reprit-il, concluent de moins en moins à votre grand hasard bête, comme vous dites. La science, chaque jour, traque le hasard, le grignote, et nous prouve que ce mot ne désigne que notre myopie. Les lois identiques qu'on découvre dans la gravitation des mondes et dans le mouvement des atomes suffiraient à me faire croire à Dieu. Le hasard au sens d'une marge de liberté cosmique, et gratuite, entre des éléments stables, n'existe pas. Ou bien il faut tenir l'univers pour l'expression de l'incohérence absolue, sans fissure, l'incohérence roulant sur elle-même, sans raison ni but, plus aveugle, plus absurde que la fatalité antique, l'incohérence pour l'incohérence, en tout et toutes choses, des astres, de la terre, de l'herbe, de l'âme… ou bien il faut croire ! »

Jacqueline secoua la tête.

« Une incohérence absolue, mon père, murmura-t-elle.

— Votre amour pour François faisait-il partie de cette absurdité universelle ? Lorsque vous vous êtes vus, découverts et aimés, n'avez-vous pas senti que vous étiez destinés l'un à l'autre ? »

Le père appelait Jacqueline « madame », mais désignait le mort par son prénom ; il avait avec François une intimité, acquise dans la prière quotidienne, qui bouleversait Jacqueline.

Elle se passa la main lentement sur les yeux.

« Si un seul amour au monde ne peut être tenu pour absurde, alors rien ne peut l'être ! » dit le père Boudret en se levant.

Il alla à la fenêtre, l'entrouvrit. Le soir d'avant-printemps tombait sur le jardin, sur les bordures de buis, sur les plates-bandes fraîchement plantées. Il faisait doux. Précédant le crépuscule, des lumières s'allumaient aux fenêtres et une grande rumeur éparse montait de la ville.

« Est-ce que tout cela vous donne le sentiment de l'incohérence ? demanda le père en poussant doucement Jacqueline devant la fenêtre. Moi, madame et malgré les souffrances de mes frères humains, j'aime bien la vie que le Bon Dieu a faite. Là où seulement peut commencer le sentiment de l'incohérence, je sais, c'est devant la mort. Et c'est pour le surmonter que le Bon Dieu a donné la foi. »

Comme Jacqueline frissonnait, le regard perdu dans une contemplation où elle tâchait de réconcilier le monde et son propre malheur, le père Boudret ferma la fenêtre, revint vers le centre de la pièce et dit :

« Au-dessus de la Raison, il y a la Révélation. Ce n'est pas nous seulement qui disons cela ; les Hindous le savent également. Et nous, nous disons : la Foi est l'instrument miraculeux que le Bon Dieu a mis à la disposition de ses créatures pour prolonger leurs télescopes, leurs dialectiques et leurs chagrins. Toutes les grandes théologies se ressemblent. La créature qui a la Foi parfaite ; elle ne se parfait qu'avec la Foi. »

Jacqueline regarda le père Boudret.

« C'est peut-être vous qui avez raison, mon père, dit-elle… Ce doit être vous. »

La porte s'ouvrit à cet instant ; une voix légère cria :

« Maman ! »

Et Marie-Ange s'arrêta, interdite, à la vue du dominicain.

« Entre, mon chéri, viens dire bonjour au père », dit Jacqueline.

Le père Boudret s'assit, pour se mettre à la hauteur de l'enfant, et ramena sur ses genoux les pans de sa grande robe.

Jean-Noël et Marie-Ange éprouvaient en général une répulsion pour les baisers que leur imposaient tous les vieillards de leur entourage. Avec le père Boudret, il en allait différemment. Leurs petites lèvres se tendaient d'un mouvement instinctif vers ce visage lourd et majestueux qui sortait du col à capuchon.

Marie-Ange était bien portante, mais assez maigre. Elle avait beaucoup grandi les mois passés. Elle était déjà en première année d'instruction religieuse.

« Alors, ma petite mère, qu'est-ce que tu as appris cette semaine ? demanda le père Boudret.

— Le *Credo*, mon père, répondit Marie-Ange.

— Ah oui ? C'est bien, ça. Et tu as bien compris ? Tu te rappelles bien tout ?

— Oh ! oui, mon père !

— Eh bien, écoutons ça. »

Jacqueline sourit. « Marie-Ange se rappellera sans doute toute sa vie, pensa-t-elle, que c'est un grand prédicateur qui lui faisait réciter le *Credo*. Il sait ce qu'il fait, le père ; ce sont des choses qui marquent. »

La petite voix chantante et rapide de l'enfant égrenait les mots.

« Oh ! pas si vite, pas si vite ! dit le père Boudret. Moi je ne pourrais pas dire mon *Credo* aussi vite, je n'aurais pas le temps d'y penser. »

Dans la tête de Jacqueline, les phrases apprises autrefois et si souvent redites se dévidaient machinalement, devançant la récitation de l'enfant :

« ... *la rémission des péchés, la résurrection de la chair, la vie éternelle*... »

« *La résurrection de la chair*... récita Marie-Ange.

— La résurrection de la chair, répéta le père, gravement, en étendant le bras. Et ce jour-là, continua-t-il (sa voix qui écrasait les voyelles tremblait un peu parce qu'il livrait une conviction profonde), les âmes se présenteront dans leur enveloppe totale, c'est-à-dire avec l'ensemble de leurs instants ressuscités, avec tous leurs gestes en leurs mains, et tout ce qu'elles auront fait de bien et de mal de leur naissance à leur mort et au-delà de la mort, et avec ce que les autres âmes auront fait pour elles... »

Il savait que ses paroles passaient au-dessus de l'entendement de l'enfant et ne craignait point de la

troubler. Mais sous le front de Jacqueline une immense
étincelle venait de jaillir entre les deux phrases de la
prière, comme d'entre les charbons d'une lampe à
arc.

« ... et elles se présenteront, acheva le dominicain,
devant leur propre jugement, devant le jugement de
toutes les âmes fondues dans le jugement du Créateur
leur père, et iront prendre place, les unes auprès des
autres... dans l'harmonie prévue par une bonté infinie. »

Jacqueline eût été incapable de répéter les mots
du père Boudret. D'ailleurs, les mots ne comptaient
plus. Elle comprenait le père par-delà les mots, dans
une adhésion, une fusion directe de pensée à pensée,
dont l'expression verbale n'était que le résidu de
combustion. La pensée de Jacqueline brûlait, comme
elle l'avait ressenti parfois auprès de François aux premiers temps de leur amour ; cet embrasement illumi-
nait tout, la vie et l'au-delà. François y était présent,
aussi présent que Marie-Ange ; et une autre présence
encore semblait se tenir derrière le dominicain, dont
celui-ci n'était que l'intercesseur.

Jacqueline entendit le père prononcer :

« C'est très bien, ma petite mère ! Tu peux aller
jouer maintenant. »

La seconde d'après, le monde était redevenu tel que
précédemment, mais Jacqueline était convertie.

Lorsque l'enfant fut sortie, la jeune femme dit simplement :

« Merci, mon père.

— Non, madame ! Dites : "Merci, mon Dieu...",
conclut le père Boudret en se levant, et il fit au-dessus

du front de Jacqueline un signe de croix si léger qu'elle ne s'en aperçut pas.

Il descendit dans le vestibule, reprit son chapeau, sa douillette et regagna son couvent.

Depuis ce jour, Jacqueline voulut croire avec autant de force qu'elle en avait mis à vouloir mourir, tout en se sentant toujours séparée de la croyance parfaite par ce même voile léger, impalpable, qui l'avait tenue en deçà de la mort aux moments de pire désespoir.

Chaque dimanche, elle conduisait Marie-Ange et Jean-Noël à la messe des dominicains. Sur sa table de chevet, elle avait l'*Imitation de Jésus-Christ*.

On la rencontrait aussi, les après-midi de printemps, se promenant dans les allées du Bois avec ses enfants. Son teint avait retrouvé quelque couleur, et elle semblait reprendre intérêt aux conversations. Un jour, sa famille surprise, l'entendit rire.

VII

Tout ce que Noël Schoudler avait naguère refusé à son fils, touchant *L'Écho du Matin*, il venait en quelques mois de l'accorder à Simon Lachaume.

Simon était entré au journal sans position nettement définie. Noël Schoudler avait déclaré simplement :

« M. Lachaume travaille avec moi. »

Mais il avait assorti ce poste vague d'un très haut salaire, double à peu près de celui que Simon percevait auprès de Rousseau. À l'importance des émoluments, on jugea de l'importance de l'homme. Très rapidement, elle devint plus grande encore qu'on ne l'avait supposé.

En transformant l'*Écho*, Noël avait pleinement atteint ses buts. Il avait haussé le tirage de son quotidien et donné à la presse une orientation nouvelle. Seuls *Le Temps* et les *Débats* demeuraient fidèles à leur vieille formule qui contentait une clientèle stable mais restreinte.

Mais quand Noël eut épuisé les idées de son fils, il se trouva un peu essoufflé. Son cerveau, rompu aux habitudes d'une autre génération, le servait mal pour soutenir ce qu'il avait lui-même entrepris.

Par sa déférence envers les hommes âgés, son habileté à les manier, son air d'avoir toujours quelque chose à apprendre d'eux, et, en même temps, servi par la bonne machine à penser qu'il avait dans le crâne, Simon apporta à Noël Schoudler, jour après jour et sans le heurter, tout ce dont celui-ci avait besoin.

François avait eu l'esprit créateur ; Simon, lui, eut l'esprit de suite. Grâce à ces deux jeunes hommes, un mort et un vivant, Noël régnait, plus potentat que jamais, sur tout un secteur de l'information.

Auprès de lui, et pour lui, Simon surveillait, contrôlait, choisissait entre les idées proposées, arbitrait les différends. L'expérience et l'autorité qu'il avait acquises dans ses fonctions au ministère trouvaient utile emploi. Et l'on commençait à dire, comme au temps où il était chez Rousseau :

« Quand on veut obtenir quelque chose du patron, il faut s'adresser à Lachaume. »

Il arrivait à Noël de songer : « Ah ! si François avait été comme lui ! »

Dans cette situation semi-directoriale, Simon mesura et goûta la puissance de la presse. Un article pouvait décider du succès d'une œuvre, une campagne bien menée faire vaciller un gouvernement. Hommes de lettres, directeurs de théâtre, parlementaires invitaient Simon à leurs réceptions, à leurs générales, lui adressaient leurs ouvrages ornés de flatteuses dédicaces. Simon se sentait beaucoup plus de poids que lorsqu'il était chef-adjoint de cabinet et n'exerçait d'autorité que sur des fonctionnaires. Maintenant, c'était à lui que téléphonaient les chefs de cabinet, et même les ministres. Il pouvait obtenir d'eux ce qu'il voulait et devinait sa Légion d'honneur proche.

Son bureau était voisin de celui de Noël. Souvent le géant entrait chez Simon, venait bavarder de questions qui n'intéressaient nullement le journal ; il ressentait un besoin de se détendre, nouveau chez lui, qui trahissait une certaine fatigue de vivre.

Simon lui racontait les potins de la ville, excellait à réveiller chez l'homme lassé le goût de s'indigner. La présence de Simon rajeunissait Noël, l'attendrissait aussi parfois lorsqu'il songeait : « C'est François qui devrait être dans ce bureau. »

Ce fut Simon qui, le premier, l'avertit de la naissance des « jumeaux-blancs ».

« Et il a été assez bête et assez vaniteux pour y croire ! » dit Noël.

Chaque fois qu'on parlait de Maublanc devant lui, son regard noir s'amincissait. Le géant gardait sous clef, dans un tiroir de son bureau, un dossier où il consignait tout ce qu'il entendait de fâcheux sur son ennemi, des chiffres surtout.

Simon apprit également à Noël l'histoire des deux millions.

« En tout cas, la petite personne est forte, dit Noël. Et vous m'avez dit que vous la connaissiez ?

— Oh ! vous savez, je l'ai vue une fois, après la réception de Lartois, le soir précisément où elle a fait signer à Maublanc la promesse. Mais je vous avoue que je ne serais pas sûr de la reconnaître. Je sais qu'elle est rousse…

— Oui, en effet, Lartois m'avait vaguement raconté cette histoire. Mais ça se passait à un moment tellement tragique pour moi… Dual, vous me dites, Dual… et elle lui a fait signer… Je comprends, poursuivit Noël, je comprends pourquoi les Leroy m'ont fait savoir qu'ils ne se considéraient plus comme solidaires de leur cousin. C'est que les jumeaux représentent maintenant une sérieuse menace pour l'héritage, et s'il prenait envie à Maublanc… »

Il laissa sa phrase en suspens, plissa les paupières.

« … pour tous les héritiers », murmura-t-il.

Et soudain, s'appuyant des deux mains aux bras de son fauteuil, il dressa son énorme corps.

« Je le tiens ! s'écria-t-il. Oui, je le tiens peut-être. Si ce que je pense est possible, alors plus de Maublanc. Je l'écrase, je l'étrangle. Couic ! comme ça ! Comment n'y ai-je pas songé plus tôt ? Merci de m'avoir raconté cette histoire, Simon, merci. Vous venez sans doute de me rendre un service immense. Le tout, maintenant, c'est de savoir si légalement… »

Il était dans un état d'exaltation où Simon ne l'avait jamais vu. Il décrocha le récepteur du téléphone.

« Donnez-moi maître Rosenberg », dit-il à la standardiste.

Et quelques instants après :

« Allô, ici le baron Schoudler. Ah ! c'est vous-même, cher ami. Quand puis-je passer vous voir ?… Oui, aujourd'hui… très urgent… Dans une demi-heure ; bon, j'y serai. »

Il raccrocha, prit Simon par les épaules avec une force qui fit penser à celui-ci : « Bigre ! Tout vieux qu'il est, je ne voudrais pas me battre avec lui… »

« Ah ça ! mon petit, ça, dit encore Noël, ce serait trop beau ! »

Tout le temps que dura le trajet pour aller chez l'avocat, qui habitait de l'autre côté de l'eau, Noël battit de sa semelle le tapis de la voiture. « Ah ! quel beau cadeau à faire à François pour l'anniversaire de sa mort », se disait-il.

Jean Rosenberg était un juif élégant, au teint sombre et aux cheveux argentés, qui louchait très légèrement, aimait les meubles anciens et les livres rares. Ce grand avocat d'affaires, conseiller permanent de très grosses firmes, de groupes financiers, d'aciéries, de compagnies d'assurances, évitait toujours de plaider et s'était fait une spécialité dans l'arbitrage et le compromis. Il avait, pour écouter ses clients, un geste particulier qui consistait à tenir ses pouces sur les lèvres et ses autres doigts imbriqués les uns dans les autres de manière à former devant son visage une espèce de cheval de frise.

« Alors ? Qu'est-ce qui vous amène, mon cher ? » demanda-t-il.

Schoudler respira fortement. Il était soudain pris d'une grande anxiété. Le magnifique projet qu'il

venait de concevoir allait-il être anéanti par la réponse
du juriste ?

« Est-ce qu'un tuteur, dit-il enfin, agissant comme
tel, peut faire mettre un conseil judiciaire à un parent
de son pupille ?

— Ah ! Vous me posez là une question de droit
civil. C'est de vous qu'il s'agit, je pense, en tant que
tuteur de vos petits-enfants ?

— Oui, fit Schoudler.

— Alors, soyons bien clairs, reprit l'avocat en
décroisant et recroisant ses doigts. Vous voulez savoir
si vous, tuteur, pouvez demander la dation d'un
conseil judiciaire... Apparemment oui ! Voyons : le
conseil judiciaire se passe à peu près comme l'interdit,
et le tuteur est normalement habilité... Oh ! écoutez,
pour plus de sûreté... »

L'avocat se retourna vers la collection du Dalloz qui
garnissait, derrière lui, un rayon bas de la bibliothèque,
sortit un volume, le feuilleta d'une main rapide.

« Voilà, voilà, dit-il. *Conseil Judiciaire... Interdit...*
Nous y sommes. »

Il prit une large loupe, y fit converger son léger stra-
bisme, et lut :

« *... l'interdiction peut être demandée au nom d'un
parent mineur par son représentant légal.* Il y a même
eu, ajouta-t-il, un jugement rendu dans ce sens par la
cour d'appel de Douai, en 1848. Or, je vois ici que
la nomination d'un conseil peut être provoquée par
tous ceux qui ont le droit de demander l'interdiction.
Donc, vous pouvez parfaitement le faire. Aucune
opposition juridique, mon cher ami. »

Schoudler se leva de son fauteuil, frotta ses paumes épaisses.

« Vous me donnez là une bonne nouvelle, Rosenberg, dit-il. Et quels sont exactement les motifs à invoquer ?

— Oh ! les motifs sont variables. En général, c'est la prodigalité. Vous devez avoir affaire à un prodigue, n'est-ce pas ? Oui. Mais prenez garde. Je me souviens d'avoir eu entre les mains une histoire de conseil judiciaire, il y a quelques années. Il faut être en état de prouver que le prodigue, par ses dépenses, met en péril sa fortune entière.

— C'est-à-dire qu'un type qui joue à la Bourse comme un maniaque…

— Ah ! non, non, s'écria l'avocat. N'invoquez pas cela, vous seriez débouté. Les pertes résultant du jeu en Bourse sont considérées comme opérations financières malheureuses, mais non comme une dilapidation proprement dite.

— Ça, c'est embêtant, dit Schoudler. Et les cartes, les femmes ? Un monsieur qui distribue des millions à des petites poules, qui perd chaque soir sa culotte au cercle ?

— Oh ! ça, si vous en avez les preuves, parfait, parfait. Il faut que la dilapidation de la fortune soit inspirée par le caprice ou les passions. Sur ce terrain-là, vous êtes très fort… Maintenant, dit l'avocat en reformant ses doigts en petit cheval de frise, croyez-vous qu'il faille aller jusqu'à l'introduction d'une demande devant le tribunal de première instance ? Car c'est en fait à quoi vous aboutissez. Est-ce qu'il n'y aurait pas un moyen en agitant justement la menace d'un conseil judiciaire, d'arriver à un compromis plus heureux pour tout le monde… une donation entre vifs, par exemple, avec versement d'une rente viagère au prodigue, ce qui le laisserait pratiquement usufruitier de ses biens. Ce serait une manière d'arranger les choses.

— Ah ! mais c'est que je ne veux pas les arranger ! » s'écria Noël.

Rosenberg sourit.

« Bon, bon, dit-il. Alors, vous aurez d'abord à réunir un conseil de famille. Je ne vous apprendrai pas qu'un conseil de famille, surtout dans un cas comme celui-là, se travaille au préalable. Avec vous, je n'en doute pas, le travail sera bien fait. Tenez-moi au courant et revenez me voir quand vous serez décidé à entamer la procédure… si vous y êtes absolument déterminé. »

Puis, comme il raccompagnait Noël il dit en prenant un vieux livre sur une table :

« Un de mes clients m'a apporté cela tout à l'heure, une édition princeps de Voiture. Je suis très, très content. »

Et revenant de chez Rosenberg, Noël se murmurait : « Ne nous emballons pas, ne nous emballons pas ! »

Dès le lendemain matin, il eut une conversation d'une heure avec Adrien Leroy. Quand les deux banquiers se séparèrent, ils se serrèrent la main avec force.

« Vous avez mon plein accord et d'avance celui de mon frère, dit Adrien Leroy. Nous vous remercions de vous charger de cette opération désagréable, mais qui, vous venez de m'en convaincre, était inévitable. Laissez-moi connaître les résultats de la petite enquête. À très bientôt. »

Toute la semaine, Noël consacra une grande activité à la préparation du conseil de famille. En tous ses entretiens revenaient sans cesse les noms de Jean-Noël et de Marie-Ange, et le souci de protéger l'avenir de ces deux enfants. En dernier lieu, et quand le tour de la famille eut été fait, Noël se fit recevoir par Anatole Rousseau.

« Ce n'est pas le ministre que je viens voir, ni l'ami, c'est l'avocat », déclara le géant en entrant.

Rousseau éleva sa petite main carrée.

« Oh ! mon pauvre ami, s'écria-t-il. Vous savez qu'il y a bien longtemps que je ne plaide plus...

— Ça ne fait rien. J'ai une absolue confiance en vous, et je tiens essentiellement à votre conseil.

— Vous me faites trop d'honneur, cher ami. Eh bien, je vous écoute », dit Rousseau en rejetant sa mèche.

Noël commença d'exposer son affaire.

« Attention, attention, interrompit Rousseau. Est-ce qu'un tuteur agissant ès qualités a le droit d'introduire une telle demande ? Vous êtes-vous renseigné là-dessus ?

— Oui, répondit Schoudler ; le cas est exactement le même que pour la demande d'interdiction...

— Ah ! Alors, c'est parfait. Continuez. »

Toute la conversation se déroula sur ce ton. C'était Rousseau qui, s'aidant de lointains souvenirs, soulevait de-ci, de-là, une objection, et Schoudler qui donnait la consultation en répétant textuellement ce que Rosenberg avait lui-même pêché dans le Dalloz.

« Eh bien, mon cher, conclut Rousseau, vous me semblez avoir été très bien conseillé, très bien dirigé. Je ne vois rien qui cloche dans tout cela.

— Ah! Vous me rassurez grandement! Je me félicite d'être venu vous voir, dit Noël, comme si Rousseau venait vraiment de lui donner un avis remarquable. Naturellement, je vous le répète, ce n'est pas à l'ami que je me suis adressé, c'est au juriste. Et pour vos honoraires.

— Voyons, voyons, jamais de la vie, dit Rousseau.

— Si, si, mon cher, je le veux absolument. J'aurai sans doute encore à vous déranger quand nous allons arriver devant le tribunal. La banque tiendra à votre disposition vingt mille francs qui vous seront portés quand vous voudrez... »

Le ministre comprit alors beaucoup plus clairement en quoi ses services étaient nécessaires à Schoudler.

« Vous êtes trop gentil, dit-il. Alors vous me tenez au courant de cette affaire, n'est-ce pas? Et puis, prévenez-moi avant que cela n'arrive à l'audience, en me donnant le nom du juge. Je lui passerai un coup de téléphone. Et notre ami Lachaume, ajouta-t-il en changeant de ton pour signifier que la cause était entendue, comment va-t-il?

— Il va très bien. Il réussit très brillamment.

— J'en étais sûr. Vous savez que je l'ai beaucoup poussé à travailler avec vous. Il hésitait. Mais j'ai senti que c'était nécessaire à sa carrière. C'est moi qui l'ai entièrement formé, et bien formé, je dois dire; alors, forcément, il m'était très attaché...

— Et il vous le reste, profondément, dit Noël.

— Je n'en doute pas, dit Rousseau. Ah! à ce propos... j'imagine que vous ne vous occupez pas de ces petites questions, mais Simon peut-être s'en occupe... vous avez à l'*Écho* un caricaturiste un peu dur. Je sais que je ne suis pas très haut de ma personne, mais me représenter sous la forme d'un basset, tout de même ! »

En revenant au journal, Noël entra chez Simon et lui saisit les mains. Le géant avait un sourire de jeune homme.

« Mon petit Simon, s'écria-t-il, toutes mes batteries sont prêtes. Et maintenant, feu !… Feu Maublanc… Pendant que j'y pense, faites donc grandir un peu les caricatures de Rousseau. Qu'on le représente… je ne sais pas, moi… comme une levrette ! »

VIII

La femme chez qui les jumeaux avaient été placés à la Malmaison était une spécialiste de l'élevage des produits illégitimes de la grande bourgeoisie. Sylvaine l'avait choisie sur de bonnes recommandations, et n'avait pas lésiné quant au prix de la pension. Pourtant le changement de régime affecta l'un des nourrissons, le garçon, qui dépérit mystérieusement et, au bout d'un mois, mourut.

Quand Sylvaine reçut cette nouvelle, elle se préparait à partir pour une répétition d'après-midi, la première répétition dans le décor ; et son nouvel amant, un grand garçon brun qui jouait dans la même pièce, l'attendait en s'impatientant.

Elle griffonna un pneumatique à l'adresse de Lulu :

« *Ça arrive souvent avec les jumeaux* », expliquait-elle. Et elle poursuivit : « *Je suis anéantie. Je ne sais*

plus ce que je fais. Je ne sais plus ce que je dis. Je pars
travailler comme une automate. »

Elle pensa : « Et il va croire nécessaire de venir me
consoler ce soir. Quelle barbe ! » Elle avait réussi à ne
pas le voir depuis quatre jours ; elle prenait du champ.
Elle ajouta sur la feuille : « *Nous aurons encore répé-*
tition ce soir et cette nuit. C'est atroce ! »

« Oui, oui, je suis prête, mon chéri, me voilà », cria-
t-elle au garçon brun.

Ce dernier, lui voyant un visage soucieux,
demanda :

« Quelque chose qui ne va pas ?

— Oh ! rien ; des ennuis, comme d'habitude. »

Elle se disait : « Et puis il y a aussi Fernande ! Ça, ça
va être une autre histoire. »

En sortant du théâtre, Sylvaine se rendit à la bonneterie. Elle avait acheté un bouquet de fleurs.

Fernande, qui habitait dans l'arrière-boutique,
était en train de se préparer à dîner. Elle hoqueta une
bonne demi-heure.

« Voilà, voilà, gémissait-elle. C'est le bon Dieu qui
commence à me punir. Je veux reprendre le second,
je veux le reprendre ! On va me le tuer aussi ! Tu
ne comprends pas ce que c'est, toi, tu ne peux pas
comprendre !

— Mais si, mon chou, mais si, je comprends, dit
Sylvaine à vingt reprises. Tu sais bien que je les aime
comme s'ils étaient de moi.

— Et quand est-ce qu'on l'enterre ? demanda
Fernande.

— Après-demain matin.

— Tu iras comment ?

— J'irai en voiture, avec Lulu, sûrement.

— Alors… à quelle heure faudra que je passe chez toi ?

— Ah non, mon chou, non ! répondit Sylvaine. Il vaut mieux que tu viennes de ton côté. Quand on a du chagrin, on ne sait pas très bien ce qu'on dit. Ce serait trop bête vraiment si tu faisais un pataquès… »

Elle sortit un billet de cent francs de son sac.

« Tiens, tu prendras un taxi », ajouta-t-elle.

Fernande repoussa le billet.

« Si, si, insista Sylvaine. Et puis, ne fais pas de dépense pour apporter des fleurs ; je m'en charge. Allez ! c'est très triste, mais il faut que je me sauve. Dis-toi que je pense beaucoup à toi.

— Merci, merci, tu es bien gentille », fit Fernande.

Sylvaine remonta le col de renard de sa jaquette, et, du ton dont on croit consoler les enfants :

« Et puis, tu viendras à ma générale… et puis je vais tâcher de t'envoyer des clientes, de lancer un peu ta maison, et puis, tu verras, tout s'arrangera.

— Oh ! la mort, tu sais, ça ne s'arrange jamais, dit Fernande, les joues luisantes de larmes. Ah ! j'oubliais… je m'étais dit que je t'en parlerais… Il y a un type qui est venu, qui m'a posé un tas de questions, sur moi, sur toi ; depuis quand je te connaissais, quand est-ce qu'on était parties dans le Midi…

— Quel genre de type ?

— Je ne sais pas. Avec un pardessus marron. Un enquêteur. Pas de la police, mais ça y ressemblait. C'était peut-être bien pour les fonds de commerce, tu sais. »

« Est-ce que Lulu se douterait de quelque chose…
pensa un instant Sylvaine. Non, ce n'est pas possible…
Et puis, d'ailleurs, maintenant, je m'en fous. »

Et elle alla dîner.

La Malmaison, dans l'esprit de Lulu, c'était « la campagne ». Aussi pour s'y rendre, le surlendemain, il fit
venir non pas un simple taxi, mais la grosse Hispano
qu'il avait louée pour aller à Deauville. Une gerbe
d'arums oscillait auprès du chauffeur.

Lorsque Sylvaine et Lulu arrivèrent à la demeure de
la nourrice, Fernande était déjà là.

Sylvaine s'écroula dans les bras de son amie en
disant :

« Ma pauvre chérie ! Toujours si bonne, si
dévouée. »

Et, plus bas, elle ajouta :

« Tiens-toi hein ? Je t'en supplie ! »

Lulu faisait attention à ne pas mettre les pieds dans
les flaques d'eau.

Pendant l'enterrement, Sylvaine dut feindre de pleurer au moins autant que Fernande. Elle ne jouait pas la
comédie pour un gros public ; cinq personnes en tout
suivaient le corbillard. La pompe, si réduite fût-elle,
semblait encore excessive. Il paraissait inutile d'avoir
attelé un cheval pour tirer ce minuscule cercueil, et
d'avoir dérangé un chantre pour appeler miséricorde
sur cette innocence.

« Et c'était justement celui qu'on avait nommé
d'après moi, pensait Fernande. J'ai trop de malchance. »

Elle aurait voulu prendre sous le bras le coffre de
bois, et aller l'enfouir, toute seule, au pied d'un mur.

La cérémonie à l'église fut expédiée en un quart d'heure.

Le cimetière était proche et l'étroite fosse, fraîchement creusée, avait des parois d'argile suintante.

Un souffle d'air passa, et Lulu recroisa soigneusement son cache-col sur sa poitrine.

En sortant du cimetière, Sylvaine chuchota encore à Fernande :

« Raccompagne-moi à ma voiture. Aie l'air de me consoler. »

Et l'autre, docile, secouée de vrais sanglots, marcha à côté de Sylvaine, comme si elle la soutenait. Puis, la tête basse, elle regagna le taxi qui l'avait amenée. En la voyant s'écrouler, Sylvaine pensa : « Je suis tout de même un peu salope. Enfin, c'est la vie, il le faut ! »

La grosse voiture de louage reprit la route de Paris. Lulu se tenait raide dans son coin et regardait par la vitre, le visage fermé et froid. Cette atteinte du sort ne le peinait pas, elle l'offensait.

De se trouver légèrement cahotée à l'autre bout de la banquette, sur la même route que l'été précédent en partant pour la Normandie, avec sous la main la même étoffe beige de l'accoudoir et devant les yeux la même casquette de chauffeur, Sylvaine eut le clair sentiment que toute une période de son existence, la période Lulu, prenait fin.

Il ne lui suffisait plus d'écarter Lulu, petit à petit, de sa vie ; maintenant, ce devait être une scission nette, précise, totale.

Maintenant, elle se voulait seule dans une voiture semblable, ou bien auprès d'un compagnon dont la vue lui plût. Elle ne supporterait plus les visites matinales et les pâles attouchements ; elle voulait pouvoir garder son nouvel amant toute la nuit chez elle.

Tout en se tamponnant le nez, par décence, elle tourna la tête vers le profil muet où le gros œil laiteux formait saillie.

« Près de deux ans et demi, il n'a pas à se plaindre », pensa-t-elle.

Cette rupture décidée, consommée, il fallait encore la signifier au partenaire.

Sylvaine ne se sentait pas le courage d'aborder une explication orale. Elle écrirait à Lulu et déjà composait mentalement les termes de la lettre : « *Il faut que tu comprennes... Naturellement nous resterons bons amis. Tu pourras voir ton enfant aussi souvent que tu voudras...* »

Elle pensa : « Le pauvre vieux, ça va lui donner un coup, tout de même. »

Elle était un peu émue, non pour lui, mais pour elle-même, et, par l'impression qu'elle avait d'entrer dans un temps neuf de sa destinée. Elle avança la main sur la banquette.

De ses phalanges molles, Lulu tapota cette petite paume tendue.

« Oui... C'est très triste, mon pauvre toutou ; enfin, j'espère que l'autre va bien se porter », dit-il comme s'il ajoutait intérieurement : « parce que ça me coûte assez cher comme ça ». C'est en rentrant chez lui qu'il trouva une convocation pour un conseil de famille, avenue de Messine. Il n'en comprit pas l'objet. « Qu'est-ce qui leur prend à ceux-là, se dit-il. Qu'est-ce qu'ils ont encore à me demander ? Conseil de famille ! Comme si je faisais partie de la famille ! Ces salauds… dont les petits-enfants vivent. »

IX

Le conseil de famille siégeait depuis une demi-heure, en cercle, à l'abri des murs de cuir vert du grand bureau de l'hôtel Schoudler. Le juge de paix, installé derrière la grosse table Louis XV, à la place habituelle de Noël, présidait ainsi que la loi le prescrivait. Présidence délicate, et dont il tirait plus de trouble que de vanité. Il était intimidé par cette assemblée de vieillards importants, tous décorés, qui faisaient claquer leurs étuis à cigarettes ornés de couronnes, et qui lui témoignaient le même genre d'écrasante politesse dont ils eussent usé à l'endroit d'un sergent de ville dressant constat d'accident.

De temps en temps, le magistrat glissait deux doigts dans son faux col à pointes cassées pour rattraper le bord de sa chemise. Il parlait aussi peu que possible, soucieux de ne pas commettre une erreur fatale à sa carrière.

Son greffier, assis au bout de la table, avait les dents gâtées ; d'une plume de fer, il faisait des exercices de ronde sur son buvard. Chaque fois que le mot de « million » était prononcé, cet homme sursautait.

La branche paternelle formait la droite du cercle. Elle était composée des deux frères Leroy, Adrien et Jean, tous deux chauves, sanguins, cossus, portant cravates emperlées et chaussures de chevreau guêtrées de toile grège, ainsi que d'un vieux cousin Maublanc-

Rougier, d'une stupidité martiale, qui repassait ses gants sur son genou.

De l'autre côté se tenait Noël, le requérant, flanqué de deux frères La Monnerie, Robert le général et Gérard le ministre plénipotentiaire.

Ce dernier, après s'être accroché aussi longtemps qu'il avait pu à la Commission des conférences internationales, venait tout de même d'être mis à la retraite. Depuis l'enterrement du poète, sa maigreur de cadavre s'était accentuée et son teint avait jauni.

Noël Schoudler se félicitait qu'Urbain de La Monnerie, invoquant son éloignement de Paris, eût refusé d'assister à ce conseil où sa qualité d'aîné l'appelait normalement. Les colères et les accès de générosité bougonne du vieux marquis eussent risqué de brouiller les choses. On possédait une lettre de lui donnant son accord; c'était suffisant; et Noël préférait de beaucoup s'appuyer sur la haine froide que le diplomate nourrissait, de toujours, envers Lulu Maublanc.

Le général écoutait avec une altière dignité et soufflait sur sa rosette à socle. Il paraissait un peu diminué, mais avait encore une belle fierté sur le visage. Seule le préoccupait vraiment la deuxième opération de la prostate qu'il allait subir dans quelques jours. Contre sa jambe raide, il portait une poche de caoutchouc qui se dessinait sous l'étoffe de son pantalon et qu'il sentait s'alourdir de quart d'heure en quart d'heure. Par instants, tout de même, cette réunion le distrayait de son souci.

Au fond du cercle, coincé entre les deux branches, paternelle et maternelle, comme dans une tenaille, sentant converger sur lui autant de regards justiciers qu'il y avait d'assistants, Lulu Maublanc demeurait silencieux, les épaules courbées, les yeux vers le sol. Revenu de sa première surprise en trouvant là ses neveux Leroy et en apprenant de la bouche du juge de paix l'objet de la réunion, il avait choisi le parti du mutisme et feignait l'indifférence comme s'il se fût agi des affaires d'un autre. Mais ses joues cireuses s'agitaient au-dessus de son col empesé, et ses longues phalanges tremblaient. Il fumait sans arrêt, secouant ses cendres au-dessus du tapis. Depuis une demi-heure, il s'entendait reprocher toute sa vie présente et passée, ses habitudes, ses dépenses, ses pertes au jeu, ses fréquentations.

« Il est de l'aveu public, dit Noël, que l'été dernier, mon cher ami, tu as laissé au privé, à Deauville, un million et demi en trois semaines. N'est-ce pas exact ?

— C'est parfaitement exact, dit Adrien Leroy en agitant son pied guêtré. Et tu te rappelleras, Lucien, que je t'en ai fait la remarque, il y a peu de temps, en te recommandant pour la dernière fois la modération. »

« Les salauds, les salauds, pensait Lulu ; ils se sont tous mis d'accord contre moi, tous, même Adrien ; et c'est le Schoudler qui a monté tout cela ! Eh bien, laissons-les vider leur sac ; on verra après. » Mais l'angoisse lui barrait l'estomac. « Conseil judiciaire ! Un conseil judiciaire ! Ils veulent me foutre en tutelle, ils veulent m'abattre, ils veulent me tuer. Oh ! les salauds ! Mais je ne me laisserai pas faire. J'ai des armes en main. »

Si méprisable que Lulu fût à leurs yeux, ces vieux hommes réunis pour juger un des leurs, et décidés d'avance à le condamner, éprouvaient tout de même quelque sentiment de gêne... D'où une surenchère dans leurs griefs.

Le général ressortit de vieilles histoires de collège. Déjà, à cette époque, Lulu avait été un fugueur et un paresseux qui se faisait mettre à la porte de tous les établissements.

« Tu as toujours été la honte de la famille, conclut le général, et le pire, c'est que tu en semblais fier. »

Pour la première fois, et parce qu'il était question d'ôter à Lulu l'usage de sa seule force, sa fortune, les demi-frères pouvaient enfin lui déclarer en face ce qu'ils pensaient de lui. Au dossier de l'accusation, ils versaient toutes les pièces de la rancune.

Lulu secoua sa cigarette devant lui; la cendre commençait à faire un petit tas gris entre ses semelles. Le diplomate se carra dans son fauteuil pour annoncer qu'il allait parler. Il laissa choir son monocle dans sa main.

« Je ne me permettrai pas, dit-il, de juger notre mère ni son second mariage. Paix à son âme. Dieu nous est témoin du respect dont nous... sinon toi, Lucien! l'avons toujours entourée. Mais il faut bien avouer que ta naissance ne nous a pas fait très plaisir. Et je ne saurais affirmer que notre excellente mère, elle-même, t'ait beaucoup souhaité. On n'a pas à quarante-quatre ans un cinquième enfant, et d'un homme qui a déjà lui-même atteint la soixantaine. La preuve, mon pauvre Lulu, c'est qu'il a fallu te sortir aux fers, ce qui ne s'était passé pour aucun de nous, et que tu en es demeuré un peu anormal pour le restant de tes jours. Au fond, tu n'es pas complètement responsable de toutes les bêtises que tu as faites. »

Lulu se contenait depuis trop longtemps. Cette fois il ne put pas ravaler sa colère.

« Voilà, voilà la raison ! cria-t-il. Vous m'en voulez de ma naissance. Vous en avez voulu à ma mère d'avoir épousé en secondes noces un homme qui n'était pas marquis ou comte comme vous, et que vous méprisiez à cause de cela. À vos yeux, je suis le fruit d'une mésalliance. Et c'est pourquoi vous vous êtes toujours conduits avec moi comme de mauvais frères. Parce que, n'est-ce pas, tout ce qui est Maublanc ou Leroy ou Rougier, qu'est-ce que c'est à côté des La Monnerie ? De la crotte de bique ! »

Sa tentative maladroite pour disjoindre les deux branches fut sans succès.

« C'est entièrement inexact, répliqua le diplomate. Ton père était un homme infiniment respectable et pour lequel nous avons toujours eu beaucoup d'estime. N'est-ce pas, Robert ? »

Le général, qui tâtait d'une main discrète la consistance de sa poche de caoutchouc, répondit :

« Oh ! moi, quoique je l'aie somme toute peu connu, je me suis parfaitement entendu avec lui.

— Les meilleurs rapports ont toujours régné entre notre grand-père Maublanc et ses beaux-fils, comme, d'une manière générale, entre nos deux familles, renchérit Adrien Leroy, et je ne vois pas, Lucien, l'objet de ta sortie. »

« Bande de salauds et de faux jetons », pensa Lulu. Et il entendit le cousin Rougier s'écrier avec impatience :

« Mais enfin, tu as un cendrier à côté de toi ! Utilise-le ! »

Noël Schoudler se tourna vers le juge de paix.

« En résumé, dit Noël, monsieur le ministre plénipotentiaire se prononce pour la nomination du conseil judiciaire en invoquant la faiblesse d'esprit. C'est bien cela ? »

Gérard de La Monnerie inclina dignement sa tête de cadavre.

« D'ici un quart d'heure, vous serez arrivés à me faire passer pour un idiot complet ! s'écria Lulu, dont la voix pâteuse commençait à s'étrangler. Je pense que c'est ce que vous cherchez tous ! Eh bien, je ne suis pas encore assez bête, quoi que vous en pensiez, pour ne pas pouvoir lire dans votre jeu. Et je vous prie, monsieur le juge de paix, de faire consigner que je m'oppose de toutes mes forces à ces allégations, et que j'affirme ne pas être un faible d'esprit. Allez, faites-le marquer ! Et je produirai tous les certificats médicaux et tous les témoignages qu'on voudra. Ce serait trop facile ! »

Il se redressa et promena sur l'assistance un regard de défi. Il ne rencontra sur tous les visages que le même sourire dédaigneux.

« Et puis, j'en ai assez d'être traité en accusé, continua Lulu. Qu'est-ce que vous me reprochez ? De m'être amusé ? Quand je vous regarde tous, j'estime que j'ai rudement bien fait. Et je ne vois pas de quel droit on viendrait empêcher un homme de dépenser à sa guise un argent dont il est le seul possesseur. Ça ne tient pas debout, votre histoire ! »

Le diplomate soupira, comme accablé par un si stupide raisonnement.

« Mais voilà justement, dit-il, voilà ce que tu t'obstines depuis près d'une heure à ne pas vouloir comprendre. Et quand je dis une heure, je devrais dire toute la vie. Tu oublies que tu tiens ta fortune en partie de notre mère et en partie, la plus considérable, je le reconnais, de ton père. Tu oublies que tu as reçu de tes ascendants un patrimoine... je ne sais pas si tu te rends bien compte de ce que ce mot signifie... et que, de ce patrimoine, tu es moralement comptable devant tes héritiers. Si nos parents, nos grands-parents, nos oncles, s'étaient conduits à ta manière, qu'est-ce que nous aurions aujourd'hui ?

— Oui, oui, parfaitement, s'écria le cousin Rougier, en frappant sur ses gants.

— Et j'apprécie infiniment, poursuivit Gérard de La Monnerie, le souci du baron Schoudler de veiller à la conservation du patrimoine légitime de ses petits-enfants, qui se trouvent, depuis la mort de mon malheureux fils à la guerre, notre seule descendance. Agirait-il autrement, il serait un tuteur au-dessous de sa tâche. Et je suis persuadé que le même souci anime la famille Leroy, en ce qui la concerne. »

« Ah ! vous voulez parler des héritiers ! pensa Lulu. Attendez, attendez, mes bonshommes. Je vous prépare une petite surprise. »

« D'autant plus que si on te laisse continuer à faire le cosaque, dit le général en soulevant sa jambe raide, un beau jour tu te retrouveras sans le sou, et non seulement tu ne laisseras rien à personne, mais en plus c'est nous qui serons responsables de tes dettes. »

Noël intervint à nouveau.

« Relativement à cette question de patrimoine, dit-il, je pense que MM. Leroy sont à même de nous apporter d'intéressantes précisions. »

Adrien Leroy fit un signe à son frère; Noël fit un signe au juge de paix; le juge de paix fit un signe au greffier.

Jean Leroy sortit un papier de sa poche intérieure, ajusta un binocle sur son nez rouge, et lut un mémoire récapitulatif sur la diminution de la fortune de Lulu, depuis l'année 1883, date de la majorité de celui-ci.

« Eh bien, on m'y reprendra à choisir mes banquiers dans ma famille, pensait Lulu. Ah! les brutes! »

« Les derniers dix-huit mois à eux seuls, acheva Jean Leroy, représentent une chute de quatorze millions six cent mille francs. L'accélération est absolument effrayante, et cela malgré nos avertissements répétés. »

Le greffier, les yeux écarquillés, avait cessé d'écrire. Noël demanda le mémoire pour le verser au dossier.

« L'éloquence des chiffres... déclara sentencieusement le diplomate.

— Nous ne souhaitons plus assurer seuls la gérance de ce portefeuille, dit Adrien Leroy. Lulu est encore porteur de quelques parts de la banque. Il y va de notre réputation...

— Mais c'est monstrueux! s'écria Lulu s'adressant à ses deux vieux neveux. Vous savez très bien que sur ces quatorze millions, il y en a dix que j'ai perdus dans le coup des Sonchelles, où vous avez vous-mêmes laissé près de cinq millions. Est-ce que vous vous faites flanquer pour ça un conseil judiciaire ? Aujourd'hui, vous vous entendez avec Noël comme larrons en foire ! Mais si vous n'aviez pas été des capons, si vous aviez tenu le coup jusqu'au bout… »

Des Leroy, Lulu fit une demi-volte vers Noël.

« … mais nous t'aurions ruiné, toi, ton fils, ta banque, tous les Schoudler. J'ai eu ton fils à mes pieds, tu entends, à mes pieds, me suppliant d'arrêter la débâcle, et le soir même… »

La main du géant s'abattit sur le bord de la table Louis XV, fit trembler la lampe, les encriers, le greffier.

« Je t'interdis d'insulter la mémoire de mon fils ! cria Noël. L'ignominie a des limites. »

Un grand silence se fit, où l'on entendit son énorme souffle. Les autres comprirent qu'ils n'avaient plus à intervenir. Schoudler les avait laissés jouer leur rôle, il leur avait fait donner les premiers assauts. Maintenant il montait personnellement à l'attaque. Lulu le sentit, se tassa dans son fauteuil, et ses yeux laiteux ne quittèrent plus le regard noir de Noël.

« Tu viens, dit celui-ci, de prononcer des paroles très graves. Tu viens de déclarer que ton opération de juin dernier était destinée à ruiner les Schoudler. Or, mon fils, ne l'oublie pas, était ton neveu par alliance ; et la volonté de ruiner sa famille, avec mise à exécution du projet, comme tu l'as fait, constitue un motif caractérisé de la nomination d'un conseil judiciaire. Nos familles sauront se mettre à l'abri de tes lubies. Pour ce motif, entre autres, je demande qu'on te donne un conseil. »

Lulu comprit l'impair qu'il venait de commettre.

« Si j'avais su, si j'avais su, se disait-il, je serais allé voir un avocat auparavant. »

Il sentit la nécessité de frapper un grand coup.

« Eh bien, soit, collez-moi un conseil, dit-il avec une fausse tranquillité. Seulement, je vous préviens que toutes vos belles prétentions à mon héritage seront réduites en poudre. Parce que j'ai un enfant, vous comprenez, et que cet enfant je peux le reconnaître demain si ça me plaît. »

Sa déclaration ne produisit pas l'effet escompté.

« Nous attendions cela depuis un moment, pour ne rien te cacher, répondit Noël. Mais comment ? Un enfant ? Nous avions entendu dire que tu te targuais de jumeaux.

— Il ne... il n'en reste plus qu'un, dit Lulu à voix plus basse.

— Ah ! il y en a déjà un de mort !

— Oui, mais l'autre se porte bien et vous en entendrez parler !

— Eh bien, nous n'en avons que trop entendu parler, répliqua Noël. Parce que, mon pauvre ami, non seulement cette paternité est difficilement croyable de la part d'un homme dont le mariage a été annulé pour les motifs que toi et moi, et nous tous ici, connaissons... je ne te ferais pas l'affront d'insister, tu n'es pas responsable, mon Dieu, de ta conformation physique...

— Salaud, murmura Lulu.

— ... mais, en plus, nous avons fait faire une petite enquête. Or, cette mademoiselle Dual à laquelle tu as promis par écrit et devant témoins, dans un établissement de nuit, un million par enfant qu'elle aurait de toi… et là, messieurs, continua Noël s'adressant à l'ensemble du conseil de famille, je ne sais plus dans quelle catégorie ranger l'inspiration d'un tel acte : passions immorales et ruineuses, débilité mentale… cette personne de vertu légère n'est même pas la mère des jumeaux pour lesquels elle est parvenue à se faire verser deux millions.

— Menteur ! Menteur ! » s'écria Lulu en se soulevant sur son fauteuil.

Il était devenu blême comme une bougie. Une peur nouvelle l'étreignait, la peur d'apprendre la vérité.

« Et le médecin qui a mis les enfants au monde, est-ce un menteur, celui-là ? demanda Schoudler. Cette personne que tu présentes depuis deux ans comme ta maîtresse s'était retirée avec une amie dans un village du Var, soi-disant pour accoucher. Tu en conviens ? Bon. Or le médecin de ce village a déclaré avoir donné ses soins à une jeune femme brune alors que de notoriété publique mademoiselle Dual est rousse. Quant à la personne brune qui a effectivement eu les jumeaux, et qui tenait auparavant le vestiaire d'un cabaret, elle a, dès son retour, acquis un magasin, rue La Bruyère, avec des fonds dont l'origine est facile à déterminer. Est-ce que cela te suffit comme précisions ? »

Tandis que Noël parlait, Lulu restait à demi-levé, appuyé aux bras de son siège. Une masse de petits faits suspects, de comportements singuliers, qu'il n'avait jamais voulu voir, de chuchotements qu'il n'avait jamais voulu entendre, et cela jusque pendant l'enterrement de la veille, affluaient à sa mémoire.

Ses yeux laiteux restèrent un instant fixés stupidement sur le juge de paix. Il retomba dans le fauteuil en murmurant :

« Oh ! La petite garce !

— Dans ton propre intérêt comme dans notre intérêt à tous, conclut Noël avec cette fois un accent vraiment sincère, je crois qu'il est temps de mettre un terme à ta débauche et à ta stupidité. »

Lulu haussa les épaules. Il souffrait trop pour réagir. Il en était presque au point de donner raison à Noël et d'approuver le châtiment dont on allait le frapper.

L'assemblée n'avait plus qu'à conclure.

Le juge de paix demanda :

« Monsieur Maublanc-Rougier se prononce-t-il également pour la dation du conseil judiciaire ?

— Oui, oui, parfaitement.

— Et vous, mon général, puis-je vous demander votre avis ? »

Le général de La Monnerie souffla sur sa rosette.

« Oh ! moi, dit-il, je trouve qu'il y a vingt ans qu'on aurait dû le faire. »

La fin de la cigarette de Lulu grésillait sur le tapis, et le ministre plénipotentiaire, méprisant, avança la semelle pour l'éteindre.

« Il me reste encore, messieurs, une question à vous poser, reprit le juge. Avez-vous un nom à proposer en ce qui concerne la personne même du conseil judiciaire ? Sa désignation, je vous le rappelle, est entièrement soumise à la décision du tribunal ; mais celui-ci, en général, se range à l'avis donné par le conseil de famille. Le conseil judiciaire peut être soit un parent, s'il s'en offre un qui veuille remplir gratuitement ce soin, soit un étranger, notaire ou homme de loi par exemple, comme c'est le cas... »

Noël, fronçant les sourcils, regarda le juge de paix qui se hâta de rectifier :

« ... comme le cas se présente également quelquefois. »

Il y eut un moment de silence.

« Je me demande s'il y a intérêt à ce que toutes ces turpitudes soient étalées devant un tiers, dit enfin Noël.

— Il vaudrait mieux, en effet, que quelqu'un d'entre nous s'en chargeât, dit Jean Leroy en prenant un air dégoûté comme s'il s'agissait d'une besogne répugnante.

— Pour notre part, étant déjà les banquiers de Lucien, dit Adrien Leroy, nous ne pourrions décemment pas cumuler les deux rôles. Nous tenons au contraire, comme je l'indiquais à l'instant, à ce qu'un contrôle soit exercé...

— Eh bien, alors... » dit le vieux cousin Rougier en se redressant.

Noël se hâta de lui couper la parole.

« Est-ce que vous, mon cher ministre, en tant que demi-frère... dit-il au diplomate.

— Oh ! non ! répondit Gérard de La Monnerie, en élevant sa main squelettique. J'ai horreur des discussions d'intérêt, et j'y manque de compétence. Mais vous-même, très éminent ami ? Vous me semblez réunir toutes les meilleures conditions. Vous êtes de la famille sans en être ; vous êtes un homme de finances universellement réputé ; et si vos charges multiples vous en laissaient le temps... Lucien aurait pour conseil un régent de la Banque de France. Je trouve que ce serait lui faire beaucoup d'honneur. »

Cet échange de politesses, dont le résultat était de longue main préparé, passa par-dessus la tête de Lulu sans que celui-ci y prît garde. Il était trop abattu. Il releva le front seulement pour entendre le juge de paix dire :

« Le conseil de famille se prononce donc sur la personne de M. le baron Schoudler comme conseil judiciaire ? »

Toutes les têtes du tribunal des vieux hommes s'abaissèrent ensemble.

« À l'unanimité », constata le juge avec satisfaction.

Lulu rencontra à ce moment le regard du géant et apprécia l'étendue de son malheur. Lulu tombait en tutelle, et c'était Noël le tuteur.

Le juge prit les feuilles des mains du greffier, les relut à voix haute, fit apposer les signatures.

« Et vous, monsieur Maublanc ? » dit-il en tendant le porte-plume.

Une bouffée d'indignation remonta au visage de Lulu.

« Je refuse de signer ça ! » dit-il.

Et, se retournant, il cria :

« Vous pouvez vous vanter d'être une belle bande de salauds ! »

Puis il sortit du bureau en rabattant violemment la porte ; mais comme celle-ci était capitonnée, elle ne fit aucun bruit.

« Eh bien, ça ne s'est pas trop mal passé, déclara le général.

— Non, ça aurait pu être pire, » fit le ministre plénipotentiaire.

Et il inclina son monocle pour regarder sa montre.

« D'abord, c'était nécessaire, dit Jean Leroy.

— Nous allons prendre un peu de porto, voulez-vous ? proposa Noël Schoudler en sonnant le valet de chambre. Quant à vous, monsieur le juge de paix, je tiens à vous remercier, et à vous féliciter pour le tact avec lequel vous avez présidé ce conseil. »

Revenu chez lui, Lulu entra dans son salon ; la glace lui rendit l'image d'un visage bosselé et défait. Il avait oublié de retirer son melon ; sa cravate était plantée de travers dans son gilet. Sur un plateau l'attendait la lettre de rupture de Sylvaine, désormais inutile.

Lulu voulut, ce soir-là, défier le destin et se rendre au cercle, pour jouer, le plus cher possible.

Mais, en descendant l'escalier, il fut pris d'éblouissement et ressentit comme des coups frappés derrière la nuque ; s'accrochant à la rampe, il dut remonter.

« Oh ! non, oh ! non, chuchota-t-il. Pourvu que ça ne m'ait pas flanqué une congestion cérébrale ! »

CHAPITRE VI

Les séniles

I

Depuis la mort de son fils, la baronne Schoudler n'avait jamais retrouvé sa fraîche carnation d'autrefois. Au contraire, une teinte grise et terreuse s'était installée sur sa face et une proéminence abdominale au sujet de laquelle Lartois hésitait à se prononcer inquiétait la famille. Au début de l'automne, elle fut forcée de s'aliter.

Un matin, Mme Polant, qui montait en se hâtant le grand escalier, vit apparaître au haut des marches Noël Schoudler en compagnie de l'illustre médecin. Elle ralentit le pas, s'effaça le long du mur. Les deux hommes passèrent sans la remarquer. Ils parlaient à voix basse, et Noël tenait la tête penchée. Il reconduisit Lartois jusqu'au milieu du vestibule, attendit que la porte vitrée fût retombée.

« Alors, monsieur le baron ? » dit Mme Polant se décollant du mur.

Profitant du deuil de Jacqueline, Mme Polant avait pris pied petit à petit dans l'hôtel Schoudler, et était devenue l'une des figures familières de la grande maison.

« Ma pauvre madame Polant, répondit Noël. Hélas ! c'est bien ce que nous craignions.

— Ah ! mon Dieu, comme je vous plains ! Pauvre madame la baronne !

— Naturellement, il ne faut surtout pas qu'elle le sache. Je compte sur vous, n'est-ce pas ? »

Il se dirigea vers l'appartement de sa femme et, avant de pousser la porte, se contraignit à sourire.

La baronne, les épaules couvertes d'une liseuse garnie de dentelle, tourna sur l'oreiller ses cheveux gris, sa face grise.

À côté d'elle, sur la table de nuit, était posée une photographie de François à l'âge de trois ans, en petite robe festonnée.

Le soleil d'automne chauffait les vitres et développait dans la pièce l'odeur de maladie.

« J'ai un cancer, n'est-ce pas ? » prononça doucement la baronne.

Noël demeurait assez loin du lit, avec un sourire forcé, et se disant : « Au fond, personne ne sait si c'est contagieux ou non. »

Il répondit :

« Mais pourquoi vous obstiner dans cette idée ridicule ? Je vous assure, Adèle, Lartois ne m'a rien dit d'autre que ce qu'il vous a dit. C'est peut-être un fibrome, c'est peut-être même simplement un polype… »

Elle secoua la tête.

« Je sais que je ne me relèverai pas, dit-elle. J'en ai à peu près pour deux ans à mourir. C'est comme cela le cancer. Je vous plains tous, mes pauvres ! Ce n'est pas amusant d'avoir quelqu'un de malade pendant deux ans. »

Elle avait eu pour dire cela un ton de certitude résignée. Mais son regard épiait la réaction de son mari. Celui-ci se porta vers la fenêtre, écarta le rideau, fit mine de regarder le jardin. Il sentait l'émotion lui piquer les yeux. « Cette pauvre Adèle, pensait-il, elle n'aura pas eu que des moments drôles dans sa vie… J'aurais dû demander à Lartois son avis pour la contagion… »

Il entendit derrière lui :

« C'est drôle, Noël ; vous qui mentez si bien aux autres, avec moi vous n'avez jamais su… »

Il se retourna ; la baronne continuait de le regarder, avec une expression à la fois effrayée et douce. La main tendue, elle l'appelait du geste. Il vint, sans élan, serrer dans sa large paume les doigts gris de la malade.

Elle l'attira comme pour lui donner un baiser.

« Tu sais, dit-elle à voix presque basse, tu m'as fait souvent assez mal, autrefois… la nuit. Tu étais tellement… fort… C'est peut-être à cause de cela, mon cancer… J'aimerais que ce soit à cause de cela… Ça me consolerait un peu. »

Noël, retenant son souffle, présenta aux lèvres de son épouse le côté de sa barbe, se redressa aussitôt et sortit de la chambre en s'essuyant les phalanges et le visage de son mouchoir imprégné d'eau de Cologne.

De ce jour, la direction de la maison passa aux mains de Jacqueline. Celle-ci avait retrouvé, sinon réellement la santé, au moins une apparence de santé. Elle s'obligeait à l'énergie et puisait dans sa situation de veuve une autorité un peu sèche qu'on ne lui connaissait pas auparavant. Elle surveillait l'éducation de ses enfants, accordait aux dévotions un temps raisonnable. Également, elle se dépensait en œuvres de bienfaisance. Mais on sentait en elle, et elle sentait elle-même, une sorte d'insensibilité, toute une partie interne morte et pareille à un bois où la sève ne circule plus. Cette sécheresse ne disparaissait que le soir, à l'heure où elle priait pour François.

Au père Boudret, qu'elle continuait de voir régulièrement, elle disait :

« J'ai beau faire tout ce que je peux pour suivre vos conseils, mon père ; je crois que je vis chrétiennement ; mais je n'arrive pas à participer à la joie ou à la peine d'autrui. Vous pensez vraiment que la bonté est une faculté qui se cultive comme la mémoire ?

— À défaut des joies de la bonté, qui vous sont peut-être provisoirement refusées, répondait le père, vous aurez celles d'être une femme de devoir. »

Et c'était en effet, ce que Jacqueline, à trente ans, s'appliquait à devenir : une personne de devoir.

Le soin d'une aussi lourde demeure n'était pas tâche aisée. Noël fut reconnaissant à sa belle-fille de ce qu'aucun changement n'apparût dans l'ordonnance de la vie.

Ce fut Jacqueline qui parvint à dissuader le vieux Siegfried de faire lui-même l'aumône à ses gueux. Les froides matinées pouvaient être funestes à l'ancêtre qui, d'ailleurs, ne se traînait plus qu'avec peine à travers les couloirs et commençait à avoir des absences de pensée qui duraient plusieurs heures. Jérémie, le valet de chambre, fut chargé de la distribution. Il s'en acquittait avec des airs dégoûtés d'archiduc et venait ensuite rendre compte à son vieux maître. Parfois, Jacqueline, se jetant un manteau sur les épaules, allait elle-même jusqu'au portail et inventoriait de son regard bleu, rapidement, toute cette pouillerie.

Le nombre des mendiants augmentait de semaine en semaine. Certains devaient, à coup sûr, traverser la moitié de Paris. Le commissaire de police vint demander poliment s'il ne serait pas possible de faire cesser ces rassemblements sur la voie publique, qui troublaient l'ordre du quartier.

« C'est le jour où nous cesserons cette distribution, monsieur le commissaire, répondit Jacqueline, que pour le coup vous aurez une émeute. Ce genre d'aumône est une tradition dans la famille, et nous la maintiendrons. »

Mme Polant assurait à plein-temps le secrétariat de Jacqueline.

Simon Lachaume venait très souvent déjeuner ou dîner; dans les moments de tension politique, Noël ne pouvait se passer de l'avoir en permanence à ses côtés. Simon faisait en quelque sorte partie de la famille et l'on commençait même à chuchoter qu'il s'y préparait une place de gendre.

Il vivait maintenant complètement séparé de sa femme, dans un appartement personnel loué près du Trocadéro, et il avait annoncé à Noël son intention de divorcer.

« D'ailleurs, avait-il précisé, je ne suis pas marié religieusement.

— Vous avez parfaitement raison, répondit Noël. Il y a des erreurs de jeunesse qu'il faut effacer. Et puis dès que vous vous serez lancé dans la politique active, car vous serez député, mon cher, je le veux… eh bien, il vous faudra une femme qui vous aide, à tous points de vue. »

Égoïstement, la combinaison eût assez bien arrangé Noël. Il redoutait que Jacqueline, en se remariant un jour à quelque célibataire de son milieu, ne quittât l'avenue de Messine. Avec Simon, il eût été assuré de garder auprès de lui deux êtres indispensables à ses vieux jours. Il commençait à initier Simon aux problèmes de banque. « Il s'y mettra aussi bien qu'au reste », pensait-il. Et quand Noël sentait le besoin de justifier l'union peu assortie, au moins par la différence des origines, qu'il envisageait, il se disait : « Une femme qui a deux enfants, même avec une belle fortune, ce n'est pas si commode à caser… Et puis d'abord ce n'est pas pour tout de suite. »

Jacqueline, elle, ne songeait nullement à se remarier, avec qui que ce fût. Elle n'accordait aucun intérêt aux hommes qui passaient devant elle et ne considérait leurs attentions que comme les marques de sympathie à son grand chagrin. Sa vie sentimentale était terminée. Elle était décidée à demeurer veuve indéfiniment. Cette attitude même écartait les hommages.

Pour elle, Simon n'était que l'ancien amant d'Isabelle, l'homme qui avait gâché la vie de sa cousine, et aussi, à ce qu'elle avait entendu dire, l'amant de la dernière maîtresse de son père. Elle avait donc

toutes raisons de le juger sévèrement. En outre, elle
ne pouvait pas oublier le petit universitaire en manteau râpé qu'elle avait vu, quelques années plus tôt,
rue de Lübeck. Mais elle appréciait la réussite rapide
de Simon, prenait plaisir à sa conversation, et lui
reconnaissait peut-être plus d'intelligence qu'il n'en
avait réellement.

À maintes reprises, avenue de Messine, Simon s'était
retrouvé en face d'Isabelle. Leurs rapports ne présentaient rien que de naturel. Un temps suffisant s'était
écoulé pour qu'ils pussent feindre d'avoir oublié leur
liaison. Simplement le regard sombre d'Isabelle se
posait par instants, un peu lourdement, sur Simon, et
celui-ci avait la courtoisie de soutenir ce regard pendant quelques secondes.

Isabelle remarquait que le front de Simon se dégar-
nissait un peu. Elle observait aussi, non sans un peu
de dépit, l'attitude de Simon à l'égard de Jacqueline,
attitude qu'elle reconnaissait d'expérience.

« Simon est amoureux de toi », dit-elle un jour à sa
cousine.

Jacqueline haussa les épaules.

« Ne dis donc pas de bêtises », répliqua-t-elle.

Un jour, au début de l'année 1924, peu de temps
avant l'anniversaire de Jean-Noël, Jacqueline, en
voyant le baron Siegfried descendre pour le déjeuner,
s'écria :

« Oh ! bon-papa, qu'est-ce que vous avez fait ? »

L'ancêtre avait coupé ses favoris.

« J'ai voulu… han… me mettre à la mode », dit-il
en souriant.

Il paraissait enchanté de lui-même. Il était hideux. Brusquement dépouillé de cette fourrure crémeuse avec laquelle on l'avait toujours connu, son visage prenait un aspect de nudité obscène. Au moins, auparavant, pouvait-on dire qu'il ressemblait à François-Joseph. Maintenant, ses paupières pourpres et pendantes, son immense nez violet occupaient toute la place entre les tempes réduites, amincies, cordées. Un vieux vautour déplumé s'assit à la table de la salle à manger. Tout le monde était atterré.

« C'est drôle, dit soudain l'aïeul au milieu du silence, j'ai eu cette nuit... han... un rêve... érotique. J'étais à Vienne, et j'étais... han... entouré de six femmes nues. Comment pareilles choses peuvent-elles encore arriver à mon âge ? »

Après le déjeuner, il ne fit pas sa sieste coutumière, mais monta directement à la salle de jeu de ses arrière-petits-enfants, plaisir qu'il s'offrait de temps en temps, mais généralement plus tard dans l'après-midi.

En le voyant entrer, Marie-Ange et Jean-Noël se regardèrent et soupirèrent. Ils connaissaient les exigences de l'aïeul et de plus sa présence, aujourd'hui, avec ce visage déshabillé, leur faisait peur.

Jean-Noël dessinait un beau bateau à voile au crayon rouge et bleu, et sur le haut de la feuille, il avait écrit : « *Pour Papa.* »

« Allez ! Laisse ça... han... jouez aux dames, tous les deux, ça vaudra beaucoup mieux. Je veux voir... han... si vous faites des progrès. »

Les enfants, dociles, installèrent le damier et se mirent à jouer. Le vieillard, assis à côté d'eux, le buste cassé et le nez presque à toucher les jetons, suivait les coups. Il haletait, du même ahanement qu'il avait en parlant, mais sans rien dire.

Il se passait quelque chose d'anormal que les enfants appréciaient mal, mais qui les emplissait d'angoisse.

« Embrasse-moi », dit soudain l'ancêtre à Marie-Ange.

Surmontant sa répugnance, la petite fille obéit et posa ses lèvres sur la peau de vautour.

« Allez ! continuez à jouer. »

Pour en avoir plus vite fini avec la fixité de ces yeux pourpres, avec ce halètement dont le bruit augmentait de minute en minute et qui les affolait, les enfants se mirent à jouer à tort et à travers, s'offrant volontairement de grandes brèches, se prenant les jetons par trois ou quatre à la fois. Brusquement l'aïeul se dressa.

« Petits imbéciles !... han... petits imbéciles !... han... vous ne savez pas jouer... han... vous ne savez rien... rien... rien... »

Il jeta le damier à terre, le frappa à coups de canne.

Toute sa face était devenue lie de vin. Ses yeux virèrent, se renversèrent dans les paupières pourpres, et, avant que les enfants n'aient eu le temps de se précipiter à la porte pour appeler, l'ancêtre s'écroula en arrière, d'une masse, sur le tapis.

Il ne reprit pas connaissance et mourut dans la nuit.

En habillant le cadavre pour l'exposition funèbre, sous l'œil diligent de Mme Polant, Jérémie fit remarquer :

« C'est dommage que monsieur le baron ait juste voulu couper ses favoris hier. Il présente moins bien. »

Ce décès atteignit Noël Schoudler plus profondément peut-être que la mort de son fils. Ses angoisses, qui le laissaient en paix depuis plusieurs mois, le reprirent. Pendant ces journées pénibles, il put apprécier tout le dévouement de Simon.

« Et dire que dans quatre ans il aurait été centenaire, répétait Noël. Voilà ! C'est moi, maintenant, le vieux Schoudler. Ça vous arrive comme ça, tout d'un coup, quand on s'y attend le moins. Enfin, soixante-huit ans, c'est un âge décent pour entrer dans la vieillesse. »

Il prit goût à raconter non seulement ses souvenirs, mais aussi les souvenirs de Siegfried, et d'autres plus lointains encore : Il était désormais le seul dépositaire de ces trésors de famille. La figure de son grand-père, le premier baron, celui qui avait été peint en costume de cour, lui réapparaissait très fraîche, très présente. Il en parlait souvent.

« Un jour où mon grand-père et mon père dînaient chez le prince de Metternich… »

Noël regretta de n'avoir jamais fait faire son propre portrait.

« Et que d'occasions j'ai manquées ! Pensez donc, j'ai connu Manet, j'ai connu Degas, j'ai connu Henner presque à ses débuts, et puis Élie Delaunay. Delaunay n'aurait pas demandé mieux ! »

Il se décida pour un jeune peintre que lui recommanda Simon et dont il apprécia la facture classique.

Il voulait laisser ce souvenir à Jean-Noël ; il voulait surtout voir son effigie, faite alors qu'il avait encore belle prestance, accrochée au mur du bureau.

Le portrait du baron Schoudler, régent de la Banque de France, gigantesque et appuyé à une lourde table Louis XV, devait figurer au Salon suivant.

Pendant une des brèves séances de pose, Noël demanda à l'artiste :

« Et si je vous donnais une bonne photographie de mon fils, est-ce que vous pourriez d'après cela faire son portrait ? »

Noël était toujours aussi actif, aussi puissant, aussi autoritaire ; mais il devenait sombre.

Il avait perdu son fils unique, il avait perdu son père, sa femme mourait lentement au premier étage.

Il ne restait plus à Noël qu'un seul vrai plaisir, celui de torturer Lucien Maublanc.

II

Amaigri, les cheveux trop longs, l'œil fixe, Lulu Maublanc se déplaçait à travers Paris selon des itinéraires tristes. Ses bras, pareils à ceux d'une vieille poupée, semblaient pendre au bout d'élastiques détendus.

Six mois de lutte et d'humiliations pour arracher les moindres sommes au consentement de Noël avaient fait de lui une épave toujours ramenée aux mêmes berges par le même courant.

Depuis la sentence rendue par le tribunal et qui le privait de la disposition de sa fortune, Lulu, pour se procurer de l'argent, avait vendu ses diamants, ses perles, ses meubles ; il avait renvoyé son valet de chambre, résilié son bail et s'était installé dans un hôtel de troisième ordre aux parages de la rue de Rivoli. Tout le fruit de ces ventes et de cet effort d'économie avait fondu dans les tripots où Lulu espérait se « refaire ». Il était allé jusqu'à solder une partie de sa garde-robe. Ses derniers vêtements, mal entretenus, se défraîchissaient. Seule sa collection de chapeaux lui laissait une illusion d'élégance.

Chaque jour, à neuf heures et demie, Lulu sortait de son hôtel, prenait un taxi, se faisait conduire rue de la Pompe, chez Anny Féret. Depuis les drames, il avait, en effet, renoué, comme il disait, avec la chanteuse. Celle-ci, cédant au côté « bon cœur » de sa nature, acceptait que le vieil homme vînt ainsi la voir le matin. Mais elle ne se gênait plus pour lui. Si elle avait gardé, de la nuit précédente, un ami, ou une amie, dans sa chambre, elle mettait Lulu à la porte. Il feignait de se vexer, mais revenait tout de même le lendemain.

Les jours où elle était seule, elle savait un moyen facile de procurer quelque plaisir à Lulu, sans toutefois perdre de temps ; elle faisait sa toilette devant lui.

Affalé sur le tabouret à dessus de liège, Lulu ressassait ses griefs contre Schoudler, contre Sylvaine, tout en regardant la nudité grasse d'Anny Féret s'agiter dans l'étroite salle de bains aux carreaux de céramique rouge.

« Tous ces gens-là, c'est des salauds, je te l'ai toujours dit, mon Lulu », répondait-elle pour le consoler, en enfilant ses bas.

Il posait vingt francs sur la tablette de verre, entre le dentifrice et le pot de crème. Souvent, elle avait envie de lui dire : « Mais non, garde-les, mon pauvre vieux ; tu n'as pas plus d'argent que moi. »

Elle se taisait, sachant qu'elle lui faisait une charité en acceptant. Et puis, à elle aussi, parfois, ces vingt francs étaient bien utiles.

À onze heures moins le quart, on voyait Lulu entrer au Café de la Paix, s'installer en face de la pendule, toujours à la même place, et déplier son journal. Le serveur, sans avoir besoin de prendre la commande, lui apportait un porto blanc.

En ce café, Lulu donnait rendez-vous, toujours pour « onze heures précises », aux derniers « tapeurs » qui commettaient encore l'erreur de s'adresser à lui. Pauvres filles fatiguées d'une bamboche besogneuse, vieux compagnons nocturnes tombés dans la misère, anciens serveurs installés à leur compte, et dont l'affaire périclitait, ces quémandeurs avaient à traverser Paris en autobus ou en métro, et régulièrement arrivaient en retard.

À onze heures moins cinq, Lulu frappait sur la table et réglait son porto. Une minute avant l'heure, il repliait son journal. Au premier coup de la pendule, il remettait son melon marron et sortait.

Quand, à onze heures deux ou trois, le malheureux, qui espérait emprunter cinq cents francs, arrivait tout essoufflé, le garçon répondait :

« Ah ! monsieur Maublanc était là. Il vient de partir à l'instant. »

Pendant ce temps, Lulu, flânant devant les vitrines de l'avenue de l'Opéra, imaginait la tête déconfite de l'imbécile « qui ne pouvait même pas être exact ».

Si, par hasard, le tapeur se trouvait en avance, Lulu écoutait calmement le récit de toute une misère qui avait honte à s'avouer, faisait de temps en temps : « Oui, oui... très intéressant », et puis déclarait :

« Je regrette ; en ce moment, je ne peux rien pour vous. »

C'était ce qu'il nommait ses « rendez-vous d'affaires ». À midi, il se présentait rue des Petits-Champs, à la Banque Schoudler, où Noël ne pouvait jamais le recevoir ; puis il rentrait mal déjeuner à son hôtel, changeait de costume et de melon, allait au cercle pour tuer la journée.

Noël Schoudler l'avait fait interdire dans tous les établissements de jeu, et signalé comme insolvable à tous les clubs. Aussi, quand on le voyait apparaître, on s'écartait de lui, et il lui fallait trois heures de ruse et d'insistance pour constituer une table de poker à relance limitée. Ou bien, s'il s'approchait d'un tapis un peu gros, avec la mine de vouloir dire « banco », un gérant venait lui frapper doucement le bras et lui chuchotait d'un ton triste :

« Non, monsieur Maublanc. »

Et malgré tout, le huit du mois, il était pratiquement sans argent, tâtait machinalement ses poches de gilet et insistait pour voir Noël Schoudler.

Avec son vieil ennemi vaincu, le géant jouait au jeu de la poursuite et de l'esquive, auquel il était maître, et y prenait un amusement jamais tari ; Lulu, lui, y perdait ses forces et sa raison.

« Monsieur Schoudler n'est pas encore arrivé.

— Monsieur Schoudler demande que vous le rappeliez cet après-midi.

— Monsieur le baron est désolé, mais il a été forcé de sortir.

— Ah! non, monsieur! Ce n'est pas à la banque, c'est au journal que le baron Schoudler vous avait donné rendez-vous. »

Après dix insuccès, après des heures passées dans une antichambre à marteler le parquet de sa canne, et à feuilleter toujours la même *Illustration*, Lulu voyait enfin apparaître son conseil judiciaire.

« Mon cher Lucien, je ne veux pas te faire perdre ta journée, disait Noël. Il me sera impossible de te voir sérieusement aujourd'hui. Il n'y a rien d'urgent, n'est-ce pas? »

La colère alors étouffait Lulu qui s'en allait, parlant tout seul, gesticulant, et faisant se retourner les passants.

Ces accès de rage, qui devenaient de plus en plus fréquents, le rendaient malade et l'inquiétaient. Il avait chaque fois des coups sourds dans la nuque. Sa seule joie, pendant cette période, fut la mort de son demi-frère le général.

Robert de La Monnerie s'était mal remis de sa seconde opération. Il en traîna les séquelles, ne connaissant plus que de brefs retours à la santé, fort précaires. Et puis enfin se déclara la crise d'urémie et les médecins ne laissèrent aucun espoir. Lulu s'offrit le luxe d'aller voir le mourant, avenue Bosquet. Le général était à moitié paralysé; son œil gauche semblait pendre vers la chemise de nuit, y chercher un dernier ruban ou une dernière poussière.

« Où veux-tu être enterré? lui demanda Lulu. Est-ce que tu as laissé des volontés pour tes obsèques? »

Le général ne répondit pas.

« Est-ce que tu as fait venir un curé ? » insista Lulu, espérant se faire mieux entendre.

Le général hocha vaguement la tête. « Il n'a déjà plus de réaction ; il s'en fout complètement, pensa Lulu. J'aurais dû venir hier. »

« ... Polant ! » appela le général.

Mme Polant, qui, depuis huit jours, était installée à demeure, et relayait Charamon au chevet du malade, s'approcha.

« ... tographies », demanda le général.

Elle lui apporta l'album où les images de sa vie militaire étaient méticuleusement classées régiment après régiment et cheval après cheval.

Le général fit signe à Lulu de prendre une photo, fort jaunie, entre deux feuillets. Elle ne se rapportait à aucun de leurs souvenirs communs ; elle représentait Robert de La Monnerie, en capitaine, devant une douzaine de prisonniers malgaches. Il l'avait choisie parce qu'elle était en double.

« Votre visite lui a sûrement fait plaisir, dit Mme Polant en reconduisant Lulu. Il ne peut plus extérioriser, mais il est tellement sensible ! »

Deux jours plus tard, Lulu passa une bonne soirée à barrer le nom de son demi-frère sur ses faire-part.

La messe d'enterrement fut dite à Saint-Louis-des-Invalides. On vit reparaître le vieux marquis avec ses cheveux dressés derrière la tête et ses yeux malades. Il conduisait le deuil en compagnie du diplomate. En les voyant s'avancer derrière le cercueil, plusieurs personnes dirent :

« Et voilà ! Ils ne sont plus que deux, les La Monnerie. »

Comme à chaque enterrement, Lulu arriva en retard.

« Tu aurais bien pu te mettre en habit, lui dit le diplomate. Ce pauvre Robert et moi, nous t'en avions déjà fait la remarque, à l'enterrement de Jean.

— Je n'ai plus d'habit ; je l'ai vendu, puisque vous m'avez réduit à la misère », répondit Lulu.

Le commandant Gilon, l'ancien officier d'ordonnance du général, et qui, depuis sa démission de l'armée, était voisin de campagne du marquis, avait amené celui-ci dans une grosse voiture qu'il conduisait lui-même et très vite. Le vieil Urbain, bien qu'il ne tînt, disait-il, plus guère à ses os, déclarait n'avoir jamais eu si peur de sa vie.

Gilon s'était épaissi et vieillissait rapidement comme souvent le militaire en retraite. De revoir des soldats présenter les armes et Charamon porter le coussin de décorations, de contempler ce catafalque couvert d'un drap tricolore, ces drapeaux poussiéreux autour de la chapelle, d'entendre des tambours battre, Gilon se sentait tout remué, et les larmes lui venaient aux yeux. Il murmurait :

« Ah ! C'est une belle cérémonie ! C'est une belle cérémonie ! »

Les maréchaux s'étaient fait représenter par des aides de camp. En plus raide, en plus triste, cet enterrement rappelait celui du poète. Il y avait moins de monde et de moindre qualité, mais le désintéressement pour le cadavre était encore plus grand.

Ragaillardi par ce deuil, Lulu passa une assez joyeuse semaine et parvint à faire quelques dettes. Il dut se remettre tout aussitôt à la poursuite de Schoudler.

« Monsieur Schoudler est navré…

— Le baron Schoudler vous prie de l'excuser… »

Un matin, à bout, Lulu gifla la secrétaire.

Le lendemain, Noël le reçut, avenue de Messine. Le géant était dans un de ses jours de fausse colère.

« Alors ? s'écriait-il à demi penché sur son bureau. Il ne te suffisait pas d'être un noceur, un joueur et un fainéant. À présent, tu te conduis comme un palefrenier ! Envoyer une gifle à une femme ! Parce que M. Maublanc, qui a une journée tellement chargée, avec encore une ou deux grues de bas étage à voir, ne peut pas attendre cinq minutes. Parce que monsieur Maublanc, sous prétexte que j'ai la bonté de m'occuper de ses affaires, estime qu'il doit passer avant la Banque de France, avant le journal, avant ma propre famille… Eh bien, je t'interdis de refoutre les pieds dans aucun de mes bureaux… Et en plus, tu es un lâche, tu entends, un lâche ! Ce n'est pas à moi que tu t'attaquerais. J'ai beau approcher de soixante-dix ans, viens donc te mesurer à moi ? Essaie donc de lever la main sur moi ? »

Lulu baissait la tête.

« Je te demande pardon, Noël, je te demande pardon, dit-il. Je ne sais ce qui m'a pris. Je suis effrayé moi-même d'avoir pu faire ça… Ça m'arrive, comme ça, tout d'un coup, je ne sais pas pourquoi.

— Montre-moi tes comptes du mois dernier », dit Noël.

Il mit son pince-nez et étudia le papier que lui présentait Lulu, comme s'il avait eu à vérifier un livre de cuisine.

« Oui, oui, j'ai eu tort, hier, j'ai eu tort… Il ne faut plus que je me laisse aller ; il faut que je me maîtrise », se disait Lulu.

« Pourquoi "chapelier : deux cents francs" ? demanda Noël.

— J'ai fait repasser mes chapeaux. »

Noël décrocha le téléphone intérieur.

« Jérémie est là ? Ah ! c'est vous, Jérémie ? Combien coûte le repassage d'un chapeau… Merci… Ça coûte cinq francs, dit-il en raccrochant. Tu n'as pas fait repasser quarante chapeaux, que je sache ?

— Je ne sais pas, répondit Lulu. J'ai dû marquer tout en bloc, mes taxis, mes petites dépenses de ce jour-là. Je n'ai jamais su tenir un livre de comptes, moi ! C'est toi qui m'y obliges… »

Il sentait la colère, la dangereuse colère remonter : « Il ne faut pas ; non, non, il ne faut pas », se répétait-il.

« Si tu l'avais fait plus tôt, répondit Noël, tu n'en serais pas où tu es. Pour ma part, il m'est impossible de ne pas avoir une justification des fonds que je te remets. Tu m'as demandé le mois dernier trois mille francs de plus que ta mensualité pour couvrir, je le sais, des pertes au jeu. Tu as reçu ton chèque de ce mois, il y a dix jours. Pourquoi viens-tu me voir ?

— J'ai besoin de cinq mille, dit Lulu.

— Pourquoi ?

— Pour le dentiste.

— Mais tu passes ta vie chez le dentiste ! » dit Noël d'un air soupçonneux.

La fureur de Lulu éclata :

« Je n'ai plus de dents ! hurla-t-il. Tiens, regarde !
Regarde si je mens ! »

Il avait la bouche grande ouverte tout contre le
visage de Noël, et il donnait à son faciès un rictus de
morsure, comme s'il avait espéré effrayer le géant.

« Ah oui ! Évidemment. Il faut que tu fasses arranger ça, dit calmement Noël. Eh bien, tu n'as qu'à dire
à ton dentiste de m'envoyer sa note à la fin des soins.
Je la réglerai directement. »

Les mains de Lulu se mirent à trembler. « Je
demanderai au dentiste, pensa-t-il, de faire une note
plus forte et de me donner la différence. » Il regardait
droit devant lui, sans rien voir.

Il entendit vaguement Noël, qui s'était levé, prononcer :

« Allons, va, j'ai d'autres personnes à recevoir. Tu
vois bien que ce n'était pas si urgent que cela. »

Lulu bondit de son siège, saisit Noël aux deux
revers du veston et se mit à secouer le géant comme
un tronc d'arbre, en hurlant :

« Salaud ! Tu as tué ton fils à coups de revol-
ver ! Salaud ! Je le dirai, je te dénoncerai et tu seras
condamné pour meurtre. Et tu as fait empoisonner
mon enfant ! Je vais prévenir la police ! Je vais prévenir la police ! »

En même temps, il lui lançait des coups de pied
dans les jambes.

Lulu ne sentit pas le poing de Noël le frapper au
coin de la bouche ; mais, pour ne pas tomber à la ren-
verse, il se rattrapa à un fauteuil et s'affaissa sur les
genoux. Il ne souffrait pas ; simplement une ondée

froide lui glissait sous le crâne, éteignait l'incendie pas-
sager. Et il se mit à rire, stupidement.

« Maintenant, fous-moi le camp, tout de suite ! »
dit sourdement Noël.

Lulu se releva.

« Je te demande pardon, Noël, je te demande bien
pardon », bredouilla-t-il.

Il partit, les épaules courbées, la main contre sa
lèvre tuméfiée, les jambes flasques.

Lorsque Noël, se frottant machinalement le tibia,
raconta cette scène à Lartois, deux jours plus tard, le
médecin répondit :

« Attention ! Maublanc semble présenter les caractères de la démence sénile. Vous devriez le faire examiner.

— Mais non, mais non, s'écria Noël. Il n'est pas
plus fou que vous ou moi. Il est méchant, c'est tout ! Il
est comme il a toujours été. »

Or, pendant six semaines, il n'eut plus de nouvelles
de Lulu et ne chercha point à en obtenir.

III

Les miroirs, en deux ans, s'étaient-ils ternis ? La
dorure des cadres italiens s'écaillait-elle, de semaine en
semaine ? Les ébréchures des porcelaines précieuses
étaient-elles récentes, ou bien Simon percevait-il ces
délabrements avec plus d'acuité, à mesure que déclinait son sentiment pour Marie-Hélène Eterlin ?

Il espaçait ses visites à Boulogne.

Cette maison dorée, étincelante, fragile, où il avait passé tant de soirées bienfaisantes, maintenant l'ennuyait. L'ombre du poète défunt n'embellissait plus rien. Le buste avait été déplacé et posé dans l'encoignure de l'escalier, à mi-étage; le couple mal assorti que formaient la dernière maîtresse et le biographe de Jean de la Monnerie ne passait plus que rarement devant les yeux de plâtre, pour gagner la chambre.

Il arrivait à Simon, se heurtant les genoux à la table de mosaïque, de dire :

« Vous devriez vraiment faire hausser votre table, Marie-Hélène. »

Et Mme Eterlin soupirait.

Ou bien, arrêté devant une commode, Simon remarquait :

« Tiens ! Il y a une entrée de serrure qui est partie.

— Oui, oui, en effet, il faut que je la fasse remplacer, répondait-elle. Ah ! vous avez un œil effrayant, mon chéri, rien ne vous échappe. »

Derrière les lunettes de Simon, Mme Eterlin ne retrouvait plus le bon regard d'antan. Le nouveau regard, froid, lucide, elle le sentait aussi se poser sur elle-même comme sur un meuble irréparable.

Simon observait en silence les deux lignes qui s'enfonçaient, de chaque côté de la bouche, et le duvet qui commençait à s'allonger, et les griffes installées près des tempes, et les caroncules qui s'affaissaient au coin des paupières.

Pendant deux années, Simon avait pris de Mme Eterlin tout ce qu'elle pouvait lui donner. Il frayait à présent avec ce que Paris comptait de plus notoire et de plus élégant. Cette amante vieillissante, aux robes d'une désuétude affectée, ne le grandissait d'aucun prestige.

« M'a-t-elle même jamais avoué son âge véritable ? » se demandait-il. Il faisait en sorte de paraître en public le moins possible avec elle.

Et puis, ce n'était pas seulement Marie-Hélène que Simon observait, c'était lui-même. Les hommes prennent l'âge de leurs fonctions sociales ; la réussite vieillit. Et Simon, qui s'était cru au début de la vie aussi longtemps qu'il piétinait dans l'impatience du succès, se retrouvait soudain installé dans la maturité.

Chaque matin, il détachait de son peigne une poignée de cheveux. Le goût lui venait de filles jeunes, aux dents intactes et aux seins droits.

Il avait des aventures d'une ou de quelques nuits qui satisfaisaient ses nerfs et sa vanité. En arrivant à une première de théâtre, il s'amusait à compter les femmes avec lesquelles il avait couché. Beaucoup d'hommes dans la salle pouvaient d'ailleurs effectuer les mêmes additions, et grâce aux mêmes visages ; car, dans un certain monde, et pour les hommes parvenus à un certain âge, les amours tournent en rond comme un manège forain.

Mme Eterlin était consciente des aventures de Simon. Dix ans plus tôt, elle en eût fait matière à drames ; aujourd'hui, elle avait des indulgences maternelles, et fermait les yeux sur de temporaires partages.

Mais lorsque Simon, à six heures, prétextait d'un dîner d'hommes pour se décommander, elle ne s'imaginait pas que le prétexte, bien souvent, était vrai.

Simon trouvait plus d'agrément à parler dans une salle de restaurant, avec des hommes politiques ou de hauts fonctionnaires.

Mme Eterlin se croyait toujours désirable et désirée.

Dans leurs étreintes, que Simon espaçait autant que le permettait la bienséance, elle s'abandonnait à un laisser-aller conjugal. C'était lui qui étendait le bras et éteignait la lampe d'albâtre. La vue de ces cuisses lourdes, enveloppées de leur réseau de veines violettes, lui devenait mal supportable.

Parce que Simon était de plus en plus lent à se libérer d'un pénible plaisir, Mme Eterlin en éprouvait de plus longs bienfaits. Singulière dérision que cet accroissement de la joie, chez l'un, par la diminution du désir chez l'autre.

Et puis Simon partait, et Mme Eterlin se retrouvait lucide. Elle reconnaissait en Simon tous les signes de l'homme en attente d'un nouvel amour. « Il faut que je me prépare à souffrir », se disait-elle. Et cette préparation constituait déjà une souffrance.

Parfois, mi-coquetterie qu'elle pensait encore efficace, mi-besoin d'être rassurée, au moins pour la soirée, elle disait :

« Je crois, Simon, que la sagesse serait de rompre tout de suite, avant que nous n'abîmions ce qui a été si beau. »

Elle tirait des coups de canons dans la grêle.

Le printemps, cette année-là, fut maussade. Un soir où il pleuvait à verse, Simon arriva dans la voiture qu'il venait d'acheter, sa première voiture ; il la conduisait encore mal, et tout le long du chemin, essuyant la vitre ruisselante, il avait maudit Mme Eterlin d'habiter si loin.

Durant le repas, il songeait que la carrosserie était en train de se tremper, dehors, et que le moteur risquait d'être noyé. Il pensait également qu'il avait promis à Inès Sandoval, la poétesse, de l'emmener déjeuner à la campagne au premier jour d'éclaircie ; le temps, hélas, semblait installé à la pluie pour une bonne semaine.

« Et vous savez ce qui serait merveilleux ? dit Marie-Hélène Eterlin. Ce serait, à l'été, de prendre votre voiture, et d'aller à Florence, à Venise. J'adorerais vous montrer l'Italie. »

Simon ne répondit pas. Il imaginait trop bien ce que serait un tel voyage, avec le souvenir de Jean de La Monnerie perpétuellement à leurs côtés.

Constatant le peu d'écho que soulevait sa proposition, Mme Eterlin reprit :

« Mais savons-nous ce qui se passera l'été prochain ? Il y aura peut-être la guerre… Nous ne nous aimerons peut-être plus… »

Simon écoutait les rafales d'eau s'abattre sur le jardin.

« C'est effrayant, ce déluge », dit-il.

Il remarqua que l'azalée envoyée par lui la quinzaine précédente était en train de se flétrir ; les pétales amollis viraient au rose blanchâtre. « Il faudra que je dise à la secrétaire de passer demain chez le fleuriste. Elle aura pas mal de courses à faire pour moi… »

« Simon… murmura Mme Eterlin.

— Oui…

— Simon, vois-tu, mon chéri, ce serait un soir comme celui-ci, où nous pouvons rester sans parler tellement nous nous entendons bien, que nous devrions nous rendre notre liberté; avant que l'ennui ne te gagne… et moi le chagrin. »

Elle avait parlé d'une voix très douce, très tendre, très malheureuse.

Et l'énorme tentation vint à Simon de répondre : « Oui. »

Puisqu'elle lui en offrait l'occasion… Rompre, rompre délibérément, non pas en chien battu ou méchant, poussé par une autre faim, mais simplement pour que ce soit fini, pour ne plus sentir ce poids mort, pour ne plus vivre dans le mensonge sentimental, pour que les choses soient claires, pour le bienfait d'une liberté totale et gratuite.

Il enroba sa réponse dans une généralité.

« Il y a peut-être, en effet, pour les amants, dit-il, un moment idéal pour se quitter, comme il y en a un pour se rencontrer. Seulement la plupart des êtres n'ont pas le courage de saisir ce second moment. Il nous faudrait peut-être avoir ce courage, pour éviter de devenir un jour des ennemis, comme les autres. »

L'eût-elle moins aimé, Mme Eterlin fût devenue, à cet exact instant, une ennemie. Simplement, elle eut l'impression qu'on lui injectait de la glace sous la peau.

Son regard glissa sur ses vitrines, ses éventails et ses gondoles en verre filé.

« Tu vois bien que j'ai raison, dit-elle.

— Tu as toujours raison, Marie-Hélène. »

Elle n'était plus à la périphérie de la souffrance; elle venait d'être projetée au centre, d'un seul coup.

Elle pensa : « Au fond, qu'est-ce que j'aurai eu dans ma vie ? J'ai eu pendant quinze ans mon mari que je n'aimais pas. J'ai eu Jean, vieillard, huit ans. J'ai eu Simon, pas même deux ans… non, je ne vais pas pleurer devant lui. »

Elle se força à sourire, lui tendit la main par-dessus le bras de son fauteuil. Plus aucune parole n'était nécessaire. Ce serrement de main ne fut qu'un pacte de légère amitié.

« Si mon moteur est noyé, je vais être joli, prononça Simon au bout d'un moment.

— Vous pouvez très bien dormir ici, si vous ne pouvez pas repartir… Je vous installerai un lit de fortune sur le canapé, dit Mme Eterlin. Vous ne serez peut-être pas très bien, mais cela vaut mieux que d'aller à pied, par un temps pareil.

— Mais non ; je vous donnerai du mal… et puis pour la domestique demain matin… »

Elle haussa les épaules. Ce qu'on pouvait dire ou penser lui importait peu maintenant.

Simon n'avait jamais passé une nuit entière dans la maison de Boulogne. Il eût été absurde qu'il y fût, justement ce soir, obligé.

La pluie diminua de violence. Simon se leva.

Passant devant l'escalier, il s'arrêta, tout en parlant, et posa le pied sur la première marche. Un grand espoir et un grand trouble saisirent Marie-Hélène. Était-ce un remords, un mouvement de charité chez Simon ? Et allait-elle accepter cette charité ? Bien sûr, elle l'accepterait.

Mais non ! Simon ne faisait que renouer son lacet.

Lorsqu'il eut enfilé son manteau, il prit Mme Eterlin par les épaules, lui mit un baiser sur le front.

« À bientôt, dit-il ; je vous téléphonerai. »

Elle éleva ses doigts minces et hésitants jusqu'au cou de Simon, le caressa légèrement.

« Oui, à bientôt, c'est cela, murmura-t-elle ; au revoir, mon chéri…, mon ami… »

Elle entendit décroître le pas de Simon sautant entre les flaques, et puis battre la grille du jardin.

Le front contre le chambranle de la porte, elle écoutait. Les secondes étaient immenses. Le moteur semblait ne pas vouloir se remettre en marche. Il eut quelques ratés, se tut.

« Il va revenir, il va revenir dormir ici, pensait-elle. Et tout va s'arranger, tout va recommencer. Il n'a pas dit sa vraie pensée. Il ne peut pas penser cela. »

Ratés de moteur de nouveau. Marie-Hélène n'osait plus respirer. Silence encore. « Il va venir dormir ici, et je vais lui dire, je vais lui dire… je vais lui prendre la tête dans mes mains, je vais le forcer à m'entendre, et il m'aimera encore. Il n'a jamais su à quel point je l'aimais… Je n'ai jamais osé lui dire. Il ne va pas tout m'arracher ! Si j'ouvrais la porte, si je criais : "Simon !" Et elle avait la main sur la poignée, et ne pouvait se décider.

Victorieux, le bruit du moteur monta dans la nuit, plus haut que la pluie sur les ardoises, plus haut que le vent dans les branches. Un moteur qui tournait bien rond, bien fort ; et puis, les roues glissèrent en chuintant sur l'asphalte mouillé.

Mme Eterlin mit plusieurs minutes à décoller son front de la porte. À travers ses larmes, elle vit les cannes de jaspe qui brillaient faiblement dans leur vase de faïence, le buste du poète dont la blancheur éclairait l'escalier.

Et soudain, elle eut une illumination. « C'est Jacqueline, c'est la fille de Jean, pensa-t-elle avec colère. Il est amoureux d'elle, il veut l'épouser. C'est pour cela qu'il m'écarte... les femmes de cette famille ne m'auront fait que du mal. »

Elle préférait, elle voulait que ce fût une autre femme qui lui enlevât son dernier amant, plutôt que d'admettre une vérité que lui renvoyaient tous ses miroirs.

IV

Le taxi s'arrêta devant un haut porche de pierre grise qui aurait pu être celui d'une maison pénitentiaire.

« C'est ici, mesdames », dit le chauffeur.

Isabelle descendit, suivie de Mme Polant, leva les yeux vers le fronton du porche et lut : « *Asile.* » Un grand drapeau délavé flottait au-dessus de l'inscription.

« Vous nous attendez », dit Isabelle au chauffeur. Puis, se retournant vers Mme Polant :

« Vous êtes bien gentille de m'avoir accompagnée, ma pauvre Polant, mais vraiment ce n'était pas la peine de vous déranger.

— Oh ! je ne vous aurais jamais laissée venir seule. Je suis déjà venue ici ; je sais ce que c'est, surtout la première fois. »

Elles étaient entrées.

« Le bureau du directeur ? demanda Mme Polant au concierge ; c'est bien dans le grand pavillon, à gauche ? »

Le concierge hocha le front :

« ... manderez au gardien de service, fit-il.

— Ah ! vous voyez, j'ai bonne mémoire ! » dit à Isabelle Mme Polant.

L'endroit n'offrait pas l'aspect sinistre auquel s'attendait Isabelle.

De beaux parterres de fleurs, au tracé rectiligne, comme on en voit dans les jardins publics, décoraient la vaste cour entourée des bâtiments administratifs. Par ce jour triste et brumeux, où l'air laissait sur les doigts, sur les vêtements, sur les boutons des portes une humidité poisseuse, la vue de ces fleurs était réconfortante. Autour des parterres travaillaient sans hâte quelques jardiniers qui regardèrent passer les deux femmes. Les yeux de ces hommes étaient étrangement fixes.

Le directeur reçut Isabelle immédiatement.

« Je ne comprends pas, monsieur, lui dit-elle, l'objet de votre convocation. Mon mari est mort il y a deux ans sans laisser d'autre famille que moi-même. Il était le dernier à porter son nom. Il s'agit certainement d'une erreur, et d'une erreur qui m'est fort désagréable.

— Je sais, madame, je sais, répondit le directeur. Nous avons pris nos renseignements, et c'est justement pourquoi... »

C'était un homme large, affable, portant, en breloque, à sa chaîne de montre, les insignes de la franc-maçonnerie. Il semblait, en parlant, qu'il dictât une lettre.

« Devant l'insistance d'un de nos hospitalisés, qui avait d'ailleurs feint l'amnésie plusieurs semaines, à déclarer s'appeler Olivier Meignerais, je suis obligé de vous demander, si pénible que cela puisse vous être à tous égards, de le voir et de nous donner ensuite les renseignements que vous pourriez posséder sur lui. Remarquez, continua le directeur, il est fort possible que vous ne le connaissiez absolument pas. Ce peut être une relation très vague de feu monsieur votre mari, ou un ancien fournisseur à lui, ou quelqu'un qui ne lui a même jamais parlé. Les attributions de personnalité dans la démence échappent à toute logique, c'est justement pourquoi... Peut-on savoir le motif pour lequel un malade désire prendre le nom d'autrui ? Je vais vous faire conduire par le gardien-chef. »

Le gardien-chef, sans doute un ancien sous-officier de l'armée coloniale, portait un képi sur l'oreille et laissait sa blouse blanche ouverte, par-dessus son uniforme, pour bien montrer son ruban de médaille militaire. Il avait quarante-cinq ans environ, de petits yeux bridés dans une face lunaire ; le mouvement de ses hanches grasses trahissait l'inverti. Un ancien joli garçon. Quelles routes avait-il suivi, pour aboutir à ce métier dont il paraissait satisfait ?

« Nous allons passer par les cours », dit-il.

Il déverrouilla une porte, fit avancer les deux femmes, referma avec soin.

Isabelle eut le sentiment de basculer dans une fosse.

Ici, plus de fleurs. De hauts murs sombres se dressaient comme les parois d'un puits ; quelques arbres tristes, dont les bourgeons n'arrivaient pas à éclater.

Le brouillard lui-même était plus dense, plus gris, plus oppressant.

Tout le long de leur passage, Isabelle et Mme Polant croisaient de petits vieux vêtus de costumes de gros drap bleu, et coiffés d'un immense béret basque qui leur donnait une apparence enfantine et grotesque. Ils trottinaient, selon des chemins qui n'avaient de sens que pour eux seuls, dans cet exil sans retour qu'est la sénilité, dans leur double réclusion physique et mentale. Voûtés, cassés, ratatinés, raclant le gravier de leurs semelles, ils surprenaient d'abord par la faiblesse de leur taille. Il semblait qu'en s'enfonçant vers la mort, ils voulussent retrouver leurs formes natales, et que leurs os, secs, fissent effort pour obéir à cette exigence.

Certains, immobiles, hébétés, se tenaient adossés à un mur ou à un arbre, et l'on eût dit qu'ils comptaient le temps qui fuyait en eux au rythme de leur respiration raccourcie. Leurs yeux saisissaient le visiteur à son entrée dans les cours, se collaient à lui, l'accompagnaient, se faisaient un peu plus ardents, un peu plus inquiétants, à mesure qu'il s'approchait, le suivaient jusqu'à l'autre porte. Puis les regards des reclus revenaient lentement à leur position initiale, retournaient à leur contemplation du néant.

Un vieillard à la face tourmentée croisait et recroisait son cache-nez de laine grise sur sa poitrine, et, chaque fois, se frappait le sternum à coups nerveux.

Un autre, assis par terre, dans une encoignure de bâtiment, jouait d'un tambour imaginaire. Il avait relevé la visière de son béret, droit sur son front, comme un chapeau de gendarme du Second Empire.

Lui non plus ne quitta pas les deux femmes des yeux, mais sans cesser pour cela de manier ses baguettes fantômes et de souffler :

« Prrm - pm - pm... Prrrm - pm - pm... »

Isabelle ne savait où porter son regard. Devait-elle feindre de ne pas voir ces malheureux, ou bien devait-elle sourire ? Un malaise commençait à la gagner, et elle avait hâte que ce cauchemar prît fin. Mais le gardien-chef ne se pressait point. La démarche dandinante, il montrait l'indifférence tranquille d'un employé de musée faisant visiter une collection. Il fournissait des explications :

« Les jeunes sont dans l'autre partie. On ne peut pas les mettre avec les gâteux, parce qu'ils leur tapent dessus. Je pense que ça ne vous intéresse pas de les voir. Non... Alors, ne vous effrayez pas, nous allons passer devant les hurleurs. »

Une porte ; une autre porte ; à mesure qu'Isabelle avançait, elle entendait grandir une immense plainte, rauque, syncopée, faite de centaines de cris différents, de grondements de carnassiers, d'imprécations, de gémissements de bêtes écrasées, de sifflements aigus comme en poussent les singes. Les hurleurs étaient enfermés dans des courettes grillagées. Ici, plus rien d'humain. Les déments n'offraient qu'une imitation animale de la colère dans la société des hommes, quand encore il y avait imitation ; la plupart des êtres parqués derrière ces grilles se rangeaient dans l'échelle des primates à une place particulière, où le fait d'avoir possédé une raison les amenait à un état plus bas que s'ils n'en avaient jamais eu.

Le passage des visiteuses les fit redoubler de violence, d'affolement et de vociférations. Certains se jetaient contre les grillages, les secouaient à pleines griffes, y collaient leurs visages grimaçants ; d'autres tendaient le poing ; d'autres encore déculottaient une obscénité qui n'avait même pas pour excuse de présenter les signes du désir.

Il régnait une odeur de ménagerie. Isabelle ne put repousser le souvenir d'une promenade en compagnie d'Olivier, par un jour gris à peu près semblable à celui-ci, le long des cages du Jardin des Plantes ; elle se rappela la voix de son mari, ce mari dont le nom la traînait ici aujourd'hui, prononçant : « Ah ! la fin des animaux, ce n'est pas plus gai que la fin des hommes. » Et fatalement, invinciblement, elle revit Olivier, les yeux révulsés, vomissant son sang sur elle. Mais l'instant d'après, elle fut traversée par la pensée qu'elle n'avait pas vécu cela, qu'Olivier n'était pas mort, et que c'était vraiment lui qu'elle allait retrouver dans quelqu'une de ces cages. Au milieu de cette géhenne, la démence devenait-elle contagieuse ? Isabelle se sentait prise de malaise...

« Le tout, n'est-ce pas, c'est d'avoir la manière avec eux, expliquait le gardien-chef. Faut dire que moi, je sais un peu ce que c'est. J'ai été sonné quelque temps ; les colonies, ça tape, hein ? Alors, naturellement... Et aujourd'hui, c'est encore rien, continua-t-il, mais les moments de pleine lune, faut entendre ce charivari ! Ah ! dans un sens c'est compréhensible ; la lune, pour savoir ce que c'est, faut l'avoir vue se lever dans le désert... »

Il avait pour parler de la lune une expression étrange; la graisse s'écartait autour de son petit œil, son sourire se faisait vague…

Côté des hommes, côté des femmes; les guenons aussi étaient parquées, leurs cheveux gris pendant le long des joues, les regards avides, les mamelles ballottant plus bas que la taille.

Et soudain, la clameur de forêt équatoriale se tut, comme si un oiseau, passant dans le ciel, avait transmis quelque avertissement mystérieux. Les monstres séniles, calmés sans raison apparente, venaient se placer les uns auprès des autres contre les grilles.

Un personnage corpulent s'avançait dans l'allée, d'un pas assuré; son vêtement n'était ni celui de l'homme ni celui de la femme; un chapeau noir et plat, un long manteau noir qui tombait aux pieds et d'où dépassait l'ourlet d'une robe blanche. Quand il fut à vingt pas, Isabelle reconnut le père Boudret, le confesseur de sa cousine.

Le dominicain vint vers les deux femmes, les salua.

« Oui, dit-il, répondant à une question d'Isabelle, je viens chaque fois que je peux, les jours de visite. J'ai deux vieux pénitents à moi hospitalisés ici. Et puis, je crois que, même sans cela, je viendrais. »

Mme Polant faisait de petites courbettes et bêlait :

« Oui, mon père… Oh ! comme c'est bien, mon père…

— Et c'est vous, mon père, qui prétendez que l'enfer n'existe pas ? dit Isabelle en désignant ce qui les entourait.

— Justement, madame, c'est ici l'enfer; le Bon Dieu a donné aux hommes la vieillesse comme expiation de leurs fautes, et je crois que c'est suffisant. Toute forme de la vieillesse est une expiation. »

Tandis qu'il parlait ainsi, les visages des vieux déments demeuraient tous orientés vers lui, et dans le même silence. Lui-même, portant sa grosse tête carrée avec majesté, se plaçait de façon à tenir sans cesse les cages sous son regard.

« Mais, vous croyez, mon père, que ceux-ci se rendent compte ? demanda Isabelle. Ils n'ont plus aucune sensibilité.

— Assez pour souffrir, répondit le père ; et je vous affirme que tous souffrent, affreusement. Ceux qui ont encore quelque lueur de raison, ou partielle ou intermittente, parce qu'ils sont conscients de leur déchéance, et ceux qui n'en ont plus, d'une autre manière, aussi cruelle. On dit de tel fou qu'il se *croit* une paire de pincettes ; ce n'est pas vrai, il *veut* être une paire de pincettes, et tout lui prouve qu'il ne l'est pas, et il se heurte au refus, non seulement des hommes, mais de la création entière de l'admettre pour tel. Ses propres membres sont une contradiction à lui-même. Croyez-moi, cette souffrance-là n'a rien de risible ; c'est peut-être la pire de toutes. »

Il prit congé et continua sa route vers la sortie.

« Faut avouer ce qui est, dit sentencieusement le gardien-chef ; chaque fois que ce curé-là passe, tous les hurleurs se taisent. C'est drôle ; il a la manière avec eux, faut croire. Ça aurait fait un bon gardien. »

Isabelle elle-même se sentait réconfortée par cette rencontre.

V

Quand Isabelle et Mme Polant arrivèrent enfin au dortoir des allongés, l'heure de la visite s'achevait. Quelques personnes descendaient l'escalier, des femmes surtout, avec des cabas vides au bras, et s'essuyant les yeux.

« Tu crois qu'on le reverra, le pauvre pépé, disait l'une d'elles, une vieille à cheveux gris. C'est la dernière fois, hein ?

— D'un sens, maman, répondit une autre, c'est presque à souhaiter. Ce serait une délivrance pour lui, et pour tout le monde.

— Oh ! oui, tu as raison ; les voir finir comme ça… »

Derrière la porte du dortoir, un petit vieux en pans de chemise, les mains accrochées à la serrure, répétait à mi-voix d'un ton d'angoisse et de malheur :

« Mimi ! Mimi ! Mimi ! »

Le gardien-chef l'écarta :

« Allons, grand-père, dit-il, elle reviendra ta Mimi, elle reviendra jeudi. Allez, va te recoucher, va ; faut pas que je te porte tout de même ! »

Et le petit vieux en chemise regagna sa place.

Les allongés étaient alignés des deux côtés de la longue salle, dans des lits de fer peints en blanc, les mêmes lits que dans tous les hôpitaux, ces lits dans lesquels les femmes mettent les enfants au monde et où les vieillards rentrent lentement dans le sein de la mort.

À chaque chevet, une petite table supportait les objets personnels du malade, les objets personnels tolérés ; rares étaient les photographies, et sans vitre aux cadres ; plus nombreux, parce que jour de visite, les paquets de bonbons acidulés ou de gaufrettes. Et puis des bibelots disparates, un petit sabot en bois, un bouton de métal comme en portent les gardes-chasses, un calepin.

Plusieurs vieillards se hâtaient de manger ce qu'on venait de leur apporter, poussant goulûment l'aliment dans leur bouche, tout en regardant Isabelle et Mme Polant de ces mêmes prunelles obstinées et sans lumière que les deux femmes rencontraient à chaque pas depuis leur entrée dans l'asile.

Un homme chauve jouait avec un chapelet. Le gardien-chef le lui arracha en disant :

« Interdit, vous le savez bien. »

Et comme Mme Polant prenait un visage indigné, il expliqua :

« On ne sait jamais de quoi ils sont capables. Ils pourraient s'en servir pour étrangler quelqu'un ou bien se pendre. »

Isabelle remarqua un vieillard d'apparence très digne, qui lissait avec un petit peigne sa belle barbe ronde de prince hindou. Il inclina la tête d'un mouvement courtois à l'adresse d'Isabelle, et se remit à se peigner le menton. Il y avait de la noblesse sur son front et dans ses gestes.

Lucien Maublanc occupait le dernier lit de la travée de gauche. Étendu sur le dos, entièrement à plat, les paupières closes sur ses gros yeux, il avait le visage affreusement amaigri.

Sa respiration, très lente, s'exhalait par la bouche. Les lèvres, chaque fois qu'elles se disjoignaient, laissaient apparaître le bout de la langue.

Devant ce corps, les deux femmes eurent le même sursaut et se regardèrent.

« Comment ? Mais comment se fait-il ? murmura Isabelle.

— Ainsi, vous le connaissez ? demanda le gardien-chef.

— Mais oui, mais oui. C'est le demi-frère d'un de mes oncles par alliance, et une relation de longue date de mon mari. En effet, je peux donner tous les renseignements sur lui. »

Puis à Mme Polant :

« Il faut prévenir le baron Schoudler, tout de suite, ou bien les Leroy, je ne sais pas... mais il faut le faire sortir d'ici, le mettre dans une maison de santé. »

Le gardien-chef prit un air vexé.

« Il ne sera pas mieux ailleurs, dit-il. À moins que vous n'y teniez absolument... mais regardez vous-même ; ce serait des frais pour pas grand-chose.

— Vous croyez que... »

Le gardien-chef balança la tête en faisant la moue.

« J'en vois, j'en vois ; alors, j'ai l'habitude, répondit-il. Si je vous le dis... »

Mme Polant s'approcha de l'oreille d'Isabelle.

« Je suis de l'avis du gardien. Il n'en a plus pour longtemps.

— Mais comment est-il arrivé ici ? » demanda Isabelle.

Le gardien-chef raconta brièvement ce qu'il savait, l'arrestation du malade en état de démence, accroché aux grilles du métro Bastille, son passage à l'infirmerie du Dépôt et à Sainte-Anne, et puis son envoi dans cet asile départemental, section des gâteux. Ramassé

sans papiers (on ignorait s'il les avait perdus o̷
tairement détruits), il avait quelque temps
l'amnésie. « Je ne sais plus, je ne sais plus, ̸
Pas d'importance, je n'ai plus de famille. »

Et puis un beau jour, sans qu'on lui ei̷
demandé, il avait annoncé qu'il s'appelait C̷
Meignerais et qu'il était marié.

Pendant tout le temps que dura cette convers̸
à mi-voix, Lulu Maublanc ne bougea pas de posi̷

« Il dort tout le temps ainsi ? demanda Isabelle.

— Il ne dort pas, il fait semblant. Quand il do̷
vraiment, il ne souffle pas entre les lèvres ; mais, vous
savez… ça revient à peu près au même. »

Le voisin de Lulu ne semblait porter nulle attention aux visiteurs. Assis et tout replié, il écrivait sur
ses genoux, sans arrêt, avec un crayon minuscule. Il
ne s'interrompit que pour dire au gardien-chef, d'une
voix précipitée :

« Demain ! du papier ! sans faute ! du papier ! »

De l'autre côté du lit de Lulu s'ouvrait l'alvéole car-
relé réservé à la douche ; un gros tuyau rampait sur le
sol.

« Allons, grand-père, faut vous réveiller », dit le
gardien-chef.

Lulu ne bougea pas.

« Allons, m'sieur Meignerais, voyons…

— Non, pas Meignerais », dit Isabelle en fronçant
les sourcils.

Et elle souffla au gardien :

« Maublanc.

— Allons, m'sieur Maublanc ! »

Lulu continua de faire « pf… pf » entre les lèvres.

4

entendait bien qu'on l'appelait, mais ne voulait
ouvrir les yeux pour ne pas chasser les images
défilaient sous son front. En ce moment, il mar-
it vers la place des Ternes. Une femme venait de
mbrasser. Il était content. Il savait qu'au bout de
avenue de Wagram, il allait rencontrer deux autres
emmes qui l'emmèneraient dans le haut d'une maison à toit d'ardoise et à petits carreaux, une maison
où il n'était jamais allé, mais qu'il connaissait bien,
puisque depuis des années il l'apercevait en rêve. Et
c'était beaucoup plus intéressant que de répondre au
gardien.

Un infirmier, qui marchait lentement entre les travées, dit au gardien-chef :

« Ah ! quelle caboche, hein ? Et puis à d'autres
moments, faut voir. Pour le faire tenir tranquille… »

Sur la table de nuit de Lulu, pas de carnet, pas de
portefeuille, pas de sachets de bonbons, rien de ce qui
était sur les autres tables, juste quatre petits paquets
plats soigneusement faits.

« Oui, c'est une de ses manies, dit le gardien-chef
en voyant le regard d'Isabelle : il ramasse des cailloux,
et puis il les met dans du papier. »

À ce moment, le prince hindou, de l'autre bout de
la salle, fit un grand geste hautain pour appeler l'infirmier.

« Tiens, dit ce dernier au gardien-chef, tu vas voir
ce salaud-là ! Il a encore recommencé, j'en suis sûr.
Oh ! mais cette fois… »

L'homme à la barbe ronde si soignée ressortait la
main de dessous son drap, tenant à pleins doigts un
excrément qu'il tendait à l'infirmier. Et en cela, comme

en toutes ses attitudes, il mettait beaucoup de dignité. Il aimait à être propre, et que les choses fussent en place. Mais pour parvenir à changer son drap, il y eut bataille. Alors l'infirmier, excédé, cria :

« Allez ! Il y en a marre ; à la douche ! »

Secondé d'un aide, il traîna le barbu à travers toute la salle, le dénuda.

Le bruit de l'eau dans le tuyau parut sortir Lulu de son faux sommeil et fit monter un sourire à ses lèvres.

Soudain Isabelle sursauta et se retourna. Qui pouvait chanter ici, de cette belle voix chaude, ferme, pure ? C'était le petit vieux qui gémissait tout à l'heure : « Mimi, Mimi… » et qui maintenant pour couvrir les hurlements du douché venait d'entonner :

« *Mais quand reviendra le temps des cerises…* »

Alors Lulu se mit sur son séant, ouvrit enfin les paupières, parcourut son univers de ce regard laiteux que la démence avait peu modifié, alla du malheureux qui se débattait, le jet braqué en pleine face, jusqu'au maigrichon qui lançait : « *Les filles auront la folie en tête…* » et le sourire s'agrandit dans son visage difforme.

« Eh bien, vous avez de la visite aujourd'hui, dit le gardien-chef au milieu du vacarme.

— Ah ! oui, j'ai de la visite », répéta stupidement Maublanc.

Sa voix lente, pâteuse, s'exprimait toujours par le coin droit de sa bouche ; mais comme il était de ce côté complètement édenté, il produisait en parlant un chuintement mouillé.

Ses yeux s'arrêtèrent sur les deux femmes.

« Bonjour. Comment allez-vous ?

— Vous me reconnaissez ? dit Isabelle.

— Très bien, vous êtes Isabelle, la nièce de Jean. »

Il se tourna vers son voisin de lit qui continuait d'écrire à toute vitesse, et dit :

« Eh !… tu vois, moi aussi j'ai de la visite. »

Dans le mouvement qu'il fit, Lulu montra sa nuque barrée d'une longue cicatrice ponctuée de quatre fils de suture.

Les yeux horrifiés d'Isabelle se tournèrent vers le gardien-chef.

« Il s'est fait ça à sa dernière promenade, en tombant en arrière contre un trottoir, répondit celui-ci. Alors, comment vous appelez-vous ? »

Lulu haussa les épaules et son regard noyé parut entièrement absorbé par l'allongé d'en face, qui mangeait.

Mme Polant sortit de son sac un petit-beurre (elle avait toujours sur elle quelques biscuits à grignoter, quelques bonbons de réglisse à sucer) et le tendit à Lulu.

« Gâteau », dit celui-ci en avançant une main agitée.

Avec une boulimie enfantine, il enfourna le petit-beurre tout entier dans sa bouche, et réavança des doigts avides.

Mme Polant lui donna un second biscuit qui disparut avec la même hâte.

Le bruit d'eau avait cessé, on avait séché le prince hindou et on le recouchait. Le maigrichon laissait sa chanson sans conclusion. Le dortoir était redevenu une chambre de malades paisibles occupés à de petites tâches ou de petites pensées calmes.

Lulu regardait Isabelle avec insistance, détaillait son chapeau, ses yeux sombres, son col de fourrure. Il murmura :

« Bien sage ?... Vous êtes bien sage ?... alors si vous êtes bien sage... »

Il allongea le bras vers les petits paquets de sa table de chevet.

« Tenez, c'est pour vous, ça vous ira bien.

— Merci », dit Isabelle en prenant le papier.

Les mots avaient du mal à se former dans sa gorge.

« Ah ! c'est bien, fit Lulu ; vous ne refusez pas.

— Avez-vous des messages à faire ? demanda Isabelle. De quoi avez-vous besoin ? Qu'est-ce qui vous ferait plaisir ?

— Rien... rien du tout... Je n'ai besoin de rien, on me soigne très bien, on est très gentil avec moi », répondit Lulu en regardant craintivement le gardien-chef.

Puis, tirant Isabelle par la manche, il lui chuchota :

« Vous direz à mon frère Jean que je vais retrouver maman ; elle ne nous grondera pas. »

Isabelle acquiesça et se cacha les yeux avec la main. Si peu estimable qu'eût été Lulu tout le long de sa vie, cet homme qui possédait encore plusieurs millions en banque mais ne disposait d'autres biens réels que de quelques cailloux dans des bouts de papier, ce roi du jeu et des établissements de nuit qui était appelé grand-père par un ancien sergent de la coloniale, ce vieil homme qui confondait les vivants et les morts, mais avait tout de même conscience de la proximité de son trépas, ne pouvait qu'inspirer la compassion ; et Isabelle se rappela les paroles prononcées quelques instants plus tôt par le père Boudret.

Mme Polant, curieuse, s'était penchée en même temps qu'Isabelle pour écouter la confidence. Lulu seulement alors parut la reconnaître, et une sorte de déclenchement se produisit en lui.

L'œil méchant, l'index pointé vers Mme Polant, il murmura :

« Vieille chipie… Vieille chipie ! »

Puis sa voix monta.

« C'est vous !… c'est vous !… c'est vous !… cria-t-il. C'est à cause de vous !… à cause de vous !… à cause de vous !… je vais prévenir la police… la police ! »

Il avançait à genoux sur ses couvertures, étendait les mains, comme pour saisir Mme Polant à la gorge.

Les deux femmes effrayées reculaient.

« Allons, allons, du calme, grand-père », dit le gardien-chef en s'efforçant de remettre Lulu dans son lit.

Mais la crise ne faisait que commencer. Lulu avait saisi les barreaux de métal, les secouait, poussait des imprécations incompréhensibles, agitait sa tête difforme comme une vieille marionnette de guignol. Il était inimaginable que ce corps décharné, qui un quart d'heure plus tôt semblait un cadavre, pût retrouver autant de force. Quelques-uns des autres alités tournèrent les yeux vers lui ; mais le voisin continua d'écrire. Le prince hindou s'était remis à peigner dignement sa barbe trempée. On entendit fredonner :
« *Mais quand reviendra…* »

« Baptiste ! appela le gardien-chef, un coup de main. »

L'infirmier arriva comme un grand fracas se produisait auprès du lit. Lulu venait de s'écrouler sur le sol, entraînant la table de chevet.

Il traînait ses fesses nues sur le dallage blanc, donnait des coups de poing dans les jambes de l'infirmier, continuait d'appeler la police.

« Allez ! la petite chemise ! » dit le gardien-chef.

Puis aux deux femmes, d'un air méchant :

« Vous feriez mieux de partir, mesdames ; vous voyez bien que votre présence… »

Isabelle et Polant battirent en retraite à travers le long dortoir. Avant de passer la porte elles entendirent Lulu crier :

« Vous voyez ce qu'on me fait… vous voyez comme on me traite… Prévenez la police ! »

Elles se retournèrent ; on venait de passer la camisole de force à Lulu. Du sac d'épaisse toile grise, seule sortait une tête hurlante, avec d'énormes tempes empourprées.

« Il fait une attaque », dit Mme Polant.

Il y eut encore un bruit de claques appliquées à toute volée sur cette face misérable.

Lorsque, le lendemain matin, l'ambulance commandée par Schoudler arriva pour transporter Lulu dans une maison de santé, le vieux célibataire venait de succomber.

Le partage des millions qu'il laissait était déjà tout réglé entre les héritiers.

Comme l'adresse mortuaire était inavouable, il n'y eut évidemment pas de faire-part.

Noël Schoudler, qui n'avait plus de secrets pour Simon Lachaume, apprenant à ce dernier la mort de Lulu, lui dit :

« Et savez-vous ce que cet animal-là a encore trouvé pour nous emm…, car il n'y a pas d'autre mot ? Eh bien, il a fallu qu'il aille finir à l'hospice ! »

Quinze jours plus tard, une annonce discrète parut dans le carnet du *Figaro*. Les familles Fauvel de La Monnerie, Leroy-Maublanc, Maublanc-Rougier et Schoudler, informaient du décès de M. Lucien Maublanc, survenu dans sa soixante-troisième année. Les obsèques avaient été célébrées dans la plus stricte intimité.

En fait, Mme Polant, déléguée par la famille, avait seule suivi le corbillard.

Port-Royal,
11 novembre 1947.

Table

Le Livre de Poche s'engage pour l'environnement en réduisant l'empreinte carbone de ses livres. Celle de cet exemplaire est de : 750 g éq. CO₂ Rendez-vous sur www.livredepoche-durable.fr

PAPIER À BASE DE FIBRES CERTIFIÉES

Composition réalisée par Belle Page

Imprimé en France par CPI
en juin 2016
N° d'impression : 2023245
Dépôt légal 1ʳᵉ publication : juin 1954
Édition 29 – juin 2016
LIBRAIRIE GÉNÉRALE FRANÇAISE
31, rue de Fleurus - 75278 Paris Cedex 06

30/0075/9